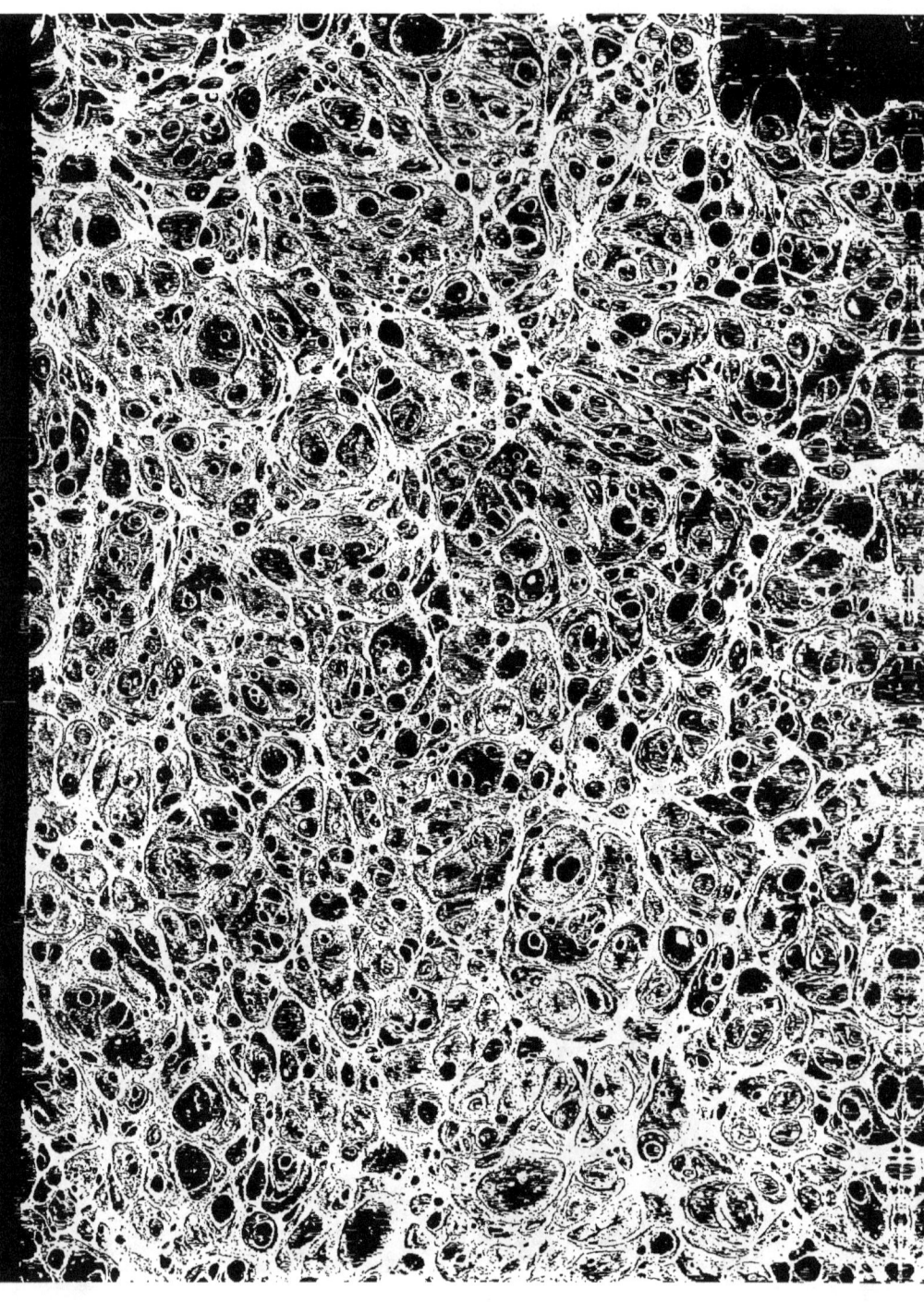

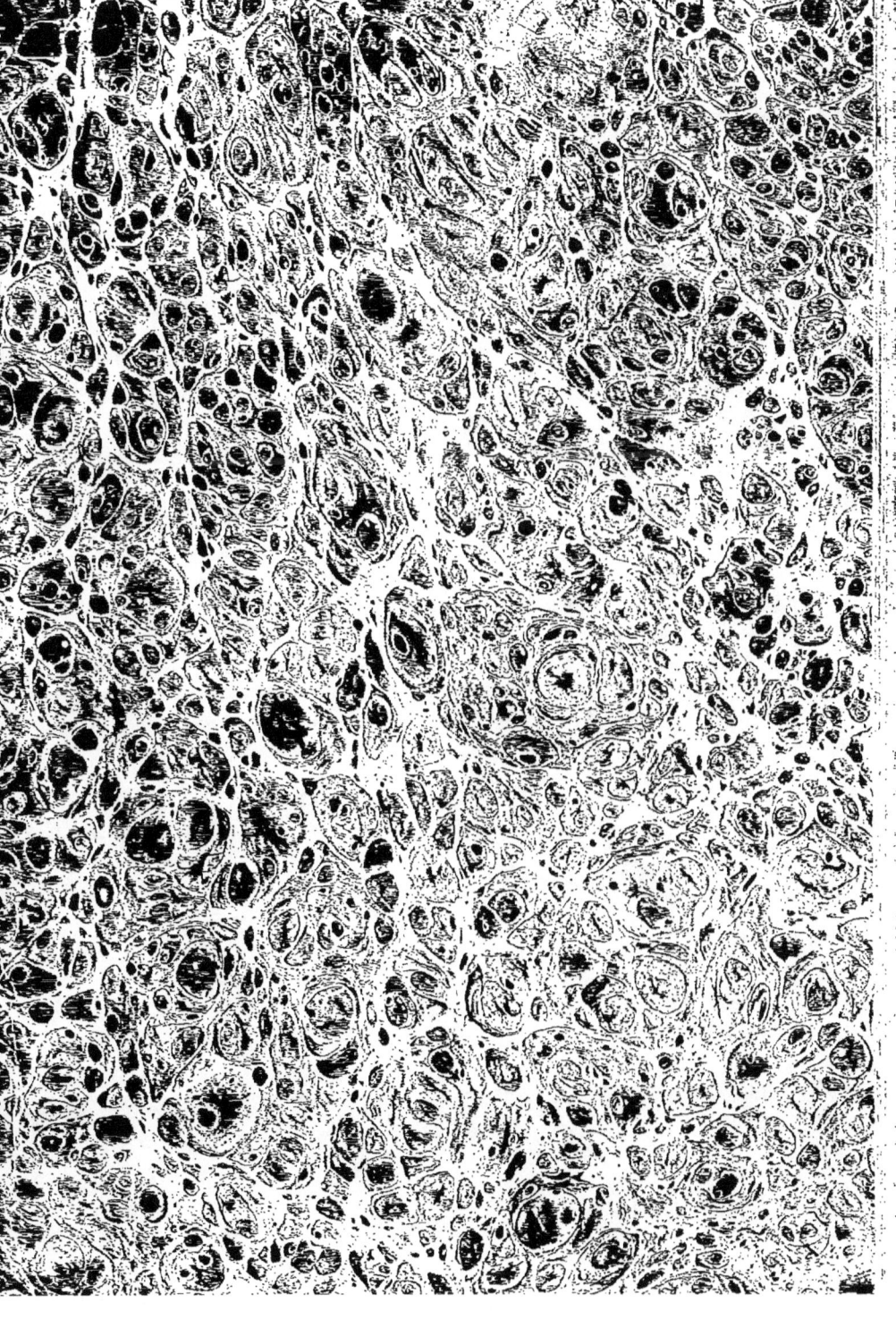

COLLECTION
DES MEILLEURS OUVRAGES
DE LA LANGUE FRANÇOISE,

DÉDIÉE

AUX AMATEURS
DE L'ART TYPOGRAPHIQUE,
OU D'ÉDITIONS SOIGNÉES ET CORRECTES.

CHEZ P. DIDOT, L'AÎNÉ, CI-DEVANT AU LOUVRE,
PRÉSENTEMENT RUE DU PONT DE LODI.

ORAISONS
FUNÈBRES
DE FLÉCHIER,
ÉVÊQUE DE NISMES.

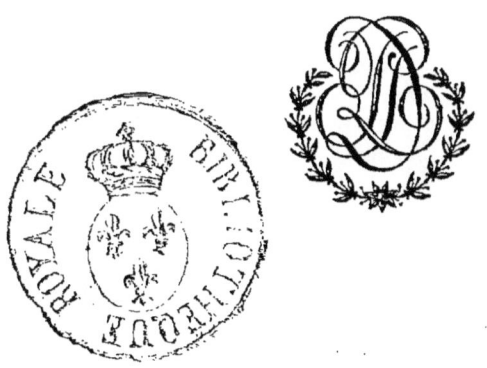

A PARIS,

ÉDITION DE P. DIDOT, L'AÎNÉ,

DE L'IMPRIMERIE ET DE LA FONDERIE
DE JULES DIDOT, L'AINÉ,
IMPRIMEUR DU ROI ET DE LA CHAMBRE DES PAIRS,
RUE DU PONT DE LODI.

MDCCCXXIV.

DE FLÉCHIER.

Esprit Fléchier naquit cinq ans après Bossuet, et la même année que Bourdaloue, en 1632, à Pernes, dans le comtat d'Avignon ; Mascaron étoit plus jeune que lui de deux ans. On a déja remarqué, et l'on peut remarquer encore, que presque tous nos grands orateurs sont nés dans le midi de la France, Bossuet à Dijon, Mascaron à Marseille, Bourdaloue à Bourges, Fléchier dans le Comtat, Massillon à Hières. C'est, au contraire, la partie septentrionale du royaume qui a produit nos poëtes les plus illustres, les Malherbe, les Corneille, les Racine, les Molière, les Despréaux, les La Fontaine, les Rousseau, les Voltaire; et cet ordre paroît inverse : quelque liaison qu'il y ait, en effet, entre le génie de la poésie et celui de l'éloquence, il semble que les ardeurs d'un soleil brûlant, et les influences d'un climat plus échauffé par ses rayons, doivent faire éclore le talent poétique, plutôt encore que le talent oratoire. On ne sauroit douter que les lettres de Balzac, dont le premier recueil parut en 1624, huit ans avant la naissance de Fléchier, et qui jouirent si long-temps de la réputation la plus brillante, n'aient été une des principales lectures de sa jeunesse: il dut chérir un livre qui présentoit à ses dispositions naturelles, encore ignorées de lui-même, une de ces analogies secrètes par lesquelles les talents semblables se rapprochent entre eux, s'avertissent mutuellement, et influent les uns sur les autres. Ces lettres firent, vraisemblablement, la même impression sur le talent non encore développé de Fléchier, que les tragédies de Corneille sur le génie naissant de Bossuet : son oreille se remplit avidement de ces tours harmonieux, de ces cadences sonores, et de cette mélodie périodique, qu'il devoit un jour épurer encore, et porter à sa perfection. Notre langue en étoit alors à ce point où les idiomes, long-temps barbares, entrevoyant enfin le but où ils doivent parvenir, n'attendent plus que quelques hommes de génie, qui aident leurs derniers pas, et qui achèvent, chacun pour sa part, de les faire entrer en possession de toutes les richesses et de toutes les beautés dont la conquête peut leur appartenir.

On ne voit pas Fléchier, poussé, comme Bossuet, par une inspiration précoce, se précipiter, comme son rival, dès l'âge de seize ans, dans la carrière de l'éloquence, et s'y faire admirer; on ne le voit pas s'annoncer, presque dès l'enfance, par les merveilles de l'improvisation : les lenteurs de la méditation et les combinaisons de l'art étoient plus nécessaires à ce génie moins ardent et moins vif, plus appelé à perfectionner qu'à créer; il eut cependant fini de très bonne heure ses premières études, qui furent ses premiers triomphes, et que bientôt il approfondit dans la congrégation de la Doctrine chrétienne, sous les auspices et sous la direction particulière de son oncle maternel, le célèbre père Audiffret, qui en étoit le supérieur. Pendant les onze années qu'il passa dans cette société religieuse et savante, depuis 1648 jusqu'à 1659, c'est-à-dire depuis l'âge de seize ans jusqu'à celui de vingt-sept, il se livra tout entier à la lecture des grands modèles de l'antiquité, et à celle du petit nombre de bons écrivains que lui présentoit notre littérature; il nous apprend lui-même qu'il lisoit aussi quelquefois les sermonaires italiens et espagnols, pour s'amuser des traits burlesques qu'il rencontroit dans leurs compositions, et pour apprendre à les éviter. Cette circonstance des études de Fléchier n'est pas du tout indifférente; elle appartient à la trempe de son esprit, et la caractérise: l'attention qu'il donnoit aux ridicules des mauvais orateurs présageoit le talent judicieux et sage qui devoit rétablir parmi nous l'éloquence dans toute sa pureté, et substituer aux élans grossiers et aux recherches grotesques d'une imagination aveugle et déréglée ces beautés vraies, régulières, et polies, qui naissent du sentiment éclairé de toutes les convenances. Quelques années plus tard, il publia une relation des *grands jours* tenus à Riom, où il avoit accompagné M. de Caumartin, qui lui avoit confié l'éducation de son fils, et, dans cette relation, qu'égaie un ton de galanterie, il relève avec finesse et malice tous les endroits risibles des harangues qui furent prononcées : on retrouve ici l'homme supérieur au goût de son époque, qui appeloit les prédicateurs de l'Espagne et de l'Italie *ses bouffons*, et qui, en se moquant des orateurs des *grands jours*, préparoit une révolution prochaine dans l'exercice de l'art de la parole; il enseigna lui-même cet art à Narbonne, où sa congrégation le chargea de professer la rhétorique : ce fut dans ce temps qu'il composa un poëme latin sur *la latinité moderne*, une tragi-comédie intitulée *Isaac* ou *le Sacrifice non sanglant*, et un plaidoyer latin pour l'*araignée*, *pro araneâ*, véritables ouvrages d'un jeune professeur, qui se permet, sans conséquence, quelques jeux d'esprit, et à qui l'on pardonne aisément de ne pas donner toujours l'exemple avec le précepte; ce n'est pas qu'on ne pût observer, dans ces compositions de collège, cette connoissance de la langue des Romains, et sur-tout ce talent pour la versification latine qu'il fit éclater, plusieurs années après, dans une pièce digne de toute la célébrité qu'elle obtint et qu'elle a conservée; mais ces premiers essais se sentoient trop de la puérilité des classes : Fléchier ne parut s'élever alors au-dessus de ces badinages scolastiques que dans une oraison funèbre, augure naturel de sa gloire future, qu'il prononça devant les états de Languedoc, en 1659, avec beaucoup de succès, et qui cependant ne nous est point parvenue, celle de l'archevêque de Narbonne : il avoit vingt-sept ans ; c'est l'âge où Cicéron et Démosthènes entrèrent dans la carrière oratoire. Le jeune orateur ne tarda pas à quitter la congrégation de la Doctrine chrétienne, et vint à Paris attendre le moment de la renommée.

Quand on compare les premières années de Fléchier avec celles de Bossuet, les premiers travaux de l'un avec ceux de l'autre, on sent tout-à-coup la différence de ces deux génies et de ces deux caractères; on s'explique, en quelque sorte d'avance, la diversité de leurs destinées : à l'âge où Fléchier ne signaloit encore que son goût naturel pour l'harmonie, en assortissant, avec quelque grace, des dactyles et des spondées, Bossuet se présentoit dans la lice des discussions théologiques, et réfutoit victorieusement le fameux Paul Ferry; tandis que le premier commençoit sa réputation, dans la capitale, par quelques essais de poésie françoise, et par une belle description, en vers latins, du carrousel de 1662, le second publioit sa *lettre aux religieuses de Port-Royal,* et sembloit déja mettre le comble à sa gloire par son admirable *exposition de la doctrine de l'Église catholique;* tout ce que la science de la religion a de plus sérieux et de plus profond occupoit la jeunesse de l'un, lorsque celle de l'autre ne connoissoit encore, pour ainsi dire, que les jeux du bel esprit et les hochets de la littérature. Arrivé à Paris, Fléchier, d'abord simple catéchiste dans une paroisse, ensuite précepteur du fils de M. de Caumartin, prêcha quelques sermons qui contribuèrent à le faire connoître, et dirigea de nouveau son esprit et ses études vers les théories de l'éloquence. Un certain Richesource tenoit alors une école de rhétorique; c'étoit un de ces hommes qui s'engouent d'un art qu'ils ne sont pas capables de connoître, et qui veulent enseigner aux autres ce qu'ils ne pourroient eux-mêmes apprendre; Richesource avoit pris le titre pompeux de *modérateur de l'académie des philosophes orateurs.* A l'exemple de Cicéron, qui, après son premier plaidoyer, se rendit à Rhodes pour achever de se former sous le rhéteur Molon, Fléchier fréquenta l'école de Richesource, qui se croyoit l'imitateur des rhéteurs grecs, dont il n'étoit que le parodiste : là, cet orateur, qui devoit un jour célébrer si dignement les Turenne, les Lamoignon, les Montausier, risquoit de corrompre son talent dans des compositions vaines et affectées, dans des exercices perfides et illusoires, et dans des spéculations pleines d'une subtilité ridicule et dangereuse. Il est, dans l'étude de la partie purement technique des arts, un point au-delà duquel on ne s'engage pas sans péril : il semble que la nature retire ses inspirations à ceux qui, ne mesurant pas sur ses faveurs leur confiance en elle, vont au loin chercher leurs ressources, et veulent, avec une sorte d'ingratitude, substituer à l'usage de ses bienfaits le fruit de leurs propres efforts. Les productions même les plus heureuses de Fléchier, dans le genre où il s'est distingué, se sentent toujours de ce goût trop vif et de cette curiosité insatiable avec laquelle il se plut à sonder tous les secrets de la science des rhéteurs : on y reconnoît toujours, sinon précisément le disciple de Richesource, du moins l'amateur trop prévenu de la rhétorique, et l'investigateur trop opiniâtre de ses mystères : si Bossuet paroît manquer un peu d'art, Fléchier paroît en avoir trop.

On peut observer que ces deux grands orateurs, partis de commencements si différents, n'atteignirent, l'un et l'autre, à toute la gloire qui les attendoit dans le genre où ils excellèrent diversement, que vers leur quarantième année : Bossuet avoit quarante-deux ans lorsqu'il prononça, en 1669, sa première oraison funèbre, celle de la reine d'Angleterre ; Fléchier en avoit quarante moins quelques mois quand il prononça, en 1672, celle de madame de Montausier, par laquelle il débuta ; Mascaron aussi ne s'éleva au-dessus de lui-même, dans son oraison funèbre de Turenne, qu'à l'âge de quarante ans passés. Déja Bossuet, plus âgé que Fléchier, avoit déployé tout son génie, dans les éloges de

Henriette de France et de Henriette d'Angleterre, quand il vit paroître un rival digne de lui. Le début de Fléchier fut amené par une circonstance très naturelle. Dans la maison de M. de Caumartin, il s'étoit lié avec plusieurs personnes de la cour, et particulièrement avec M. le duc de Montausier; l'homme le plus franc et le plus naturel de son temps devint l'ami et le Mécène de l'orateur qui eut le plus d'art; et l'ennemi déclaré de tout mensonge fut le protecteur de celui qui ne devoit s'illustrer que par la louange si souvent mensongère, et toujours plus ou moins suspecte. Madame de Montausier étant venue à mourir, le duc voulut que l'éloge de sa femme fût prononcé par son ami et son protégé, qui devoit lui payer à lui-même, dix-huit ans après, un pareil tribut de louanges et de regrets; ici, la véracité du panégyriste étoit soumise à une épreuve d'autant plus forte et d'autant plus imposante qu'il avoit pour juge un époux encore plus attaché aux intérêts de la vérité que, dans ce cas, il devoit si bien connoître, qu'à la mémoire même d'une épouse dont il déploroit la perte: le talent de Fléchier sut tout concilier, et son discours obtint le suffrage de Montausier, l'applaudissement des connoisseurs, et l'admiration du public. La France compta un maître de plus dans l'art de la parole, et Bossuet eut un concurrent; il y avoit loin, toutefois, de cette oraison funèbre de madame de Montausier à celles de la reine d'Angleterre et de Henriette de France: c'étoit la fortune de Bossuet d'avoir rencontré d'abord deux sujets aussi magnifiques, et son génie étoit digne de cette fortune. Fléchier n'eut pas un tel bonheur: les deux premiers sujets qu'il traita étoient foibles et pauvres; mais à côté des traits fiers, énergiques, et sublimes, d'une nature vigoureuse, aidée et soutenue par le fonds le plus solide et le plus riche, on voyoit avec un étonnement presque égal, mais plus doux, se déployer les miracles nouveaux d'un art savant, ingénieux, et délicat, luttant contre les sujets les plus rebelles, et triomphant des matières les plus ingrates : on jouissoit de ces contrastes heureux et de cette variété charmante que présentoit la brillante aurore de notre littérature; en critiquant les couleurs, quelquefois un peu heurtées, du pinceau de Bossuet, les touches, quelquefois un peu maniérées, des tableaux de Fléchier, on rendoit une justice éclatante au génie de l'un, à l'habileté de l'autre, à la supériorité de tous les deux. C'est ainsi que la savante antiquité reprenant, dans Cicéron, le luxe et le faste de son harmonie périodique, la profusion et la surabondance de ses développements oratoires; dans Démosthènes, l'austérité parfois un peu sèche de sa logique irrésistible, et la tristesse un peu monotone de son imperturbable et renversante argumentation, rendoit à ces deux grands orateurs un culte légitime, et, les plaçant, pour ainsi dire, dans l'Olympe, les honoroit comme les dieux mêmes de l'éloquence.

Chargé, en 1670, de l'éducation du dauphin, Bossuet, qui n'avoit encore prononcé que ses deux premiers éloges, descendit de la tribune funèbre pour n'y remonter que treize ans après. C'est dans cet intervalle, et pendant ce silence, que Fléchier fit entendre ses premiers accents: du commencement de l'année 1672 jusqu'à celui de 1679, il prêcha ses quatre oraisons funèbres, de madame de Montausier, de madame d'Aiguillon, du maréchal de Turenne, et du président de Lamoignon; l'académie françoise n'attendit pas qu'il eût rendu tant de services à notre langue, et qu'il eût donné tous ces gages de son talent, pour l'appeler à elle: l'éloge de madame de Montausier ouvrit à Fléchier les portes du sanctuaire des lettres, où Bossuet avoit été admis deux ans auparavant; Fléchier succéda, le 12 de janvier 1673, au célèbre Godeau, évêque de Vence, l'un des fondateurs de l'académie, qui commençoit à se remplir d'autant de génies supérieurs qu'elle avoit compté jusque-là d'écrivains médiocres. Le jour de la réception du nouvel orateur ne fut pas seulement pour lui une occasion de plus de faire briller son éloquence, il fut un véritable jour de triomphe, dans toute la force matérielle et littérale de l'acception, et le triomphe étoit d'autant plus glorieux que le vaincu possédoit à-la-fois les deux talents si rarement unis, d'écrire supérieurement en vers et en prose, et, paré des titres les plus capables d'imposer, se présentoit, en quelque sorte, chargé de couronnes. Le caprice de la fortune, qui se joue souvent des succès littéraires comme des succès guerriers, avoit réservé cette défaite à celui qui, trois ans auparavant, dans le plus solennel des concours, et dans la plus noble des luttes, aux prises, corps à corps, avec le grand Corneille, étoit demeuré vainqueur de ce redoutable rival et de ce vieil athlète. L'auteur d'Andromaque, des Plaideurs, de Britannicus, de Bajazet, et de Bérénice, âgé alors de trente-quatre ans, étoit reçu le même jour et dans la même séance que Fléchier. Celui-ci parla le premier: son discours fut couvert d'applaudissements, et ce bruit flatteur redoubla sur-tout, et se prolongea long-temps, à un endroit où le mérite d'un à-propos bien saisi relevoit encore celui d'une diction pleine de fleurs, et d'un style orné de toutes les graces de l'élégance et de l'harmonie. Racine, que ces témoignages d'une approbation si vive et d'une admiration si peu équivoque avoient d'abord inquiété, finit par se déconcerter tout-à-fait, quand il entendit, et le morceau dont nous venons de parler, et le fracas extraordinaire des nouveaux battements de mains qu'il excitoit à plusieurs reprises: il pâlit, il rougit; il s'agitoit péniblement sur son siége; il reconnoissoit, sans doute, avec douleur, il s'exagéroit même avec dépit, dans un pareil moment, l'infériorité de sa composition, et désespéroit de balancer un tel succès, et de partager tant de gloire. Enfin, à son tour, il se leva pour prononcer sa harangue : mais cet homme, dont l'organe étoit si enchanteur, et à qui l'art de la lecture et de la déclamation étoit si connu et si familier, lut son discours d'une voix tremblante et sourde, dérobant à l'oreille le plus qu'il pouvoit de sons, de syllabes, et de mots, et se hâtant d'arriver à la fin, avec une rapidité qui, loin de permettre de juger, ne permettoit pas même d'entendre; jamais on ne se tint plus franchement pour battu : et ce qui compléta la victoire de Fléchier, c'est que Racine n'osa pas même en appeler à l'impression, ressource dernière, mais souvent infidèle, du talent qui se croit méconnu.

Il est impossible qu'avec quelque penchant pour les lettres, et quelque goût pour l'histoire littéraire, on ne soit pas curieux de connoître, sinon le discours tout entier qui valut à Fléchier une palme si belle, du moins la partie de ce discours qui semble, plus particulièrement, avoir fait rendre les armes à son rival. Louis XIV venoit d'accorder à l'académie un local, et aux académiciens des logements dans son palais du Louvre; Fléchier profita merveilleusement de cette circonstance, que probablement Racine avoit oubliée:

« Quel heureux changement, dit-il, dans
« la fortune des gens de lettres! Autrefois ils
« révéroient de loin la grandeur et la majesté
« des rois, qu'ils ne connoissoient que sur la
« foi de la renommée: à peine le son de leur
« voix arrivoit-il jusqu'aux oreilles de ceux
« dont ils chantoient les victoires; ils en-
« troient quelquefois dans le cabinet de quel-
« ques Mécènes; mais ils n'approchoient pres-
« que jamais du palais d'Auguste; et soit par
« un mépris généreux des vaines grandeurs,
« soit par une juste indignation contre l'igno-
« rance de leur siècle, ils vivoient dans leurs
« solitudes, enveloppés dans leur propre ver-
« tu, et s'éloignoient de la cour des rois, où
« le faste l'emportoit sur la modestie, et où
« la fortune étoit presque toujours plus ho-
« norée que la sagesse. Il étoit réservé au plus
« grand des rois de rétablir l'honneur des let-
« tres en votre faveur, de vous ouvrir son

« propre palais, de vous faire trouver, dans
« le Louvre même, toutes les douceurs de la
« retraite, de vous donner un noble repos
« à l'ombre de son trône, de se faire, au mi-
« lieu de cette cour superbe et tumultueuse,
« comme une cour paisible et modeste où
« règne une honnête émulation, et où des
« ames tranquilles et désintéressées travail-
« lent à s'enrichir des biens de l'esprit, et
« cherchent une gloire plus pure que celle
« des ames vulgaires: que si vous trouvez tant
« de gloire dans la grace qu'il vous a faite,
« vous n'en trouverez pas moins dans votre
« propre reconnoissance, puisqu'en louant
« votre auguste protecteur, vous pouvez mé-
« riter vous-mêmes des louanges immortelles.
« Il n'est rien de si commun que de faire l'é-
« loge des princes; mais il n'est rien aussi de
« si difficile: comme on ne trouve pas tou-
« jours en ce qu'ils font ce qu'ils doivent faire,
« on est souvent réduit à louer en eux, non
« pas ce qu'on y voit, mais ce qu'on y sou-
« haite, et à laisser la vérité pour la bien-
« séance: il faut se jeter adroitement sur leur
« naissance et sur la gloire de leurs ancêtres;
« et, pour trouver en eux quelque chose de

« grand, il faut souvent le chercher hors
« d'eux-mêmes : mais ici, le prince est au-
« dessus de sa dignité; sa vie fournit assez
« pour son éloge, sans s'arrêter à sa fortune :
« comme sa naissance l'a rendu le plus grand
« des rois, ses sentiments et ses actions le ren-
« dent le plus grand des hommes. »

En possession des honneurs de la littérature, dès son entrée dans la carrière de l'éloquence, Fléchier ne s'éleva pas aussi rapidement aux honneurs de l'Église : il n'obtint l'épiscopat qu'en 1685, à l'âge de cinquante-trois ans; il y avoit alors seize ans que Bossuet avoit été fait évêque : mais les récompenses dues à son mérite, et provoquées par sa réputation, ne lui manquèrent pas entièrement; le roi lui donna successivement la charge de lecteur du dauphin, celle d'aumônier de madame la dauphine, et l'abbaye de Saint-Séverin, dans le diocèse de Poitiers. Si ses deux premières oraisons funèbres et son discours à l'académie avoient montré toutes les richesses de son art dans les sujets médiocres et dans les occasions où son talent devoit tirer presque tout de lui-même, l'éloge du maréchal de Turenne ne tarda pas à prouver que cet art pouvoit ressembler au génie, et que, dans les grands sujets, le rhéteur habile devenoit un grand orateur. L'exorde de l'oraison funèbre de madame de Montausier n'étoit qu'un jeu d'esprit fondé sur un jeu de mots; il se sentoit de l'école de Richesource et de cet hôtel de Rambouillet que fréquentoit Fléchier; il sembloit avoir une malheureuse convenance avec cette espèce d'académie particulière, vouée à l'affectation et à la subtilité, dans le sein de laquelle étoit née, et à laquelle avoit présidé, la personne que célébroit l'orateur : celui de l'oraison funèbre de Turenne, au niveau de la circonstance et de tous les sentiments qu'elle inspiroit, étoit un des plus élevés, des plus nobles, des plus sublimes, et des plus brillants morceaux de notre langue et de toutes les langues; il répand son éclat sur tout le reste du discours, qui ne le dément point, et c'est la gloire de l'orateur d'avoir pu se soutenir, dans toutes les parties de sa composition, non seulement à la hauteur de son sujet, mais à celle d'un tel exorde, et d'avoir répondu complètement à l'attente que cet admirable début avoit fait naître. On peut regretter que le portrait de

Turenne n'ait pas aussi été tracé par la puissante main qui peignit le grand Condé ; mais on peut douter que Bossuet lui-même eût éclipsé Fléchier. L'évêque de Tulles, Mascaron, plus jeune que Fléchier de deux ans, mais qui n'avoit ni suivi ni aidé, comme lui, les progrès du goût, orateur admiré de son temps, et cité encore dans le nôtre, qui ne manquoit ni d'art ni de génie, mais qui ne possédoit ni le génie ni l'art dans un assez haut degré pour balancer aux yeux de l'avenir la renommée de Fléchier et celle de Bossuet, se surpassa lui-même dans l'oraison funèbre de Turenne, et resta fort au-dessous de son rival : les discours de Mascaron, qui ravirent ses contemporains, ne servent plus aujourd'hui qu'à faire mieux apprécier et sentir le prodigieux mérite de ces deux grands orateurs, dont il se regardoit et dont il étoit regardé comme l'émule : il s'en falloit de beaucoup qu'il eût égalé l'un par le bonheur et la force des inspirations, l'autre par la noblesse du style, la sagesse des pensées, la pureté du dessin, et qu'il fût arrivé à ce choix éclairé d'idées et d'expressions qui sépare entièrement la véritable époque de la civilisation littéraire des temps mitoyens où la barbarie expirante couvre encore le berceau des lettres de quelques nuages. L'oraison funèbre de Mascaron fut prononcée et publiée la première, et l'admiration publique crut qu'il étoit impossible d'aller au-delà. Mais quand on entendit, quand on lut celle de Fléchier, on reconnut que le talent et le génie peuvent reculer encore les bornes que l'admiration elle-même semble avoir posées; et le triomphe de Fléchier s'accrut de tout l'enthousiasme qu'avoit excité Mascaron.

Fléchier n'eut pas, comme Bossuet, l'avantage de *mettre fin à tous ces discours* par son chef-d'œuvre : comme il étoit moins favorisé de la nature, il fut aussi moins bien servi par le hasard; le sort, qui tient tout dans sa dépendance, étend ses droits jusque sur les productions du talent : le panégyriste de Turenne, après avoir rencontré le plus heureux de tous ses sujets, et remporté la plus belle de toutes ses couronnes, monta cinq fois encore dans la chaire funèbre, et termina sa mission oratoire en ce genre, à l'âge de cinquante-huit ans, par l'éloge de son protecteur, de son noble ami, le duc de Montausier. Le caractère de cet homme vrai, qui poussoit jusqu'à la rudesse et jusqu'à la brusquerie la haine de toute fausseté, semble respirer dans ce discours : on y remarque un ton plus ferme que dans les autres compositions du même orateur, des mouvements moins étudiés et plus vifs, un choix d'ornements plus mâles, un style plus exempt de fard et plus dégagé de toute affectation. On reproche à Fléchier de la monotonie; et sans doute les mêmes tours, les mêmes formules, les mêmes figures se reproduisent trop uniformément dans ses différentes oraisons funèbres; mais il ne faut pas croire qu'il n'ait pas su varier son coloris et diversifier ses teintes suivant la nature des objets qu'il avoit à caractériser et à peindre : il n'a pas loué Turenne comme Lamoignon, ni Le Tellier ou Lamoignon comme Montausier; il a répandu une plus grande magnificence de style dans l'éloge de la reine, femme de Louis XIV, que dans ceux de madame de Montausier et de madame d'Aiguillon, ou dans celui de madame la dauphine. A travers tous ces artifices de la rhétorique, dont il s'environne, dont il s'appuie sans cesse, et qu'il semble toujours invoquer, toujours appeler à son aide, on aperçoit que son sujet l'inspire, jamais, à la vérité, jusqu'au point que l'inspiration paroisse dominer entièrement la réflexion et l'art, mais assez pour que les convenances du ton et du style avec le sujet soient observées et marquées d'une manière plus ou moins sensible. Les matières qui lui échurent présentoient en elles-mêmes moins de variété que celles dont Bossuet eut à s'occuper; il est fâcheux, sous plus d'un rapport, que ces deux illustres émules ne se soient pas mesurés plus souvent l'un avec l'autre; ils ne se trouvèrent que deux fois dans une concurrence directe, encore les occasions furent-elles peu dignes d'une pareille rivalité: la vie de la reine Marie-Thérèse d'Autriche, presque entièrement consacrée à des pratiques de dévotion, celle de Le Tellier, qui fut la créature du cardinal Mazarin, et qui porta dans les affaires plus de souplesse et d'exactitude que d'élévation et de génie, n'offroient pas de très heureuses ressources à l'éloquence; c'est toutefois un intéressant et utile spectacle, un bel objet d'étude, de voir Bossuet et Fléchier luttant corps à corps, même dans une lice trop étroite pour qu'ils pussent y déployer tous leurs moyens et toutes leurs forces; c'est un piquant et instructif examen que celui des détails particuliers où ils se rapprochent le plus l'un de l'autre; c'est une comparaison bien supérieure à tous les parallèles généraux, que celle qui s'établit, sur des bases si positives, entre deux compositions de deux orateurs s'exerçant en même temps sur le même sujet; rien n'est plus propre à faire sentir en quoi ils diffèrent, en quoi ils se ressemblent: on pourroit dire qu'il n'y a pas de petits sujets pour Bossuet, ni de matières stériles pour Fléchier; l'un agrandit tout par ses vues; l'autre fertilise tout par ses combinaisons: la conception de l'un est plus haute; il place les choses dans un plus grand ensemble, dans un plus vaste cadre; il les rattache à des considérations plus élevées, plus étendues; l'autre circonscrit sa pensée, et la restreint dans les bornes d'un plan vulgaire, sans lui permettre d'aller, par d'heureuses excursions, s'enrichir hors des limites qu'il lui a tracées; sûr de son art, il semble ne vouloir puiser que dans cette source qu'il trouve toujours abondante, et n'ambitionner d'autre succès que d'en montrer l'intarissable fécondité. Le style du premier est plus naturel, plus pittoresque, plus animé, plus plein, plus rapide, et plus profond; le style du second est plus pur, plus régulier, plus soigné, plus égal. Bossuet parle souvent un langage qui n'est qu'à lui; il dompte et fait fléchir sous sa puissance l'idiome national, qu'il traite, pour ainsi dire, en esclave; Fléchier ne s'étudie qu'à polir et perfectionner la langue commune, qu'il semble avoir prise sous sa tutèle, et qu'il a dotée de tous les trésors de l'harmonie périodique. Une circonstance digne de remarque, relativement à l'une des deux oraisons funèbres qui ont amené ces réflexions, c'est qu'elle fut prononcée devant Bossuet lui-même, qui, malgré la conscience de sa supériorité habituelle, dut prêter une oreille bien attentive à ce discours, où son concurrent, après avoir déjà combattu directement contre lui dans l'oraison funèbre précédente, venoit de nouveau présenter, en quelque sorte, le défi de l'éloquence à un rival qu'il rencontroit parmi ses auditeurs même et ses juges.

L'élégance soutenue qui distingue la diction de Fléchier, et qui se compose de tant d'attentions délicates et de tant d'intentions ingénieuses, tous ces rapports de pensées et de mots, toutes ces symétries de syllabes et de phrases, toutes ces oppositions d'idées et d'expressions, font naturellement croire qu'il poursuivoit long-temps, et qu'il n'obtenoit que par un travail lent et pénible des résultats si détournés ; cependant il nous apprend lui-même que ses ouvrages lui coûtoient peu d'application, et qu'il les produisoit presque sans effort : « On croit, dit-il, que je compose « avec peine et avec contention ; mais il n'en « est rien : j'écris au contraire avec une ex- « trême facilité (¹). » C'est cette facilité, sans doute, qui lui permit de plier sa manière avec quelque grace, et de l'adapter avec quelque

(¹) Il existe une lettre de Fléchier transcrite par tous ses biographes, dans laquelle il se peint lui-même ; elle est fort longue, très maniérée, et pleine d'une sorte de vanité qui déplaît ; en voici quelques traits relatifs à son talent ; Fléchier parle de lui à la troisième personne : « .... Il a un « caractère d'esprit net, aisé, capable de tout ce qu'il entre- « prend ; il a fait des vers fort heureusement ; il a réussi dans « la prose ; les savants ont été contents de son latin ; la cour « a loué sa politesse ; il a écrit avec succès ; il a parlé même « en public avec applaudissement.... ; il est naturellement « paresseux ; mais quand il veut, il trouve en lui des res- « sources dont il a été étonné lui-même.... Pour son style et succès aux divers genres qu'il essaya. Rien ne ressemble moins au style de l'histoire que celui qui convient à l'oraison funèbre; Fléchier n'est pas le même dans l'éloge de Turenne et dans la vie de Théodose : à la pompe oratoire il paroît substituer avec aisance la simplicité historique. L'histoire de Théodose, composée à la sollicitation de Montausier et de Bossuet, pour l'éducation du dauphin, fut publiée en 1679, la même année que Fléchier prononça l'oraison funèbre de Lamoignon : elle obtint un succès mérité; les faits y sont recueillis avec exactitude, appréciés avec sagesse, et disposés dans cet ordre lumineux où ils s'éclairent mutuellement; l'historien n'emprunte à l'orateur que la sorte et la mesure d'élégance dont la narration est suscep-

« pour ses ouvrages, il y a de la netteté, de la douceur, et
« de l'élégance; la nature y approche de l'art, et l'art y res-
« semble à la nature; on croit d'abord qu'on ne peut ni pen-
« ser ni dire autrement; mais après qu'on y a fait réflexion,
« on voit bien qu'il n'est pas facile de penser ou de dire
« ainsi; il a de la droiture dans le sens, de l'ordre dans le
« discours ou dans les choses, de l'arrangement dans les
« paroles, et une heureuse facilité qui est le fruit d'une
« longue étude; on ne peut rien ajouter à ce qu'il écrit, sans
« y mettre du superflu, et l'on n'en peut rien ôter sans y
« retrancher quelque chose du nécessaire.... etc. »

tible, et l'orateur disparoît dans l'historien. Cette espèce de métamorphose étonne d'autant plus qu'on se représente plus difficilement Fléchier se dépouillant de toutes les parures de la rhétorique et de tout le luxe oratoire. Quatorze ans après avoir publié l'histoire de Théodose, il donna celle du cardinal Ximenès, écrite avec la même justesse de goût et le même sentiment des convenances du genre, mais inférieure à la première, parceque l'auteur n'envisagea presque son sujet que sous les points de vue relatifs à la religion, et que ces rapports n'étoient pas ici, comme dans la vie de Théodose, le point principal sur lequel il dût insister. Les compositions historiques eurent toujours de l'attrait pour cet écrivain, qui ne paroissoit appelé qu'à un genre très différent; et l'on eût dit que sa plume aimoit à se délasser, dans la simplicité naïve et paisible de l'histoire, des magnificences, de l'apprêt et du fracas de la haute éloquence, comme on voit la grandeur aimer quelquefois à s'oublier elle-même, loin des pompes qui l'assiégent. Dès 1669, il avoit traduit du latin de Gratiani celle du cardinal Commendon, un des plus grands ministres et des plus habiles négociateurs qu'ait eus la cour de Rome, et dans cette traduction, qu'il mit au jour, on ne sait pourquoi, sous le nom bizarre de Roger Akakia, on remarquoit déja cette élégance sans faste, ces graces modestes, et ce style orné de sa seule correction, brillant de sa seule pureté, qui recommandent les histoires de Théodose et de Ximenès. Les Sermons de Fléchier, ses Panégyriques des saints, ses Discours synodaux, ses Lettres pastorales, diffèrent aussi beaucoup, par la diction, de ses oraisons funèbres : l'art du rhéteur s'y déploie avec beaucoup moins d'ostentation; il s'y tient plus caché; mais cette sage réserve, inspirée par les convenances mêmes, n'étoit pas un mérite suffisant pour élever à la hauteur des oraisons funèbres les autres monuments du talent de Fléchier : ses sermons sont médiocres; malgré l'affinité, plus apparente peut-être que réelle, des deux espèces de panégyriques dans lesquels il s'exerça, il ne sut pas louer les saints comme il sut louer Turenne, Lamoignon et Montausier; ses discours synodaux sont pleins d'une éloquence douce, affectueuse, persuasive, qui déguise, sans trop l'énerver, la sévérité des avis et des leçons, l'austérité des remontrances, et la rigueur des censures; quelques unes des lettres pastorales offrent l'expression franche d'un zèle pur et tout paternel, qui s'épanche avec tendresse et candeur, qui instruit avec autorité et reprend avec indulgence; elles semblent appartenir encore plus à l'évêque qu'à l'orateur et à l'écrivain.

Ce fut deux ans après la révocation de l'édit de Nantes que Louis XIV nomma Fléchier à l'évêché de Nismes: tout étoit en feu dans ces contrées dont on lui confioit en partie l'administration ecclésiastique; et sans doute il dut l'honneur de ce choix à la manière dont il s'étoit conduit à l'égard des religionnaires, en 1685, à l'époque même de la révocation. Une mission avoit eu lieu cette année dans le Poitou et dans la Bretagne; Fénélon, beaucoup plus jeune que Fléchier, la présida: ce dernier, malgré la supériorité de son âge, et cette espèce de droit qui s'attache au nombre des années, se fit gloire de marcher sous un tel chef à de saintes conquêtes; il rivalisa de dévouement, de douceur et d'humanité avec Fénélon, comme il avoit rivalisé d'éloquence avec Bossuet. On ne rencontre que de grands noms, que des émulations sublimes, dans ces temps si fertiles en talents et en vertus. Il fut ensuite promu à l'épiscopat; il eut d'abord le siége de Lavaur, et bientôt celui de Nismes. Quand il reçut sa nomination à cet évêché, théâtre de tant de troubles et de fureurs, son zéle et son courage reculèrent devant cette espèce de mission perpétuelle dont on le chargeoit; il écrivit au roi, qui n'agréa pas son refus. Tandis que Bossuet alloit se reposer dans son tranquille évêché de Meaux, et jouir en paix, dans une agréable et champêtre retraite, des anciens triomphes de sa plume et de ceux qu'elle remportoit encore tous les jours, Fléchier étoit lancé sur un véritable champ de bataille, et précipité, pour ainsi dire, au milieu d'une mêlée terrible et sanglante, où sans cesse il falloit combattre parmi les cris de guerre, parmi les massacres, et à la lueur des incendies; il ne s'agissoit plus là de raisonnements, de controverses, et de discussions: apaiser des cœurs irrités, consoler des ames affligées, sécher des larmes légitimes, gagner des esprits prévenus, désarmer des mains forcenées, employer tous les charmes de la persuasion contre tous les délires du désespoir, tels étoient les dévoirs difficiles que le nouvel évêque de Nismes avoit à remplir, et dont il s'acquitta. Le doux et pacifique souvenir de ses vertus pastorales s'est perpétué dans ces lieux où semble toujours gronder sourdement la tempête des discordes religieuses; et la mémoire de Fléchier est honorée à Nismes, comme celle de Bossuet à Meaux, et celle de Fénélon à Cambrai. Il survécut de quatre ans au premier, et mourut cinq ans avant le second, en 1710, dans la soixante-dix-huitième année de son âge; il avoit été frappé d'un juste pressentiment de sa mort prochaine, et, dans l'attente assurée de sa fin, il commanda lui-même le dessin modeste de son tombeau.

« Fléchier, dit M. Villemain dans son bel
« essai sur l'oraison funèbre, Fléchier n'est
« pas assez goûté de nos jours; on s'est trop
« accoutumé à ne voir en lui qu'un adroit
« artisan de paroles. Par une injustice assez
« commune, la qualité dominante de son ta-
« lent a passé pour la seule; et, par une fausse
« doctrine, cette qualité, précieuse en elle-
« même, n'a paru mériter qu'une médiocre
« estime : on a pensé que si l'art de choisir les

« mots, l'emploi des tours heureux, des con-
« structions savantes, enfin tous les secrets et
« tous les détails de l'élégance et de l'harmo-
« nie, formoient un titre de gloire aux com-
« mencements de notre littérature et de notre
« langue, ce mérite, d'abord personnel à l'écri-
« vain, devoit s'affoiblir et se perdre à mesure
« que la langue elle-même se perfectionnoit,
« cultivée par des mains habiles et soigneuses ;
« mais on auroit dû se souvenir combien la
« décadence est près de la perfection. Ces écri-
« vains, long-temps admirés comme créateurs
« de notre langue, en sont aujourd'hui les
« conservateurs : leur usage a changé d'objet,
« mais il n'a rien perdu de son prix ; ils ser-
« virent autrefois à dégrossir, à former un
« idiome inculte et barbare ; seuls aujour-
« d'hui ils peuvent maintenir et défendre ce
« même idiome, si souvent attaqué par l'af-
« fectation et la bizarrerie. Ce qui déprave
« la langue, dit Voltaire, déprave bientôt le
« goût. Ainsi, dans la littérature, les idées
« tiennent au style, et l'art de penser n'existe
« qu'avec l'art d'écrire : c'est indiquer le mé-
« rite de Fléchier, et l'utilité que présente
« l'étude attentive de ses ouvrages, où des

« pensées ingénieuses et nobles se produisent
« toujours sous les véritables formes de la
« langue françoise, qui sont la grace et la di-
« gnité. »

Ses oraisons funèbres ont seules établi sa réputation littéraire: elles sont comptées parmi les principaux monuments de notre langue; elles sont un des plus riches ornements de notre littérature. L'auteur du Discours sur l'histoire universelle se présente à la postérité environné de plus de titres que Fléchier; mais les oraisons funèbres de cet orateur vivront autant que celles de Bossuet; elles sont, comme ces dernières, de véritables créations; elles ont fixé parmi nous un des types originaux du style et un des modèles invariables de l'élocution oratoire. Fléchier eut le mérite d'enseigner à ses successeurs, avec le flambeau de l'art, une des routes qu'ils devoient suivre dans le vaste champ de l'éloquence, et de leur révéler des ressources inconnues jusqu'à lui; il leur montra, comme dit un ancien, *Verba quibus deberent loqui;* il fut un des plus habiles ouvriers du langage; quand il mourut, Fénélon s'écria: *Nous avons perdu notre maître!*

Quelle oraison funèbre dans ce peu de mots prononcés par un si grand homme, et par un si bon juge! C'étoit sans doute la plus belle dont pût être honorée la mémoire du panégyriste de Turenne.

D.....LT.

ORAISON FUNÈBRE

DE MADAME

JULIE-LUCINE D'ANGENNES

DE RAMBOUILLET,

DUCHESSE DE MONTAUSIER,
DAME D'HONNEUR DE LA REINE;

prononcée en présence de madame l'abbesse de Saint-Étienne de Reims, et de madame l'abbesse d'Hière, ses sœurs, en l'église de l'abbaye d'Hière, le 2 janvier 1672.

Mulierem fortem quis inveniet? Procul et de ultimis finibus pretium ejus.

Qui trouvera une femme forte? Son prix passe tout ce qui vient des pays les plus éloignés. Prov. 31.

Mesdames,

Le plus sage de tous les rois, éclairé des lumières de l'esprit de Dieu, inspiré de laisser à la postérité le portrait d'une femme héroïque, nous la représente revêtue de force et de bonne grace; occupée à de grandes choses, sans sortir de la modestie de son sexe; comblée des biens mêmes de la fortune, mais toujours prête à les répandre dans le sein des pauvres; pénétrée de la crainte de Dieu, et convaincue de la vanité des grandeurs humaines; tirant sa gloire d'une solide vertu, et non de l'éclat trompeur d'une fragile beauté; mourant avec un visage tranquille et riant; digne d'être reçue dans le ciel, où elle se présente accompagnée de ses bonnes œuvres, et chargée des trésors d'honneur et de grace qu'elle a amassés; digne enfin après sa mort des regrets et des louanges de son époux, après avoir mérité sa tendresse et sa confiance pendant sa vie. Mais avant que de nous dépeindre cette femme forte et courageuse, il nous avertit qu'il est difficile de la rencontrer: il nous en donne une idée, mais il semble qu'il n'en ait jamais trouvé d'exemple. Il la forme dans son imagination; et doutant qu'elle se puisse trouver dans la nature, il s'écrie: Qui est-ce qui la trouvera? *Mulierem fortem quis inveniet?*

Mais cette haute vertu qu'il a cherchée avec si peu de succès, et dont il semble que son siècle n'étoit pas capable, s'est rencontrée en la personne de l'illustre Julie-Lucine d'Angennes de Rambouillet, duchesse de Montausier. Dans tout le cours de sa vie et de ses actions elle a exprimé ce parfait original, par sa générosité naturelle, par le bon usage des biens et de la faveur, par la connoissance de son néant et de la grandeur de Dieu, par un aveu sincère des foiblesses et des vanités humaines, par une mort douce et tranquille, par le regret universel de tous ceux qui l'avoient connue. Que Salomon désespère de la trouver cette femme forte et courageuse, nous pouvions nous vanter de l'avoir trouvée.

Mais, hélas! ces pieux devoirs que l'on rend à sa mémoire, ces prières, ces expiations, ces sacrifices, ces chants lugubres qui frappent nos oreilles, et qui vont porter la tristesse jusque dans le fond des cœurs; ce triste appareil des sacrés mystères; ces marques religieuses de douleur, que la charité imprime sur vos visages, me font souvenir que vous l'avez perdue. Tout l'éclat de sa fortune est donc réduit à la célébration d'une pompe funèbre! De tout ce qu'elle étoit, il ne vous reste donc que cette funeste pensée, qu'elle n'est plus. Cette amitié même, et ce nom de sœur, que la chair et le sang vous rendoient si doux, sont retournés dans leur principe, et se sont perdus dans le sein de la charité de Dieu. Il ne vous reste que le déplaisir de sa perte et la mémoire de ses vertus; et vous ne pouvez que trop redire désormais les paroles de mon texte: « Qui trouvera maintenant une femme « forte? »

Quand je considère pourtant que les chrétiens ne meurent point; qu'ils ne font que changer de vie; que l'apôtre nous avertit de ne pas pleurer ceux qui dorment dans le sommeil de paix, comme si nous n'avions point d'espérance; que la foi nous apprend que l'église du ciel et celle de la terre ne font qu'un corps; que nous appartenons tous au Seigneur, soit que nous mourions, soit que nous vivions, parcequ'il s'est acquis, par sa résurrection et par sa vie nouvelle, une domination souveraine sur les morts et sur les vivants: quand je considère, dis-je, que celle dont nous regrettons la mort est vivante en Dieu, puis-je croire que nous l'ayons perdue? Non, non, c'est assez pleurer sa séparation, il est temps de penser à son bonheur: la douleur doit céder à la foi, et la compassion naturelle doit faire place à la consolation chrétienne.

Je prétends vous remettre aujourd'hui devant les yeux sa vie mortelle, afin de vous persuader de son immortalité bienheureuse. Je veux retracer dans votre mémoire les graces que Dieu lui a faites, afin que vous louiez la miséricorde qu'il vient de lui faire. Autant de vertus qu'elle a pratiquées sont autant de sujets de confiance en la bonté de Dieu, qui se plaît à récompenser ceux à qui il inspire de le servir. Partagez donc avec moi les trois états différents de sa vie. Examinez sa sagesse dans une condition privée, sa modération dans les plus grandes dignités de la cour, et sa patience dans une longue et ennuyeuse maladie. Admirez cette femme forte qui résiste aux foiblesses de son sexe dès son enfance, à l'orgueil dans sa plus grande élévation, à la douleur dans le temps de son abattement et de sa mort même. Voilà tout le sujet de ce discours. Je n'ai besoin ni de paroles étudiées, ni de figures excessives, ni de louanges flatteuses. Je suis en la présence du Dieu de la vérité; je parle à des ames pures et sincères, qui ont horreur du soupçon même de la vanité et du mensonge; et je vous propose les vertus d'une vie dont je déplore en même temps la misère et la fragilité.

Si j'avois à parler devant des personnes que l'ambition ou la fausse gloire attachent au monde, je m'accommoderois à leur foiblesse et à la coutume; et, relevant la naissance de notre illustre duchesse, j'irois leur chercher dans l'histoire ancienne les sources de la noble famille d'Angennes, dont la gloire, la grandeur, et l'ancienneté, sont assez connues. Je descendrois jusqu'aux derniers siècles, où l'on a vu tout à-la-fois cinq frères de cette illustre maison, trois chevaliers des ordres du roi, un cardinal, et un évêque, tous ambassadeurs en même temps, qui remplissoient de l'éclat de leurs vertus différentes presque toutes les cours de l'Europe. Je leur dirois que son aïeule, Julie Savellie, étoit sortie d'une des plus anciennes familles d'Italie; qu'elle comptoit des rois, des conquérants, des souverains pontifes, pour ses ancêtres, et trois de nos rois pour ses alliés. Je les exciterois après insensiblement à imiter les vertus de celle dont ils auroient révéré la noblesse; et, faisant semblant de flatter leur vanité, je leur insinuerois des exemples de modération et de sagesse.

Mais oserois-je, mesdames, vous entretenir d'une gloire à laquelle vous avez renoncé? Ne sais-je pas qu'ayant abandonné le monde pour mener une vie plus sainte et plus cachée dans la retraite, vous ne prétendez plus qu'à l'honneur d'être de la famille de Jésus-Christ? Il suffit de vous dire qu'il y a une noblesse d'esprit plus glorieuse que celle du sang, qui inspire des sentiments généreux et une louable émulation, et qui fait descendre, par une heureuse suite d'exemples, les vertus des pères dans les enfants. La sage Julie d'Angennes sembloit avoir recueilli cette succession spirituelle; et cette gloire, qui donne ordinairement de l'orgueil et de la fierté, ne lui donna que des sentiments modestes, et des desirs ardents d'assister ceux qui pouvoient avoir besoin de son secours.

Que si elle sut régler les mouvements de son cœur, elle ne régla pas moins les mouvements de son esprit. Qui ne sait qu'elle fut admirée dans un âge où les autres ne sont pas encore connues; qu'elle eut de la sagesse en un temps où l'on n'a presque pas encore de la raison; qu'on lui confia les secrets les plus importants dès qu'elle fut en âge de les entendre; que son naturel heureux lui tint lieu d'expérience dès ses plus tendres années; et qu'elle fut capable de donner des conseils en un temps où les autres sont à peine capables d'en recevoir? Une si heureuse naissance la rendit d'abord la passion de tout ce qu'il y avoit de vertueux et d'élevé dans la cour: on se fit honneur d'avoir part en son amitié; elle eut le bonheur de plaire à des reines. Des princesses d'un mérite extraordinaire, des dames que la faveur élevoit presque au rang des princesses, la desirèrent à l'envi pour favorite; et telle fut son adresse, que, sans user d'aucun art indigne de son grand courage, elle se conserva toujours dans leur confidence, du consentement même de celles qui auroient pu la lui disputer: tant son esprit avoit de charmes, tant elle étoit élevée au-dessus même de l'envie!

Quand la nature ne lui auroit pas donné tous ces avantages, elle auroit pu les recevoir de l'éducation; et pour être illustre, il suffisoit d'avoir été élevée par madame la marquise de Rambouillet. Ce nom, capable d'imprimer du respect dans tous les esprits où il reste encore quelque politesse; ce nom, qui renferme je ne sais quel mélange de la grandeur romaine et de la civilité françoise; ce nom, dis-je, n'est-il pas un éloge abrégé, et de celle qui l'a porté, et de celles qui en sont descendues? C'étoit d'elle que l'admirable Julie tenoit cette grandeur d'ame, cette bonté singulière, cette prudence consommée, cette piété sincère, cet esprit sublime, et cette parfaite connoissance des choses, qui rendirent sa vie si éclatante.

Vous dirai-je qu'elle pénétroit dès son enfance les défauts les plus cachés des ouvrages d'esprit, et qu'elle en discernoit les traits les plus délicats? que personne ne savoit mieux estimer les choses louables, ni mieux louer ce qu'elle estimoit? qu'on gardoit ses lettres comme le vrai modèle des pensées raisonnables et de la pureté de notre langue? Souvenez-vous de ces cabinets que l'on regarde encore avec tant de vénération, où l'esprit se purifioit, où la vertu étoit révérée sous le nom de l'incomparable Artenice, où se rendoient tant de personnes de qualité et de mérite qui composoient une cour choisie, nombreuse sans confusion, modeste sans contrainte, savante sans orgueil, polie sans affectation. Ce fut là que, tout enfant qu'elle étoit, elle se fit admirer de ceux qui étoient eux-mêmes l'ornement et l'admiration de leur siècle.

Il est assez ordinaire aux personnes à qui le ciel a donné de l'esprit et de la vivacité d'abuser des graces qu'elles ont reçues. Elles se piquent de briller dans les conversations, de réduire tout à leur sens, et d'exercer un empire tyrannique sur les opinions. L'affectation, la hauteur, la présomption, corrompent leurs plus beaux sentiments; et l'esprit qui les retiendroit dans les bornes de la modestie, s'il étoit solide, les porte, ou à des singularités bizarres, ou à une vanité ridicule, ou à des indiscrétions dangereuses. A-t-on jamais remarqué la moindre apparence de ces défauts en celle dont nous faisons aujourd'hui l'éloge? Y eut-il jamais un esprit plus doux, plus facile, plus accommodant? Se fit-elle jamais craindre dans les compagnies? Étoit-elle éloignée de la cour, on eût dit qu'elle étoit née pour les provinces. Sortoit-elle des provinces, on voyoit bien qu'elle étoit faite pour la cour. Elle se servoit toujours de ses lumières pour connoître la vérité des choses et pour entretenir la charité, et croyoit que c'étoit n'avoir point d'esprit que de ne point l'employer, ou à s'instruire de ses devoirs, ou à vivre en paix avec le prochain.

En effet, qu'est-ce que l'esprit dont les hommes paroissent si vains? Si nous le considérons selon la nature, c'est un feu qu'une maladie et qu'un accident amortissent sensiblement. C'est un tempérament délicat qui se dérègle, une heureuse conformation d'organes qui s'usent, un assemblage et un certain mouvement d'esprits qui s'épuisent et qui se dissipent. C'est la partie la plus vive et la plus subtile de l'ame, qui s'appesantit, et qui semble vieillir avec le corps. C'est une finesse de raison qui s'évapore, et qui est d'autant plus foible et plus sujette à s'évanouir, qu'elle est plus délicate et plus épurée. Si nous le considérons selon Dieu, c'est une partie de nous-mêmes plus curieuse que savante, qui s'égare dans ses pensées. C'est une puissance orgueilleuse qui est souvent contraire à l'humilité et à la simplicité chrétienne, et qui, laissant souvent la vérité pour le mensonge, n'ignore que ce qu'il faudroit savoir, et ne sait que ce qu'il faudroit ignorer.

Cette généreuse fille se mit au-dessus des opinions vulgaires. Parmi les erreurs et les faux jugements du monde, elle s'appliqua à découvrir ce point de vérité qui fait regarder la vanité des choses humaines; et c'est d'elle que le Sage semble avoir dit, que ses lumières ne s'éteindroient point dans la nuit, *non exstinguetur in nocte lucerna ejus.* On estime les biens : elle a cru qu'il falloit les recevoir de la Providence, et les communiquer par la charité. On recherche les honneurs : elle a jugé qu'il suffisoit de s'en rendre digne. On s'attache à la vie : elle l'a méprisée dès qu'elle a pu la connoître.

Agréez, mesdames, que je m'arrête à ces dernières paroles, que je me serve de toute votre attention, et que je loue ici une de ses actions célèbres, où la force d'esprit et la charité chrétienne ont également éclaté. Dieu, qui imprime de temps en temps la terreur de ses jugements dans les cœurs des hommes par des punitions publiques, affligea la capitale de ce royaume d'une maladie contagieuse : la corruption se répandit d'abord sur le peuple; elle passa dans les maisons des grands; elle approcha du palais des rois; elle n'épargna pas votre famille, et vous enleva un frère dans un âge encore tendre, presque sous les yeux de votre charitable mère. Hélas! suis-je destiné à rouvrir toutes les plaies de votre famille? et de combien de morts faut-il vous renouveler le souvenir à l'occasion d'une seule? Ce fut en cette rencontre que cette fille forte et courageuse donna un exemple mémorable de sa fermeté. La frayeur de la mort ne lui fit point abandonner sa maison; elle voulut assister ce frère mourant, sans craindre ces souffles mortels qui portent le poison dans les cœurs.

Vous savez l'horreur qu'on a de recueillir ces soupirs contagieux qui sortent du sein d'un mourant pour faire mourir ceux qui vivent. Le mal qui consume l'un menace les autres: le danger est presque égal en celui qui souffre et en celui qui l'assiste; et l'on ne peut avoir, en servant ces sortes de malades, que la malheureuse consolation de les voir mourir, ou la triste espérance de les survivre de quelques jours. La nature en cette occasion relâche beaucoup de ses droits et de ses obligations ordinaires. Les lois de la chair et du sang ne sont pas si fortes que l'horreur d'une mort presque inévitable. La religion même dispense de ces funestes devoirs ceux qui n'y sont pas engagés par un caractère particulier. Il est permis d'acheter des secours, et d'employer des ames que l'avarice jette dans les dangers, ou qu'une charité surabondante a dévouées au bien public. Mais Julie s'élève au-dessus des sentiments d'une piété commune. Elle semble être née pour faire des actions héroïques; elle sacrifie volontairement une vie douce, heureuse, illustre dès ses premières années; et, par une constance admirable, elle demeure ferme au milieu d'un péril qui fait trembler les plus courageux.

Vous admirez sans doute cette fermeté, que Dieu a récompensée de tant de prospérités et de tant de graces; et vous croiriez, mesdames, que c'est le dernier effort de sa constance, que ce sacrifice qu'elle a fait de sa propre vie, si je ne vous faisois souvenir qu'ayant enfin trouvé un mérite et un cœur digne d'elle, il y eut des dangers qu'elle craignit plus que les siens mêmes, il y eut une vie qui lui fut plus chère que la sienne propre.

Vous pensez déja aux combats, aux blessures, aux victoires de son illustre époux:

vous repassez dans votre mémoire ces exemples de fidélité qu'ils ont donnés dans des temps de confusion et de révolte: l'un forçant des villes par sa valeur, l'autre gagnant des cœurs par son adresse: l'un rangeant des rebelles à leur devoir, par la terreur et par l'effort de ses armes, l'autre excitant la fidélité dans l'esprit des peuples, par la vénération qu'on avoit pour elle: l'un perçant lui seul des escadrons entiers, sans craindre ni la force, ni la multitude, ni le danger, ni la mort même; l'autre le voyant revenir, après un glorieux combat, tout couvert de sang et de plaies, sans que l'affliction domestique l'empêchât de travailler elle-même à la sûreté et au repos de la province.

Jamais cœur ne fut pressé d'une plus vive douleur que le sien; jamais cœur ne fut si constant. Sa tristesse n'empêchoit pas sa prévoyance. Ce qu'elle alloit, ce semble, perdre, ne lui faisoit pas oublier ce qu'elle devoit conserver. La tendresse pour son époux s'accordoit en elle avec les soins pour la république. Soulageant les blessures mortelles de l'un, et calmant les mouvements dangereux de l'autre, elle s'acquittoit en même temps de tous les devoirs d'une fidèle épouse et d'une fidèle sujette. Il n'en faut pas davantage pour vous faire voir qu'elle a résisté aux foiblesses de son sexe. Il reste à vous montrer qu'elle a résisté à l'orgueil, dans son élévation.

Un ancien (¹) disoit autrefois que les hommes étoient nés pour l'action et pour la conduite du monde, et que les dieux leur avoient donné en partage la valeur dans les combats, la prudence dans les conseils, la modération dans les prospérités, et la constance dans la mauvaise fortune : que les femmes n'étoient nées que pour le repos et pour la retraite; que toute leur vertu consistoit à être inconnues, sans s'attirer ni blâme ni louange; et que celle-là étoit sans doute la plus vertueuse, de qui l'on avoit le moins parlé. Ainsi il les retranchoit de la république, pour les renfermer dans l'obscurité de leur famille : de toutes les vertus morales, il ne leur accordoit qu'une pudeur farouche; il leur ôtoit même cette bonne réputation qui semble être attachée à l'honnêteté de leur sexe; et les réduisant à une oisiveté qu'il croyoit louable, il ne leur

---

(¹) Thucydide.

laissoit pour toute gloire que celle de n'en avoir point.

Il est aisé de reconnoître l'injustice de ce sentiment; car, outre que la philosophie nous apprend que l'esprit et la sagesse sont de tout sexe; que les ames d'une même espèce ont des mouvements semblables, et qu'ayant des principes communs de raison et d'équité naturelles, elles sont capables des mêmes vertus, l'expérience nous apprend encore que Dieu suscite de temps en temps des femmes fortes qu'il élève au-dessus des foiblesses ordinaires de la nature, à qui il paroît qu'il donne un tempérament particulier, et qu'il rend dignes de soutenir de grands emplois, et de servir d'exemple et d'ornement à leur siècle.

Telle fut l'incomparable Julie, que toute la France a si long-temps admirée, et que toute la France regrette aujourd'hui. Elle eut toutes les qualités naturelles qui composent un mérite éminent, et qui attirent l'estime et la vénération publique. Que ne puis-je vous décrire cet air de grandeur, et cette majesté accompagnée de tant de graces; cet esprit si solide et si délicat tout ensemble; ce jugement si éclairé et si incapable d'être surpris; cette ame si noble et si généreuse; ce cœur si sensible à l'honneur et à la véritable gloire? Que ne puis-je vous marquer ici cette inclination bienfaisante qui n'a jamais perdu une occasion de servir ceux qui ont eu besoin de son secours; ces manières civiles, humaines, officieuses, qui lui ont gagné tant de cœurs; cette façon de s'exprimer si juste et si naturelle; ce tour d'esprit particulier qui rendoit sa conversation si agréable; ces pensées toujours fondées sur les principes de la raison, et sur l'expérience du grand monde, dont elle connoissoit si bien toutes les humeurs, tous les intérêts, et tous les usages? Que ne puis-je vous dire enfin ce que vous sauriez mieux que moi, si la douleur de l'avoir perdue ne vous faisoit oublier pour un temps le plaisir que vous avez eu de la posséder?

Quand vous ne sauriez ni le nom, ni l'histoire de la personne dont je vous parle, quand vous auriez oublié toute la gloire de votre maison, ne reconnoîtriez-vous pas dans ce portrait que je viens de faire tous les traits d'une dame illustre, capable de former l'esprit et le cœur des enfants du plus grand monarque du monde, de leur inspirer des paroles et des pensées dignes de leur rang et de leur naissance, d'imprimer dans leurs ames encore tendres ces sentiments élevés qui distinguent les ames royales d'avec les ames du commun; de leur apprendre l'art de se faire aimer de leurs sujets avant qu'ils sachent se faire craindre de leurs ennemis, de soutenir la gloire et les espérances d'un grand royaume; en un mot, d'être gouvernante d'un dauphin de France? On pouvoit connoître par ce qu'on voyoit en elle ce qu'on en devoit espérer; et, dans le temps de la naissance de ce jeune prince, il étoit aisé de juger que Dieu, dont la providence veille sur les rois et sur les royaumes, l'avoit destinée à son éducation; et que le roi, dont le discernement est si juste, la devoit choisir entre toutes les personnes de sa cour pour un emploi si important.

Il la choisit en effet, mesdames, pour lui confier ce royal enfant qui fait aujourd'hui l'amour et les délices des peuples. L'ambition ni le hasard n'eurent point de part à ce choix. Toute la France l'avoit prévenu par ses vœux et par ses desirs, et le souverain le fit avec connoissance et avec justice. En ce temps qu'il

commençoit à se charger lui-même du poids
des affaires; qu'il méditoit ces glorieux desseins, qu'il a depuis exécutés, de réprimer l'injustice, de rétablir la discipline, de corriger
les abus qui s'étoient glissés dans les lois mêmes, d'affermir la paix dans ses provinces, et
d'entrer dans ses droits, ou en conquérant, ou
en prince pacifique: en ce temps, dis-je, que,
rempli de ces grandes maximes d'équité, qu'il
a depuis toujours pratiquées, il commençoit
à récompenser par lui-même le mérite de ses
sujets, il crut qu'il ne pouvoit donner une
plus grande idée de son discernement et de
sa justice, qu'en donnant à la personne de
son royaume la plus fidèle et la plus éclairée
le soin le plus important de son état.

C'est elle donc qui a eu la gloire de former
les premiers sentiments et les premières paroles de ce jeune prince. Pouvoit-il penser,
pouvoit-il parler plus dignement? Elle lui a
montré à lever ses mains pures et innocentes
vers le ciel, à tourner ses premiers regards
vers son Créateur. Elle lui a inspiré ses premiers vœux et ses premières prières; elle a
tiré de son cœur ses premiers soupirs. Combien de fois, en essuyant ses larmes, a-t-elle

demandé à Dieu qu'il lui inspirât de la tendresse pour son peuple! Combien de fois, en le corrigeant, a-t-elle demandé pour lui un cœur sage et docile aux inspirations du ciel! Combien de fois a-t-elle prié Dieu, qui tient en ses mains les cœurs des rois, d'en faire un prince selon le sien! Et combien de fois a-t-elle fait cette prière du prophète : « Sei- « gneur, donnez au roi votre jugement, et « votre justice au fils du roi (¹)! » Je laisse ces instructions si utiles, et ces maximes si pures, qu'elle lui a depuis insinuées; je laisse celles qu'elle eût pu lui insinuer, si Dieu lui eût prolongé le cours de ses années. Je me contente de dire qu'il n'y eut jamais d'attachement plus fort que celui qu'elle eut pour ce prince. Qui pourroit exprimer la joie qu'elle ressentoit, lorsqu'elle voyoit paroître ses bonnes inclinations, croître ses bonnes habitudes, et germer ces précieuses semences de gloire et de vertu qu'elle avoit jetées avec tant de soin dans son cœur? Mais qui pourroit exprimer la douleur qu'elle ressentit lorsque la providence de Dieu la retira de cet emploi,

(¹) Ps. 71.

où elle étoit autant liée par l'inclination et par la tendresse que par la fidélité et par le devoir?

En effet, il n'y a rien de si aimable que l'enfance des princes destinés à l'empire, lorsqu'ils donnent des marques d'un naturel heureux. On voit en eux des rayons de la majesté de Dieu, tempérés des ombres de la foiblesse des hommes. Ce sont des soleils dans leur orient, qui réjouissent les yeux, et qui ne les éblouissent pas encore: chacun cherche sur leur visage des présages de son bonheur à venir. On croit trouver dans toutes leurs petites actions les fondements des espérances publiques. Ils sont d'autant plus aimés, qu'ils n'ont rien qui les fasse craindre; et ils régnent d'autant plus fortement dans les cœurs qu'ils ne régnent pas encore dans leurs états.

La majesté des rois inspire plus de respect que de tendresse. C'est une espèce de religion civile et de culte politique qui nous fait révérer ces traits que la main de Dieu a gravés sur le front de ceux à qui il daigne communiquer sa puissance. Ils ont beau descendre jusqu'à nous, nous n'oserions nous élever jusqu'à eux. Quoiqu'ils soient les pères des peuples, ils en sont les maîtres et les souverains. Quelque foiblesse qu'ils puissent avoir, l'homme se cache, pour ainsi dire, sous le monarque; et quelque bonté qu'aient les rois, ils ont toujours l'éclat et la pompe de la royauté. Mais lorsqu'ils n'ont que ces agréments que l'âge donne, qu'on ne voit dans leurs yeux et sur leur visage que des traits de douceur et d'innocence, qu'ils sont encore assez dociles pour entendre la vérité, et qu'au lieu d'une grace, qu'un ancien (1) disoit que Dieu donne à chaque souverain pour tempérer l'austérité du commandement, il semble que toutes les graces ensemble les accompagnent; alors il se fait des impressions d'amour et de tendresse dans les cœurs de ceux qui les voient, et beaucoup plus de ceux qui les gouvernent, et qui doivent être les instruments de la félicité publique.

Y eut-il jamais de gouvernante plus zélée? Y eut-il jamais de jeune prince plus aimable? Jugez par là combien cette séparation lui fut sensible. Elle ne put s'en consoler que par l'obéissance qu'elle rendoit au plus grand et

(1) Xénophon.

au plus sage de tous les rois, et par l'honneur qu'elle avoit de passer au service de la plus grande et de la plus pieuse reine du monde.

Mais, hélas! il falloit se préparer à des séparations bien plus sensibles. O mort! cruelle mort! que ne lui laissois-tu plus long-temps le plaisir de voir le fruit de ses travaux! Que n'a-t-elle vu accomplir la plus grande partie de ses espérances! que n'a-t-elle vu éclater ces grandes qualités dont elle avoit formé les principes! Belle ame, qui reposez maintenant dans le sein de la paix et du repos éternel, je sais que c'est presque la seule douceur qui vous a fait souhaiter de vivre. Mais s'il vous reste encore quelque sentiment pour le monde que vous avez quitté, pensez que ces vertus naissantes se fortifient; que votre ouvrage se perfectionne tous les jours; qu'une partie de vous-même achève ce que vous avez commencé; que votre illustre époux emploie à cette éducation si importante cet esprit que vous avez tant estimé, cette ame qui est encore unie si étroitement à la vôtre, ce cœur où vous êtes encore vivante, et que, dans la douleur de vous avoir perdue, il a la consolation de retrouver encore quelque chose de vous dans l'esprit et dans les actions de cet admirable enfant qu'il élève.

Pourquoi interrompre, mesdames, par ces idées funestes, la relation glorieuse de ses honneurs et de ses charges? Ce seroit ici le lieu de vous la représenter dans le plus grand éclat de sa vie, honorée de l'estime et de la confiance de ses maîtres, comblée de toutes les graces qui pouvoient tomber sur sa personne ou sur sa famille, suivie de tous ceux qui reconnoissoient le mérite, ou qui adoroient la faveur. Mais je sais qu'elle n'a jamais mis sa confiance qu'en Dieu seul; et je me souviens que je parle à des épouses de Jésus-Christ, qui mènent une vie humble et pénitente, et pour qui toute grandeur humaine n'est que vanité. Ne pensons donc à cette gloire, à cet éclat, à ces dignités, que pour connoître le bon usage qu'elle en a fait.

Les honneurs sont institués pour récompenser le mérite, pour exercer la sagesse, et pour être des occasions de faire du bien : aussi ils n'appartiennent de droit qu'à des ames modérées, justes, charitables, qui les reçoivent sans empressement, qui les possèdent sans orgueil, qui les retiennent sans intérêt.

Mais l'esprit du monde en a perverti le véritable usage. On les brigue sans les mériter; on en abuse quand on les a obtenus; on n'en veut jouir que pour soi quand on les possède. L'ambition les acquiert par des voies même criminelles; la vanité les regarde comme des préférences et des distinctions du reste des hommes; et l'injustice fait qu'on en retient tout le fruit, qui devroit se communiquer aux autres. Notre illustre duchesse a évité ces écueils. Elle n'a pas recherché les honneurs, quoiqu'elle les ait mérités. Elle ne s'est pas toujours servie de toute l'autorité qu'elle auroit pu prendre. Elle a employé tout son crédit pour assister tous ceux qui ont eu besoin de son secours.

Si la grandeur et la tranquillité de son ame avoient été moins connues, je vous dirois seulement qu'elle n'a employé aucun de ces artifices que les ambitieux appellent la science du monde et le secret de parvenir, et qu'elle ne s'est insinuée à la cour ni par de pressantes sollicitations, ni par de lâches flatteries. Mais je puis passer plus avant, et dire qu'elle a élevé son esprit au-dessus des fausses idées des hommes; qu'elle a regardé sans envie ce qui étoit au-dessus de sa fortune, comme elle a vu sans mépris tout ce qui paroissoit au-dessous d'elle; qu'elle a recherché la vertu pour elle-même, et non pour son éclat et pour ses récompenses; et qu'enfin les honneurs l'ont trouvée, sans qu'elle ait eu le soin de les chercher.

Rappelez dans votre mémoire, mesdames, les commencements de ses emplois. Elle étoit accablée d'une dangereuse maladie; et comment eût-elle fait des vœux pour sa fortune, elle qui n'en faisoit presque pas pour sa guérison? Eût-elle eu des prétentions pour la gloire de la terre, lorsqu'elle approchoit si fort de celle du ciel? Pouvoit-on briguer pour elle des charges, lorsqu'on étoit assez occupé à lui conserver un reste de vie? On ne demandoit pas de ces grandes prospérités; c'étoit assez de ne la point perdre; et, dans le danger où elle étoit, on n'avoit à solliciter que le ciel pour elle. Dieu exauça les vœux de sa famille, en même temps qu'il exauçoit ceux de la France: il fit naître un prince qui devoit être l'héritier de ce grand royaume; il empêcha de mourir celle que sa providence avoit destinée pour sa gouvernante.

Ce n'est pas assez que d'entrer ainsi dans les honneurs, si l'on n'en use avec modération quand on les possède. Ceux qui savent régler leurs desirs ne règlent pas toujours leur autorité. L'orgueil, qui est presque inséparable de la faveur, est un poison pénétrant et subtil, qui se glisse insensiblement dans l'ame des grands; et ceux mêmes qui n'étoient pas ambitieux dans une condition médiocre deviennent quelquefois insolents lorsqu'ils se trouvent dans une plus grande élévation. Mais l'admirable Julie ne se laissa point éblouir à l'éclat des dignités du siècle : plus elle fut élevée, et plus elle parut modeste. Elle connoissoit le fond de la vanité ; et pleine de ces réflexions judicieuses qui fortifient l'esprit contre les fausses opinions du monde : « Qu'est-ce que
« nous faisons, disoit-elle un jour, et qu'est-ce
« que nous prétendons avec notre orgueil?
« Toutes nos charges tomberont bientôt avec
« nous; la mort confondra les cendres de celles
« qui brillent à la cour, et de celles qui sont
« obscures dans la retraite; et toute la diffé-
« rence ne va qu'à quelques titres de plus ou
« de moins dans nos épitaphes. » Toute son étude étoit d'employer utilement son crédit;

et l'on peut dire d'elle qu'ayant eu, selon le monde, des sujets, et souvent des occasions favorables de se ressentir des injustices qu'on lui avoit faites, elle a toujours sacrifié ses ressentiments, et n'a jamais voulu nuire, non pas même à ceux qu'elle pouvoit croire ses ennemis, ou, pour mieux dire, ses envieux.

Comment auroit-elle voulu nuire, elle dont le propre caractère étoit d'être bienfaisante, et qui, pour me servir des termes d'un célèbre Romain [1], ne paroissoit pas tant une dame mortelle qu'une divinité favorable à tous les malheureux? Elle savoit que ceux qui ont accès auprès des rois doivent, selon leur pouvoir, leur présenter les supplications et les larmes de leurs sujets, comme font ces anges de paix qui portent vers le trône de Dieu les vœux des justes et les encens de leurs sacrifices. Elle savoit que les grands sont d'autant plus les images de Dieu, qu'ils ont plus de moyens de bien faire, et qu'ils ne semblent être nés que pour exercer la charité. Elle savoit enfin qu'on a besoin d'intercession et de faveur à la cour, où les injures sont plus fré-

[1] Val. Max., lib. IV, c. viii.

quentes que les bienfaits, où l'on méprise ceux que la fortune a abandonnés, où toute l'envie attaque les puissants, et nulle pitié n'assiste les foibles, et où l'on croit faire grace à des malheureux quand on n'achéve pas de les opprimer.

Elle aimoit mieux employer son crédit pour les intérêts des autres, que de le ménager pour les siens propres. La crainte de faire des ingrats, ou le déplaisir d'en avoir trouvé, ne l'ont jamais empêchée de faire du bien. Falloit-il appuyer une prétention raisonnable, faire connoître un mérite caché, obtenir une grace douteuse, donner de bonnes impressions d'une fidélité rendue suspecte, faire valoir un service rendu, adoucir une faute pardonnable, donner un avis salutaire, procurer un petit établissement; elle étoit toujours prête à solliciter : semblable à ces fleuves qui, roulant leurs flots avec majesté, arrosent des terres stériles et sèches, et, recueillant des eaux qui se perdoient dans les campagnes, vont porter à la mer leur tribut et celui des ruisseaux dont ils sont grossis.

Sa manière de faire du bien étoit toujours plus agréable que le bienfait. Elle écoutoit, sans se rebuter, les importuns mêmes, et les graces accompagnoient jusqu'à ses refus. Sa sagesse lui faisoit choisir les moments favorables pour demander; et je dis d'elle ce que le Sage a dit de la femme forte, qu'il y avoit une loi de douceur qui conduisoit sa langue, et un esprit de prudence et de discernement qui régloit toutes ses paroles(¹): *Os suum aperuit sapientiæ, et lex clementiæ in lingua ejus.* Aussi lorsque Dieu l'a retirée de ce monde, où il l'avoit rendue si utile, et où sa mémoire est en bénédiction, en un temps où chacun juge de son prochain avec liberté, où l'on fait le recueil des bonnes et des mauvaises qualités de ceux qui meurent, et où chacun, retraçant dans son esprit les sujets qu'il a de s'en louer ou de s'en plaindre, selon ses passions, fait leur épitaphe à sa mode; que de regrets sincères! que d'éloges non suspects! que de témoignages publics d'estime et de reconnoissance! Ceux dont elle a présenté les vœux ou les plaintes offrent pour elle de tous côtés les sacrifices de leurs larmes ou de leurs prières. Les familles qu'elle a assistées, et qui lui doivent

---

(¹) Prov., c. xxxi, v. 16.

le repos dont elles jouissent, lui souhaitent incessamment le repos éternel devant Dieu. Les villes les plus nombreuses assemblent leurs peuples pour lui rendre pompeusement des devoirs funèbres. Les provinces qu'elle a autrefois édifiées par sa piété, et par les aumônes qu'elle y a répandues, retentissent du bruit de ses louanges. Les prêtres offrent pour elle le sacrifice de Jésus-Christ sur les autels, et les pauvres qu'elle a secourus demandent à Dieu pour elle la miséricorde qu'elle leur a faite.

Auriez-vous pensé, mesdames, vous qui avez connu les dangers du monde dès votre enfance, et qui en avez craint la corruption, qu'on en pût faire un si bon usage, et qu'on pût tirer les moyens de son salut de cet éclat et de cette abondance, qui sont si souvent des occasions de malheur et de ruine pour les ames? Ne croyez pas pourtant que, pour consoler ou pour flatter votre douleur, je veuille exagérer la vertu de celle que vous pleurez, et la justifier elle et le monde tout ensemble. A Dieu ne plaise que je cherche des matières d'éloges aux dépens de la vérité, et que, par une fausse complaisance, je tâche d'accorder l'esprit du siècle et l'esprit de Jésus-Christ, contre les règles de l'Évangile!

Je sais que sa vie a été réglée; mais peut-elle avoir été assez pure, assez dégagée, assez chrétienne? Dieu l'a délivrée des grands déréglements qui sont presque inséparables de la faveur et de la fortune; mais a-t-elle évité ces foiblesses attachées à la nature, ces desirs séculiers dont parle saint Paul, ces considérations humaines, ces intentions demi-bonnes, demi-mauvaises, ces molles condescendances, cette inutilité de vie, ces affections tièdes pour son salut? A-t-elle été exempte de ces défauts qui sont inévitables dans le monde, où la cupidité domine sur les ames les plus désintéressées, où les esprits les plus fermes sont entraînés par l'exemple et par la coutume; où, si l'on ne se perd, au moins on s'égare souvent, et si l'on ne refuse son cœur à Dieu, au moins on le partage entre lui et les créatures?

Ainsi, quelques vertus que nous ayons remarquées, je craindrois encore pour elle. Mais outre qu'elle a passé ces années dangereuses auprès d'une reine aussi illustre par sa piété que par son rang et par sa naissance, qui est plus souvent au pied des autels que sur le trône, et de qui l'on peut apprendre des vertus capables de sanctifier la cour même, je considère qu'elle a racheté ses péchés par les aumônes qu'elle a répandues secrètement dans le sein des pauvres, et qu'elle les a expiés par une longue pénitence qu'elle a soutenue avec beaucoup de force. C'est la troisième partie de ce discours.

Si l'illustre duchesse dont nous avons vu les prospérités eût fini ses jours dans les plaisirs et dans la joie du siècle; si, tout éblouie de l'éclat de sa fortune, elle fût entrée dans l'horreur et dans les ténèbres du tombeau; si, sortant du palais des rois, elle se fût trouvée devant le tribunal de Dieu, je ne parlerois de sa mort qu'en tremblant, et je vous exciterois à la pleurer, dussiez-vous interrompre le cours de cet éloge funèbre par vos soupirs et par vos larmes.

Je sais bien que l'Église, qui connoît le prix et l'efficace du sang de Jésus-Christ, ne désespère jamais du salut de ceux qui meurent dans sa foi et dans l'usage de ses sacrements; que Dieu exerce, quand il veut, ses jugements de miséricorde sur ses élus; qu'il a des graces vives et pénétrantes, qui consument en peu de temps toute l'impureté que le commerce des hommes et l'air contagieux du monde laissent dans les cœurs, et qu'il y a de précieux moments de charité qui valent des années de pénitence : mais je sais aussi qu'il faut avoir souffert avec Jésus-Christ pour régner avec Jésus-Christ; qu'il faut se réconcilier avec Dieu par la prière, par les larmes, par la retraite, quand on a suivi le monde son ennemi. Je sais que la pénitence de ceux qui se laissent surprendre à la mort doit être suspecte; que leur tristesse est souvent un regret de mourir, plutôt qu'une douleur d'avoir mal vécu; que leur abattement vient de la foiblesse de la nature, plutôt que du zèle de la charité; et que leurs soupirs sont plutôt les effets d'une crainte humaine que les fruits d'une solide pénitence.

Je rends graces à Notre-Seigneur Jésus-Christ de nous avoir délivrés de ces craintes. Je parle avec confiance d'une mort chrétienne, préparée par des infirmités sensibles et humiliantes, par un retranchement des plaisirs et des consolations humaines, par une langueur affligeante, par une soumission entière à la volonté de Dieu, et par une longue patience.

Les saints canons ordonnoient autrefois aux pénitents d'être plusieurs années dans un état d'expiation, avant que d'être admis à la participation des sacrés mystères. Ils se sacrifioient eux-mêmes, pour avoir part au sacrifice de Jésus-Christ; ils demeuroient prosternés aux portes des temples sacrés, avant que d'oser approcher du sanctuaire: trop heureux d'entrer dans la joie du Seigneur par les larmes et par les souffrances, et de tâcher d'apaiser sa justice avant que de jouir de ses faveurs! Ce que la discipline de l'Église avoit établi, la providence de Dieu l'a exécuté sur votre vertueuse sœur, mesdames. Il a rompu les liens qui l'attachoient au monde, pour l'attirer dans la céleste Jérusalem. Il l'a purifiée par l'exercice de sa patience, afin qu'elle fût digne d'entrer dans sa gloire. Il l'a humiliée devant les hommes, pour l'élever jusqu'à lui; et, par trois ans de pénitence, il l'a disposée à jouir d'une éternelle félicité.

Vous représenterai-je ici ses infirmités naissantes, ses forces qui diminuent tous les jours, je ne sais quel poids qui l'accable insensiblement, une foiblesse imprévue qui l'arrête au milieu de ses grands emplois? Vous dirai-je qu'elle recueillit mille fois ce qui lui restoit de force pour s'acquitter de ses devoirs ordinaires; que son cœur ne se ressentit jamais de l'abattement de son corps; que son zèle la soutint dans les défaillances de la nature; qu'elle sacrifia sa santé, toute foible et tout usée qu'elle étoit, à l'honneur d'être auprès d'une grande reine; et que de tous les maux qu'elle souffrit, elle ne se plaignit jamais que de l'impuissance où elle étoit de la servir? Laissons ces circonstances, qui tiennent encore un peu du monde, et passons de ces vertus civiles aux vertus chrétiennes qu'elle a pratiquées.

Sa retraite fut le commencement de sa pénitence, et la violence qu'elle se fit en s'éloignant de la cour, où l'habitude, les honneurs, les graces, l'inclination même respectueuse qu'elle avoit pour le prince, la tenoient si étroitement liée; cette violence, dis-je, fut le premier sacrifice qu'elle offrit à Dieu. Qu'il est difficile de se réduire à la solitude, lorsqu'on a vécu long-temps dans la cour des rois! Les yeux accoutumés à voir la figure de ce monde qui passe, par les endroits les plus éclatants, sont toujours prêts à se fermer, lorsqu'ils ne trouvent rien qui flatte leur curiosité ou leur convoitise. L'esprit rempli d'idées magnifiques, qui se plaît à se perdre dans ses vastes pensées, s'ennuie dès qu'il se trouve renfermé en lui-même, et resserré en un petit nombre d'objets languissants, qui ne le frappent que foiblement. L'ame accoutumée à être émue par de grandes passions qui l'agitent vivement n'est plus touchée de ces impressions foibles et légères qu'elle reçoit dans la retraite. De là vient l'attachement qu'on a à cette vie, quoique difficile et tumultueuse. Ceux qui s'en plaignent tous les jours le plus éloquemment ne laissent pas enfin de s'y plaire. La patience y est soutenue par le desir, et le desir par l'espérance (¹). C'est cet enchantement dont parle le Sage. Il s'y fait un engagement presque involontaire. On y reconnoît sa servitude, et l'on n'y craint rien tant que sa liberté: quelque peine qu'on ait à y être, il est insupportable d'en être éloigné. Il n'appartient qu'à vous, mon Dieu, de bri-

---

(¹) Fascinatio nugacitatis. Sap., c. iv.

ser les chaînes de ces esclaves, de rompre le charme qui les éblouit, et de remplir de vos vérités adorables des esprits et des cœurs que le monde que vous avez vaincu occupe de ses vanités.

Voilà la grace qu'il a faite à cette illustre morte que nous pleurons. Il l'a conduite dans la solitude, pour parler à son cœur dans le secret et dans le silence. Elle est sortie de l'Égypte; et, par des déserts secs et stériles, elle a passé dans cette terre heureuse où coulent le lait et le miel. Elle a regardé ses dernières années comme des restes d'une vie qu'elle avoit partagée, et qu'elle ne vouloit plus consacrer qu'à Dieu seul. Cette imagination autrefois si vive ne lui représentoit plus le monde qu'en éloignement. Cette mémoire qui avoit été si prompte et si présente devint toute vide des espèces et des images du siècle, Dieu voulant par un triste, mais heureux abattement, qu'elle ne pensât plus qu'à lui, qu'elle ne se souvînt que de lui, qu'elle ne fût sensible que pour lui.

Après cette séparation, accablée sous le poids de ses infirmités, elle s'appliqua à les souffrir chrétiennement; et cette grandeur d'ame qui avoit éclaté dans toutes les actions de sa vie parut encore dans sa patience. Quelqu'un dira peut-être qu'elle n'a pas ressenti de ces douleurs aiguës qui font qu'on regarde la mort comme une consolation, et la vie comme un supplice; que sa croix a été plus incommode que pesante, et que cette langueur qui la consumoit insensiblement étoit plutôt une privation de plaisir qu'une peine. Il est vrai qu'elle n'a pas souffert de ces cruelles pointes de douleur qui percent le corps, qui déchirent l'ame, et qui épuisent en un moment toute la constance d'un malade. Dans la défiance où elle étoit de ses propres forces, elle avoit souvent demandé à Dieu qu'il l'en délivrât: il sembloit qu'il l'eût exaucée. Mais si sa miséricorde a adouci la rigueur de sa pénitence, sa justice en a augmenté la durée; et il n'a pas fallu moins de force à soutenir cette longue épreuve, que si elle avoit été plus courte et plus rigoureuse.

En effet, dans les maux violents, la nature se recueille tout entière, le cœur se munit de toute sa constance : on sent beaucoup moins à force de trop sentir; et si l'on souffre beaucoup, on a toujours la consolation d'espérer qu'on ne souffrira pas long-temps. Mais les maladies de langueur sont d'autant plus rudes que l'on n'en prévoit pas la fin. Il faut supporter et les maux et les remèdes aussi fâcheux que les maux mêmes. La nature est tous les jours plus accablée; les forces diminuent à tous moments, et la patience s'affoiblit aussi bien que celui qui souffre. C'est ici que nous pouvons appliquer à notre femme forte ce que Salomon a dit de la sienne: *Accinxit fortitudine lumbos suos* (¹): qu'elle a ramassé toutes ses forces pour combattre cette langueur ennemie, qui lui ôtoit incessamment quelque partie d'elle-même, et qui lui portoit tous les jours quelque trait mortel dans le sein.

Une patience de trois ans a-t-elle jamais été plus égale? La douleur a-t-elle jamais tiré de sa bouche, ou de son cœur, je ne dis pas une plainte amère, une parole de murmure, mais un seul mouvement d'impatience, une parole d'inquiétude? A-t-elle trouvé sa pénitence trop longue ou trop rigoureuse? A-t-elle cru que sa croix étoit trop dure ou trop affligeante? Ames saintes, devant qui je parle, accoutu-

(¹) Prov. 31.

mées à porter le joug du Seigneur dès vos plus tendres années, élevées au pied des autels, à l'ombre de la croix de Jésus-Christ, consommées dans l'exercice d'une pénitence austère, souffrez-vous avec plus de constance et de foi les peines que Dieu vous envoie? J'atteste vos cœurs et vos consciences, conservez-vous plus religieusement qu'elle la paix intérieure dans vos solitudes? Non, non, lorsque la providence de Dieu l'a séparée du monde, elle a quitté les honneurs avec autant de générosité que vous en avez eu à les fuir. Sortant du Louvre, elle a pratiqué des vertus que l'on n'apprend, ce semble, que dans les cloîtres; et, après s'être acquittée de tous ses devoirs à la cour, elle a souffert, comme vous souffrez dans vos cellules, sans murmurer et sans se plaindre.

Que dis-je, mesdames, sans se plaindre? Oublié-je ce que j'ai vu, ce que j'ai ouï? ces soupirs sortis du fond de son cœur, cette tristesse peinte sur son visage, ces paroles mêlées de douleur et de crainte? ne craignez rien qui fasse tort à sa mémoire et à sa vertu. Cette émotion dont je vous parle n'étoit pas une foiblesse d'esprit, c'étoit un zèle de pénitence;

ce n'étoit pas une marque d'attachement à la vie, c'étoit le regret d'avoir eu sujet de s'y attacher. Elle craignoit d'avoir été trop heureuse, et de ne souffrir pas assez; et rappelant dans l'amertume de son ame ces années qu'elle avoit passées dans les honneurs et dans la gloire : « Je ne me plains pas de mourir, di-« soit-elle, je me plains d'avoir vécu trop heu-« reusement. Les peines que le ciel m'envoie « ne sont pas proportionnées aux prospérités « que j'en ai reçues; et je souffre de ce que je « ne souffre pas assez. » Et nous rechercherons après cela, pécheurs et mortels que nous sommes, une joie qui passe et qui ne laisse que du regret ! Et nous prendrons pour objet de notre ambition ces honneurs qui doivent être un jour des sujets de tristesse et de crainte ! Et nous appellerons bonheur de notre vie ce qu'il faut quitter, ce qu'il faut haïr, ce qu'il faut expier à notre mort !

Pardonnez, mesdames, ce mouvement de zéle. Ce que je dis pour confondre les personnes du siècle doit servir à vous consoler, et à vous faire comprendre que vous êtes heureuses d'avoir renoncé vous-mêmes aux grandeurs et aux prospérités mondaines; heureuses encore de ce que votre illustre sœur, après en avoir eu tout l'éclat, en a reconnu toute la misère. Oui, elle a reconnu qu'il y avoit en elles je ne sais quelle malignité qui les rendoit souvent criminelles, et toujours au moins dangereuses. Elle a cru qu'il falloit employer une partie de sa vie à pleurer celle où le monde avoit eu trop de part; elle n'a plus pensé qu'à accomplir son temps de pénitence, et n'a pas même voulu souhaiter d'être moins infirme.

Souffrir la maladie avec patience, être dans l'indifférence de la maladie ou de la santé, ne regretter pas ses prospérités passées, ne desirer pas même d'être délivrée des langueurs présentes; cette suspension de desirs entre la vie et la mort, et cette volonté soumise à celle de Dieu, ne sont-ce pas des caractères d'une ame chrétienne? Tristes, mais fidèles témoins de ses derniers sentiments, combien de fois vous a-t-elle dit : « Je ne fais point de vœux « pour ma santé; j'en fais qui sont plus dignes « de Dieu, qui sont plus importants pour « moi; je lui demande qu'il me sauve, et non « pas qu'il me guérisse! » Qu'elle étoit éloignée de la foiblesse ordinaire de ceux qui tombent dans les infirmités! Ils se flattent incessamment de l'espérance de leur guérison : accablés de douleur et d'ennui, ils emploient toute la force qui leur reste à faire des vœux pour leur santé. S'ils ne peuvent lever les mains ni les yeux au ciel, ils y adressent leurs soupirs. Une partie d'eux-mêmes est déja morte, que l'autre desire vivre. Lors même qu'ils souhaitent l'immortalité, ils voudroient arrêter la mort qui les y conduit; et, s'approchant du ciel où ils aspirent, ils regardent encore, presque sans y penser, la terre qu'ils quittent: tant le desir de vivre est naturel à tous les hommes! tant on espère ce qu'on desire!

Notre généreuse malade s'est regardée comme une victime destinée au sacrifice; elle a vu venir le coup sans demander grace. Elle n'a pas souhaité de vivre, quoiqu'elle eût vécu avec tant d'éclat et tant de douceur; elle n'a pas souhaité de mourir, quoique sa vie languissante lui fût à charge. Abattue par ses maux, et non par ses chagrins, elle n'avoit que le desir d'accomplir la volonté du Seigneur, dût-il prolonger ses jours pour prolonger ses peines, dût-il augmenter ses douleurs pour consommer sa pénitence.

La providence de Dieu a permis, mesdames, que vous l'ayez vue en cet état. Ceux qui admiroient sa fermeté perdirent la leur; ceux qui la plaignoient paroissoient presque les seuls à plaindre. La pitié fut plus cruelle que la douleur; et ceux qui voyoient le mal étoient plus tristes et plus changés que celle même qui le souffroit. Je recueillerois ici volontiers tous les sentiments tendres et généreux de son illustre époux. Je vous renouvellerois le souvenir de cette affliction si chrétienne, de ces prières si touchantes, de ces exhortations si vives et si pieuses, de cette tristesse si sage et si forte tout ensemble, et de cette charité sensible, qui, selon les termes de l'épouse des Cantiques, fait sur nous les mêmes impressions que la mort(¹). Mais faut-il vous attendrir par la douleur de ceux qui vivent, vous qui êtes déja si touchées de la perte que vous avez faite!

Éloignons encore un peu, si nous pouvons, cette idée funeste de mort: cessons de penser à notre héroïne, pour admirer la tendresse et la piété de son illustre fille. Nous l'avons

---

(¹) Fortis est ut mors dilectio. Cant., c. viii.

vue deux ans entiers dans toutes les fonctions de la charité. Tantôt elle employoit ses pieuses mains au soulagement de la malade, tantôt elle les levoit au ciel pour demander à Dieu sa santé. Attachée auprès de son lit, où elle sacrifioit toute sa joie, prosternée au pied des autels, où elle offroit à Dieu toutes ses peines, elle se partageoit entre ses soins et ses prières, en un âge où les devoirs domestiques passent pour contrainte, et où il semble qu'on ne doive vivre que pour soi; en un siècle où la discipline des mœurs est relâchée, où les liens du sang et de la nature ne serrent presque plus les cœurs, et où il ne reste de l'ancienne piété qu'autant qu'il en faut pour la bienséance. Que Dieu et la nature lui rendent ce qu'elle a fait pour l'un et pour l'autre, et lui donnent des enfants qui soutiennent la gloire de leur naissance, et, pour dire encore plus, qui lui ressemblent, et qui aient pour elle ces sentiments tendres et respectueux qu'elle a conservés pour son incomparable mère jusqu'à sa mort.

Mais, hélas! je prononce sans y penser cette funeste parole; et, quelque digression que je cherche, je reviens malgré moi à ce cruel sujet de mon discours. Retenons nos larmes; ce seroit faire tort à la mémoire de cette femme forte que de montrer de la foiblesse. Parlons de sa mort, s'il se peut, aussi constamment qu'elle est morte.

Qui est celui qui ne frémisse au seul nom de la mort, qui ne soit saisi d'horreur et de crainte à la vue de la mort d'autrui, et à la simple pensée de la sienne propre, soit par une prévention d'esprit, qui nous fait regarder la fin de notre vie comme le plus grand de tous nos malheurs; soit par une providence de Dieu, qui veut que l'homme ressente l'amertume des maladies et de la mort, depuis qu'il a perdu par son péché le plaisir d'être sain et d'être immortel; soit enfin par un juste, mais terrible jugement de Dieu, qui laisse quelquefois dans les frayeurs de la mort ceux qui ont passé leur vie dans les plaisirs et dans la mollesse, et qui abandonne à leur crainte et à leur douleur ceux qui se sont abandonnés à leurs désirs et à leurs passions déréglées. Alors on s'effraie à la vue d'un confesseur, comme s'il ne venoit que pour prononcer des arrêts de mort. On éloigne les derniers sacrements, comme si c'étoient des mystères de mauvais augure : on rejette les vœux et les prières que l'Église a instituées pour les mourants, comme si c'étoient des vœux meurtriers et des prières homicides. La croix de Jésus-Christ, qui doit être un sujet de confiance, devient à ces esprits lâches un objet de terreur; et, pour toute disposition à la mort, ils n'ont que l'appréhension ou la peine de mourir. Quels funestes égards, quels ménagements criminels n'a-t-on pas pour eux! Bien loin de leur faire voir leur perte infaillible, à peine les avertit-on de leur danger; et, lors même qu'ils sont mourants, on n'ose presque leur dire qu'ils sont mortels. Cruelle pitié, qui les perd de peur de les effrayer! crainte funeste, qui les rend insensibles à leur salut!

La mort de notre illustre duchesse n'a pas été de ces morts imprévues ou dissimulées. Elle l'a vue plusieurs fois dans son plus terrible appareil, sans en être émue; elle l'a sentie sur elle-même, sans s'étonner. Cette langueur, ces abattements, ces diminutions, que Tertullien appelle des portions de la mort, ne la lui faisoient-ils pas éprouver par avance? Ces rechutes, ces agonies fréquentes, ne lui servoient-elles pas comme d'apprentissage à bien mourir? La main de Dieu, qui donne la vie et la mort, qui conduit sur le bord du tombeau, et qui en retire, sembloit l'immoler et la faire revivre plusieurs fois, pour la disposer à son dernier sacrifice. La désolation de ses domestiques, les entretiens et les avis pieux et sincères de son directeur, le corps et le sang de Jésus-Christ reçus plusieurs fois comme viatique, la sainte onction des mourants appliquée deux fois en moins d'une année, n'étoient-ce pas des avertissements qu'il falloit se préparer à la mort? Ces derniers remèdes que l'Église emploie pour le salut des fidèles ne faisoient-ils pas voir l'extrémité de sa maladie?

Le courage qu'elle témoignoit en souffrant faisoit qu'on lui parloit hardiment de ses souffrances. Ceux-là même qui prenoient le plus de part à sa vie osoient lui annoncer sa mort. Cependant vîtes-vous changer son visage? ses yeux furent-ils jamais moins sereins? perdit-elle quelque chose de sa tranquillité ordinaire? sa voix fut-elle moins ferme jusqu'à la fin? Il est vrai qu'elle n'en eut que pour Dieu dans ses derniers jours. L'interrogeoit-on sur ses maux, lui faisoit-on des questions plus nécessaires pour son soulagement que pour son salut? elle étoit muette, elle étoit insensible. Lui parloit-on des dispositions à la mort? elle recueilloit dans son sein tout ce qui lui restoit de force et de sentiment, pour rendre raison des mouvements de son ame; et, ne prenant plus aucune part au monde, elle ne parloit qu'à ceux à qui elle devoit répondre de sa résignation et de sa foi.

Je n'aurois plus qu'à reprendre les paroles de mon texte, et à finir par où j'ai commencé. Car que me reste-t-il à vous dire, mesdames? Vous représenterois-je des exemples? votre profession vous engage assez à une vie pénitente. Vous marquerois-je la fragilité des grandeurs et des plaisirs du siècle? je vous ai déja dit que vous y avez renoncé. Vous exhorterois-je à modérer votre douleur? vous n'êtes pas de ces ames païennes, qui, n'ayant point d'espérance solide, n'ont point aussi de véritable consolation. Je chercherois peut-être dans les raisonnements des philosophes et dans la persuasion de la sagesse humaine ce qu'il faut trouver dans les pures sources de la vérité. Il faut que Jésus-Christ vous parle lui-même, comme il parloit autrefois à deux sœurs, illustres par leur piété, par leur retraite, par les fonctions de la charité qu'elles avoient exercées, et par une affliction pareille à la vôtre. Il vous dira: Cette sœur que vous pleurez n'est pas morte (¹). Tous ceux qui croient et vivent en moi ne mourront jamais. Vous l'avez, ce semble, perdue, au moins vous l'avez pleurée: cependant elle est vivante en moi, qui suis la résurrection et la vie. Ne le croyez-vous pas ainsi? Si je pénètre dans vos sentiments, si j'entends bien la voix de votre cœur, il me semble que chacune de vous, animée d'une foi vive et d'une espérance sincère, pense ce que pensoient ces filles affligées et soumises, et qu'elle répond ce qu'une d'elles répondit: Je le crois, Seigneur, je le crois.

Pour vous, chrétiens qui tenez encore au monde par vos passions, par vos desirs, par vos espérances, rentrez en vous-mêmes; reconnoissez les illusions et les tromperies du monde: que cette mort qui vous a touchés vous serve de disposition à la vôtre. Plût à Dieu que cette illustre morte pût encore vous

(¹) JEAN, C. XI.

exhorter elle-même! Elle vous diroit: Ne pleurez pas sur moi; Dieu m'a retirée par sa grace des misères d'une vie mortelle: pleurez sur vous, qui vivez encore dans un siécle où l'on voit, où l'on souffre, et où l'on fait tous les jours beaucoup de mal: apprenez en moi la fragilité des grandeurs humaines. Qu'on vous couronne de fleurs, qu'on vous compose des guirlandes; ces fleurs ne seront bonnes qu'à sécher sur votre tombeau: que votre nom soit écrit dans tous les ouvrages que la vanité de l'esprit veut rendre immortels; que je vous plains s'il n'est pas écrit dans le livre de vie! Que les rois de la terre vous honorent; il vous importe seulement que Dieu vous reçoive dans ses tabernacles éternels. Que toutes les langues des hommes vous louent: malheur à vous, si vous ne louez Dieu dans le ciel avec ses anges! Ne perdez pas ces moments de vie, qui peuvent vous valoir une éternité bienheureuse. Trois ans de langueur, trois ans de pénitence, ne sont pas donnés à tout le monde. Profitons de ces instructions; bénissons Dieu avec elle, et tâchons de nous rendre dignes des graces qu'il lui a faites, et de la gloire qu'il lui a donnée.

ORAISON FUNÈBRE

DE MADAME

MARIE DE WIGNEROD,

DUCHESSE D'AIGUILLON,
PAIR DE FRANCE;

prononcée en l'église des Carmélites, à Paris, le 12 août 1675.

> Reliquum est... ut qui utuntur hoc mundo, tamquam non utantur : præterit enim figura hujus mundi.
>
> L'importance est d'user de ce monde comme si l'on n'en usoit pas : car la figure de ce monde passe.
> ÉP. I, aux Corinthiens, c. VII.

Qu'attendez-vous de moi, messieurs, et quel doit être aujourd'hui mon ministère? Je ne viens ni déguiser les foiblesses, ni flatter les grandeurs humaines, ni donner à de fausses vertus de fausses louanges. Malheur à moi, si j'interrompois les sacrés mystères pour faire un éloge profane, si je mêlois l'esprit du monde à une cérémonie de religion, et si j'attribuois à la force ou à la prudence de la chair ce qui n'est dû qu'à la grace de Jésus-Christ. Je cherche à vous édifier plutôt qu'à vous plaire. Je viens vous annoncer avec l'apôtre que tout finit, afin de vous ramener à Dieu, qui ne finit point, et vous faire souvenir de la fatale nécessité de mourir, pour vous inspirer une sainte résolution de bien vivre.

Les tristes dépouilles d'une illustre morte, les larmes de ceux qui la pleurent, des autels revêtus de deuil, un prêtre qui offre attentivement le sacrifice que l'Église appelle terrible, un prédicateur qui, sur le sujet d'une seule mort, va décrire la vanité de tous les mortels, tout cet appareil de funérailles vous a sans doute déja touchés. A la vue de tant d'objets funèbres, la nature se trouve saisie; un air triste et lugubre se répand sur tous les visages : soit horreur, soit compassion, soit foiblesse, tous les cœurs se sentent émus; et chacun regrettant la mort d'autrui, et tremblant pour la sienne propre, reconnoît que le monde n'a rien de solide, rien de durable, et que ce n'est qu'une figure, et une figure qui passe.

Oui, messieurs, les plus tendres amitiés finissent: les honneurs sont des titres spécieux que le temps efface; les plaisirs sont des amusements qui ne laissent qu'un long et funeste repentir; les richesses nous sont enlevées par la violence des hommes, ou nous échappent par leur propre fragilité; les grandeurs tombent d'elles-mêmes; la gloire et la réputation se perdent enfin dans les abymes d'un éternel oubli. Ainsi le torrent du monde s'écoule, quelque soin qu'on prenne à le retenir. Tout est emporté par cette suite rapide de moments qui passent; et par ces révolutions continuelles nous arrivons, souvent sans y avoir pensé, à ce point fatal où le temps finit et où l'éternité commence.

Heureuse donc l'ame chrétienne qui, suivant le précepte de Jésus-Christ, n'aime ni ce monde, ni tout ce qui le compose; qui s'en sert comme de moyens par un usage fidèle, sans s'y attacher comme à sa fin par une passion déréglée; qui sait se réjouir sans dissipation, s'attrister sans abattement, desirer sans inquiétude, acquérir sans injustice, posséder sans orgueil, et perdre sans douleur. Heureuse encore une fois l'ame qui, s'élevant au dessus d'elle-même, et, malgré le corps qui l'appesantit, remontant à son origine, passe au travers des choses créées sans s'y arrêter, et va se perdre heureusement dans le sein de son créateur!

J'ai fait, messieurs, sans y penser, sous le nom d'une ame chrétienne, le portrait de très haute et très puissante dame, madame Marie de Wignerod, duchesse d'Aiguillon, pair de France; et croyant vous donner seulement une instruction, j'ai presque achevé son éloge. Désabusée des vanités et des folies trompeuses du monde; occupée à distribuer ses richesses, sans se mettre en peine d'en jouir; pénétrée, durant sa vie, des tristes mais salutaires pensées de la mort, par la miséricorde du Seigneur, elle a sauvé son cœur des attachements grossiers et des mauvais usages du monde.

J'atteste ici la conscience des grands de la terre: quel fruit recueillent-ils de leur grandeur? Ils jouissent du monde en y mettant leur affection, au lieu d'en profiter pour leur salut en le méprisant; ils en goûtent les plaisirs, et n'en veulent pas connoître les dangers; ils font servir à leur convoitise les biens qu'ils ont reçus pour exercer leur charité; ils livrent leurs cœurs aux vaines douceurs d'une vie molle et oisive. Ainsi, superbes dans leur élévation, avares dans leur abondance, malheureux dans le cours même de leurs prospérités temporelles, ils errent de passion en passion, et deviennent, par un secret jugement de Dieu, les jouets de la fortune et de leur propre cupidité.

Grace à Jésus-Christ, il se trouve des ames fidèles qui usent de la grandeur avec modération, des richesses avec miséricorde, de la vie avec un généreux mépris; qui s'élèvent à Dieu par la foi; qui se communiquent au prochain par la charité; qui se purifient elles-mêmes par la pénitence. C'est là le caractère de celle dont nous pleurons aujourd'hui la mort, et dont nous honorons la mémoire. Elle n'a été grande que pour servir Dieu noblement; riche, que pour assister libéralement les pauvres de Jésus-Christ; vivante, que pour se disposer sérieusement à bien mourir. Voilà tout le sujet de ce discours. Seigneur, posez sur mes lèvres cette garde de circonspection et de prudence que vous demandoit autrefois le roi prophète [1], et ne permettez pas qu'il se glisse rien de bas ni rien

---

[1] Ps. 31.

de profane dans un éloge que je prononce devant vos autels, et que je ne dois fonder que sur vos vérités évangéliques.

Loin donc de cette chaire cet art qui loue vainement les hommes par les actions de leurs ancêtres, qui remonte à des sources souvent inconnues, pour flatter l'orgueil des familles ambitieuses, et qui s'arrête à des généalogies sans fin, comme parle l'apôtre (¹), plus propres à satisfaire une vaine curiosité qu'à édifier une foi solide. Vous savez, messieurs, et c'est assez, que la noble maison de Wignerod, originaire d'Angleterre, établie en France sous le règne de Charles VII, s'est élevée au rang qu'elle y tient par une longue succession de vertus, et a mérité, par de signalées victoires remportées sur terre et sur mer, de perpétuels accroissements d'honneur et de gloire.

Vous savez que la maison du Plessis-Richelieu, après s'être soutenue durant plusieurs siècles par elle-même et par ses glorieuses alliances avec des princes, des rois, et des empereurs, s'est enfin trouvée au plus haut

---

(¹) Epist. I, Tim., c. 1.

point de grandeur où des personnes d'illustre naissance puissent atteindre. Que dois-je dire après cela de notre vertueuse duchesse, sinon qu'elle a anobli par sa piété ces familles dont elle est sortie, et que, réduisant l'honneur à son véritable principe, elle a reconnu que la naissance glorieuse du chrétien est celle qui le rend enfant de Dieu; qu'il y a une pureté de mœurs plus estimable que celle du sang, et une noblesse spirituelle qui consiste à être conforme à l'image de Jésus-Christ?

Ces sentiments furent gravés dans son esprit aussitôt qu'elle en fut capable; et quand ne le fut-elle pas? La sagesse n'attendit pas en elle la maturité de l'âge; elle eut de bonnes inclinations; elle conçut de bons desirs; elle fit de bonnes œuvres, presque au même temps. Les vertus sembloient lui être inspirées avant qu'on les lui eût apprises, et son heureux naturel ne laissa presque rien à faire à l'éducation. Ainsi Dieu prévient quelquefois ses élus de bénédictions avancées; et, par des dons naturels, préparant lui-même les voies à la grace qu'il leur destine, il porte leurs volontés naissantes au bien par des impressions secrètes de son amour et de sa crainte, pour les conduire aux fins que sa providence leur a marquées.

Cette jeune plante, ainsi arrosée des eaux du ciel, ne fut pas long-temps sans porter du fruit. On vit croître en cette admirable fille tant de louables habitudes, aussitôt qu'on les eut vues naître; cette piété qui la fit recourir à Dieu dans tous ses besoins; cette modestie qui la retint toujours dans les lois d'une austère vertu et d'une exacte bienséance; cette prudence qui lui fit discerner le vrai d'avec le faux, le vil d'avec le précieux; cette grandeur d'ame qui la soutint également dans la bonne et la mauvaise fortune; cette tendresse et cette compassion qui la rendit sensible à toutes les misères connues; et cette attention perpétuelle qu'elle eut à rendre aux uns tout ce qu'elle leur devoit, à faire aux autres tout le bien dont elle s'estimoit capable. Ces vertus, qui sont les fruits de l'expérience et d'une longue réflexion dans les personnes ordinaires, étoient, ce semble, le fond de l'esprit et du tempérament de celle-ci.

Le premier usage qu'elle fait du monde, c'est d'en connoître la vanité. Tout lui marque d'abord la fragilité et l'inconstance des choses humaines. Elle est née d'une mere (¹) qui peut lui servir d'exemple et de guide dans la voie du salut : une mort précipitée la lui enlève. On l'appelle à la cour d'une grande reine (²), pour en être un des principaux ornements : un coup imprévu de tempête civile et domestique jette sur des bords étrangers cette princesse infortunée qui l'honoroit de sa bienveillance et de son estime. On lui choisit un époux tiré du sein de la faveur et de la fortune (³); et cet époux, dans une ardeur de gloire qui transporte les jeunes courages, trouve bientôt une honorable mais triste mort, sous les murailles d'une ville rebelle. Ne cherchons que dans le ciel la cause de ces funestes événements. C'est vous, mon Dieu, qui, pour attirer à vous seul les desirs et les affections de cette ame choisie, rompiez ses liens aussitôt qu'ils étoient formés, et, mêlant à ces premières douceurs des amertumes salutaires, l'accoutumiez à ne s'attacher qu'à votre souveraine grandeur et à votre immuable vérité.

(¹) Françoise du Plessis-Richelieu.
(²) Marie de Médicis.
(³) M. de Combalet, neveu du connétable, fut tué au siège de Montpellier.

Mais pourquoi m'arrêté-je à ces circonstances? Ne disons rien que d'important, et passons tout d'un coup au mépris qu'elle eut pour le monde, lorsqu'elle se vit au milieu de ses vanités. Déja, pour l'honneur de sa maison, et plus encore pour celui de la France, étoit entré dans l'administration des affaires un homme plus grand par son esprit et par ses vertus que par ses dignités et par sa fortune; toujours employé, et toujours au-dessus de ses emplois; capable de régler le présent et de prévoir l'avenir; d'assurer les bons événements, et de réparer les mauvais; vaste dans ses desseins, pénétrant dans ses conseils; juste dans ses choix, heureux dans ses entreprises, et, pour tout dire en peu de mots, rempli de ces dons excellents que Dieu fait à certaines ames qu'il a créées pour être maîtresses des autres, et pour faire mouvoir ces ressorts dont sa providence se sert pour élever ou pour abattre, selon ses décrets éternels, la fortune des rois et des royaumes.

Ici, messieurs, vous pensez au cardinal de Richelieu, sans que je le nomme. Recueillez en votre esprit ce qu'il fit pour son maître, ce que son maître fit pour lui; les services qu'il rendit et les graces qu'il reçut : et quoique le mérite fût au-dessus des récompenses, représentez-vous toutefois en lui seul tout ce que l'Église a de grand, tout ce que le siècle a de pompeux et de magnifique, les biens, les honneurs, les dignités, le crédit, les prééminences, et tout ce qui suit ordinairement la faveur et la reconnoissance d'un roi juste et puissant, lorsqu'elles tombent sur un sujet capable, fidèle, et nécessaire.

La grandeur de la nièce étoit liée à celle de l'oncle. Que fera-t-elle? tout flatte son ambition d'autant plus dangereusement qu'elle est soutenue par la beauté, la douceur, la sagesse, et toutes les graces du corps et de l'esprit, qui nourrissent l'orgueil, et qui attirent la vaine complaisance des hommes. Ne craignez pas, messieurs; la foi lui découvre tous les piéges qui l'environnent. Elle aperçoit, au travers de tant d'apparences trompeuses, le fond de la malignité du monde, et se prépare à le quitter. Vierges de Jésus-Christ, devant qui je parle, s'il en reste encore parmi vous qui aient porté la croix depuis si long-temps et vieilli saintement sous le joug de l'évangile, vous l'avez vu, sinon vous l'avez appris, qu'avec des ailes de colombe elle vola sur le Carmel, pour y mener comme vous, au pied des autels, une vie austère et pénitente, et pour cacher une gloire importune qui la suivoit, sous le même voile dont on l'a vue couverte après sa mort.

La puissance et l'autorité s'opposèrent d'abord à son dessein, et sa foible santé lui ôta les moyens de l'accomplir. Mais avec quel noble dépit reprit-elle alors les chaînes qu'elle croyoit avoir quittées? Combien de fois accusa-t-elle de lâcheté son obéissance, quoique forcée? Combien de fois se reprocha-t-elle la délicatesse de sa complexion, comme si c'eût été sa faute, et non pas celle de la nature? Combien de fois tourna-t-elle ses tristes regards vers l'autel d'où l'on venoit de l'arracher, renfermant dans son cœur sa vocation tout entière, et se faisant au milieu d'elle-même une solitude intérieure et secrète, où le monde ne pût la troubler? Aveugle sagesse des hommes, qui, sur des vues que donnent la chair et le sang, entreprenez d'interrompre le cours des œuvres de Dieu! ou plutôt, sage Providence de Dieu, qui, par des routes inconnues, conduisez à l'exécution de vos desseins l'aveugle sagesse des hommes! C'étoit assez que la victime se présentât devant l'autel. Son sacrifice fut agréable quoiqu'il ne fût pas accepté. Celui qui sonde les cœurs, et qui voit nos volontés dans le fond de l'ame, se contenta de ce desir qu'il avoit lui-même inspiré, et ne permit pas qu'on laissât dans une étroite et sombre retraite celle dont les exemples devoient être si éclatants, et dont la charité devoit s'étendre jusqu'aux extrémités de la terre.

Jugez par-là, messieurs, de toute la suite de sa vie. Je ne m'arrêterai pas à vous décrire ici sa conduite si sage et si régulière en un âge où le monde pardonne quelque emportement de vanité, en un état où elle auroit pu soutenir par autorité ce qu'elle auroit fait par imprudence. Ne sortons point du sens de mon texte, et réduisons-nous à l'usage qu'elle a fait du crédit qu'elle eut dans le monde.

Représentez-vous donc un grand ministre qui sert un grand roi, et qui, l'assistant de ses soins et de ses conseils, le décharge du détail ennuyeux des affaires publiques et particulières. C'est lui qui reçoit les vœux, qui écoute les plaintes, qui examine les nécessités, qui pèse les services, qui démêle les intérêts, et qui posant au pied du trône, comme un dépôt sacré, les prières et les espérances des peuples, leur rapporte ensuite ces oracles décisifs qui déclarent l'intention du prince, et font la destinée des sujets. Aussi chacun le regarde comme un médiateur par qui se distribuent les bienfaits et les récompenses; chacun court à lui comme au centre où aboutissent toutes les lignes de la fortune. Mais qui peut s'assurer de trouver les moments commodes et favorables d'un homme chargé de tant de soins, et de pénétrer jusqu'à ces cabinets presque inaccessibles dont les portes fatales ne s'ouvrent souvent qu'aux plus importuns ou aux plus heureux, sans le secours de quelque main puissante et charitable?

Ce fut en ces occasions que notre illustre duchesse employa ce pouvoir que son esprit et sa sagesse lui avoient acquis. Il ne fallut faire ni des pauvres, ni des malheureux, pour remplir son ambition ou son avarice. Il fallut protéger des foibles et secourir des misérables, pour satisfaire sa charité. Elle ne retint pas les graces qu'elle reçut, et ne fut si près de leur source que pour en faire couler les ruisseaux sur ceux qui eurent besoin de sa protection. Savoit-elle une famille opprimée; elle animoit la justice contre l'oppression. Trouvoit-elle des gens de bien inconnus ou négligés; elle leur procuroit des emplois selon leurs talents. Arrivoit-il des dissensions et des discordes; elle portoit des paroles de réconciliation et de paix. Apprenoit-elle les cris et les gémissements des provinces que le malheur des temps avoit affligées; elle leur obtenoit, par ses avis fidèles et par ses sollicitations ardentes, des soulagements et des assistances considérables.

Que dirai-je davantage? Le ministre s'appliquoit aux affaires d'état, et lui laissoit le ministère de ses libéralités et de ses aumônes; et pendant que l'un formoit dans son esprit les grands desseins d'abattre les ennemis de la France, de forcer les éléments pour dompter des rebelles, de s'ouvrir, malgré les hivers, un passage dans les Alpes pour aller secourir des alliés, et préparoit ainsi une longue et heureuse matière de triomphes; l'autre songeoit aux moyens de soutenir des hôpitaux chancelants, de fonder des missions dans le royaume et hors du royaume, de former de saintes sociétés pour dispenser les charités des fidèles, et préparoit la matière de ces glorieux établissements qui seront les monuments éternels de sa piété.

Puissiez-vous profiter de cet exemple, vous qui ne cherchez dans votre crédit que le plaisir de vous satisfaire, et peut-être la facilité de nuire aux autres impunément: vous qui ne vivez que pour vous-mêmes, et qui perdez sans cesse de vue non seulement la charité, qui couvre la multitude des péchés, mais encore l'amitié et l'affection humaine, qui est le lien de la société civile; vous enfin à qui les longues prospérités ont formé des entrailles cruelles (¹), selon la parole de l'Écriture, et qui, bien loin de soulager des misérables, achevez d'opprimer ceux qui le sont. Pardonnez cet emportement, messieurs, à une juste indignation: je reviens à mon sujet. Vous avez vu comment une ame prédestinée use de la grandeur et de la puissance; apprenez comment elle use des richesses.

L'esprit de Dieu ne parle presque jamais des richesses que pour nous en donner de

---

(¹) Viscera impiorum crudelia. Prov. 12.

l'horreur. Il les appelle des trésors d'impiété, et les confond ordinairement avec les crimes: il leur attribue un caractère de réprobation qui paroît inévitable, et il en fait la matière de ses plus sévères jugements. Il avertit de les craindre; il commande de les mépriser; il conseille de s'en défaire, tant parcequ'elles endurcissent le cœur et le déchirent par ces inquiétudes du siècle qui étouffent la semence de la parole de Dieu, que parcequ'elles entretiennent l'orgueil, l'ambition, la mollesse, et tous les autres déréglements de l'ame.

Toutefois le même esprit de Dieu nous apprend que rien n'est impossible à la grace; qu'il y a un usage de miséricorde et de charité qui sanctifie les richesses; qu'elles sont utiles à l'homme sage; que c'est le moyen d'amasser un trésor de bonnes œuvres qui se retrouvent dans le ciel, et que Dieu, qui les distribue avec une justice toute divine, les donne aux uns, afin qu'elles soient le supplice de leurs passions, comme elles en sont l'instrument, et les donne aux autres comme un moyen d'édifier l'Église par leurs aumônes, et de se perfectionner eux-mêmes par le mépris des biens du monde.

S'il est donc vrai que les richesses entrent dans les desseins de la miséricorde de Dieu sur les ames nobles et désintéressées, renouvelez, messieurs, cette favorable attention dont vous m'honorez. Je parle d'une espèce de charité vive, libérale, universelle, qui ne cesse de faire du bien, et ne croit jamais en faire assez; qui donne beaucoup, et donne toujours avec joie; qui ne rejette aucune prière; qui prévient souvent le desir, et qui ne manque jamais au besoin. Ce n'est point là une idée de perfection que j'imagine; c'est une vérité que je fonde sur les actions de celle dont nous célébrons aujourd'hui les obsèques.

Je pourrois vous la représenter dans ces tristes demeures où se retirent la misère et la pauvreté, où se présentent tant d'images de morts et de maladies différentes, recueillant les soupirs des uns, animant les autres à la patience, laissant à tous des fruits abondants de sa piété. Je pourrois la décrire ici dans ces lieux sombres et retirés où la honte tient tant de langueurs et de nécessités cachées, versant à propos des bénédictions secrètes sur des familles désespérées, qu'une sainte curiosité lui faisoit découvrir pour les soulager. Je voudrois vous marquer ce zéle avec lequel elle animoit les ames les plus tièdes à secourir le prochain dans le temps des calamités publiques, et ranimoit la charité en un siécle où elle est non seulement refroidie, mais presque éteinte. Ce seroit là le sujet du panégyrique d'un autre; c'est la moindre partie du sien. Je ne prends que les vertus extraordinaires, et je choisis les fleurs que je jette sur son tombeau.

Je ne révèle pas même ici tant de grandes actions qu'elle a tâché de rendre secrètes. Je révère encore après sa mort l'humilité qui les a cachées; je les laisse sous les voiles qu'elle avoit tirés pour les couvrir, et je consens qu'elles soient perdues. Que dis-je? perdues! Tout est profitable aux élus, et la charité ne fait rien en vain. Elles sont écrites pour l'éternité dans le livre de vie: et Dieu, qui en fut le principe et le seul témoin, en est lui-même la récompense. Publions donc les exemples de sa charité, et n'en sondons pas les mystères.

Qui ne sait, messieurs, que l'établissement d'un grand hôpital dans cette capitale du royaume, qui renferme tant de grandeurs et tant de misères tout ensemble, a été un des plus grands ouvrages de ce siècle? On en prévoyoit l'utilité; on en connoissoit l'importance depuis long-temps : personne ne discernoit plus les pauvres de nécessité d'avec ceux de libertinage. On ne savoit, en donnant l'aumône, si l'on soulageoit la misère, ou si l'on entretenoit l'oisiveté. Les plaintes et les murmures confus excitoient plutôt l'indignation que la pitié. On voyoit des troupes errantes de mendiants, sans religion et sans discipline, demander avec plus d'obstination que d'humilité, voler souvent ce qu'ils ne pouvoient obtenir, attirer les yeux du public par des infirmités contrefaites, et venir jusqu'au pied des autels troubler la dévotion des fidèles par le récit indiscret et importun de leurs besoins ou de leurs souffrances.

On se contentoit de se plaindre de ces désordres, qu'on croyoit non seulement difficile, mais encore impossible, de corriger. Il falloit de la sagesse pour disposer les moyens, de la fermeté pour surmonter les obstacles, de grands biens pour fournir les fonds, une piété encore plus grande pour établir un ordre et une discipline salutaires parmi des hommes pour la plupart déréglés. Où se trouvoient ces qualités, qu'en la seule duchesse d'Aiguillon? Elle fut l'ame de cette entreprise; elle encouragea les uns, elle sollicita les autres, elle donna l'exemple à tous. Elle joignit le zèle des particuliers avec l'autorité des magistrats, et n'oublia rien de ce qu'elle crut nécessaire pour achever ce qu'elle avoit heureusement commencé.

Durez sur le fondement solide des aumônes chrétiennes, vastes bâtiments de cette sainte maison, où Dieu, créateur des pauvres et des riches, est honoré par la patience des uns et par la charité des autres : durez, s'il se peut, jusqu'à la fin des siècles, et soyez d'éternels monuments des soins et des libéralités de votre première bienfaitrice!

Pendant qu'elle ouvroit une main pour distribuer ses biens dans cette grande ville, elle étendoit l'autre pour assister des provinces affligées. Rappelez un moment en votre mémoire la triste idée des guerres, soit civiles, soit étrangères, où le soldat recueille ce que le laboureur avoit semé, et consume en peu de temps non seulement les fruits d'une année, mais encore l'espérance de plusieurs autres;

où des familles effrayées fuient devant la face et l'épée de l'ennemi, et, croyant éviter la mort, tombent dans la faim et le désespoir, plus redoutables que la mort même. Souvenez-vous de ces années stériles où, selon le langage du prophète, le ciel fut d'airain et la terre de fer. Les mères mouroient sans secours sous les yeux de leurs enfants, les enfants entre les bras de leurs mères, faute de pain; et les peuples, dans les campagnes et dans les villes, ne vivoient plus qu'à la merci de quelques riches, souvent intéressés, qui songeoient plus à profiter des maux d'autrui qu'à les soulager.

Pardonnez, messieurs, si je remets devant vos yeux tant de pitoyables objets. Je suis réduit, en louant une personne si charitable, d'en représenter tant de malheureuses; et, pour vous raconter les différentes actions de miséricorde qu'elle a faites, il faudroit vous décrire ici toutes les misères humaines. Que fit-elle donc dans ces rencontres pressantes? ce que commande Jésus-Christ, ce qu'il conseille dans son évangile. Elle donna ce qu'elle avoit de superflu; elle vendit ce qu'elle possédoit de précieux; elle se retrancha de ce que d'autres auroient pris pour nécessaire. Vains prétextes de condition et de bienséance, timides conseils de la sagesse de la chair, vous n'eûtes point ici de part. A l'exemple de ces généreux chrétiens que loue saint Paul, elle assista les pauvres selon ses forces, au-delà même de ses forces. Elle devint avare pour elle-même, afin d'être prodigue pour Jésus-Christ, et s'attira les bénédictions que le Sage promet à ceux qui aiment à faire du bien, et qui distribuent aux pauvres leur propre pain.

Ce fut alors que sa charité, comme un fleuve sorti d'une source vive et abondante, et grossi de quelques ruisseaux étrangers, rompit ses bords, et s'épandit sur tant de terres arides. Parlons sans figure, messieurs; ce fut alors qu'unissant à ses aumônes celles qu'elle avoit sollicitées et recueillies, elle fit couler dans ces provinces désolées un secours de trois ou quatre cent mille livres. Elle avoit appris dans l'Écriture que ceux qui ont beaucoup sont obligés de donner beaucoup, et que la mesure de leurs aumônes doit être celle de leurs richesses. Elle trouvoit honteux que l'avarice n'eût point de bornes, que le luxe se répandît en superfluités infinies, et qu'il n'y eût que la charité qui fût ménagère et resserrée. Elle savoit enfin que les biens des riches sont un dépôt sacré, qui doit être dispensé avec une fidélité digne de Dieu, selon l'expression de l'apôtre, c'est-à-dire avec une libéralité digne de sa grandeur et de sa magnificence divine.

Que diront, après cet exemple, ceux à qui tout est étranger et indifférent hors d'eux-mêmes, et qui, comme enivrés de leur fortune, abandonnent les autres à tous les accidents de la leur? Que diront ceux qui s'épuisent en folles dépenses, et se croient dans l'impuissance d'être charitables, parcequ'ils se sont imposé la nécessité d'être ambitieux et d'être superbes? Que diront ceux qui voient les chrétiens languissants et demi-morts sans les secourir, et qui deviennent les meurtriers de ceux dont ils devroient être les pères? Qu'ils confessent leur dureté, et qu'ils louent au moins la générosité de cette femme chrétienne, s'ils n'ont pas le courage de l'imiter.

Parcourrai-je les sommes incroyables qu'elle a distribuées en divers temps, les fondations qu'elle a faites en divers lieux? Je lasserois votre imagination et ma mémoire, si j'entreprenois d'exprimer tous les travaux et toutes les formes de cette ingénieuse et infatigable charité. Je me contente de vous dire que le zéle de la foi y eut toujours la meilleure part, et que la conversion des cœurs fut le motif et le fruit ordinaire de ses aumônes. Fonde-t-elle des hôpitaux; elle y joint des missions, afin que les pauvres soient nourris et soient évangélisés tout ensemble. Assiste-t-elle dans un de nos ports ces misérables forçats qui, dans leurs prisons flottantes, gémissent sous le travail de la rame, et sous l'inhumanité d'un comite; elle veut qu'on les instruise, et qu'on leur apprenne à faire d'un supplice forcé une expiation volontaire de leurs crimes. Envoie-t-elle jusqu'en Afrique des prêtres, comme des anges consolateurs, aux chrétiens qui y sont esclaves; c'est pour les affermir dans la foi, pour leur inspirer le desir de la liberté des enfants de Dieu, et leur faire trouver la pesanteur de leurs péchés plus rude que celle de leurs chaînes. Ainsi il se fait par ses soins, en plusieurs endroits, une double distribution et de la nourriture pour le corps, et du pain de la parole de Dieu pour l'ame.

Que ne puis-je vous découvrir ces nobles mouvements de son cœur qui la portoient à tout entreprendre pour étendre le royaume de Jésus-Christ! Combien de fois, déplorant l'aveuglement de tant de peuples qui vivent dans les ténèbres, à l'ombre de la mort, s'écria-t-elle dans la ferveur de son oraison: « Seigneur, que votre nom soit sanctifié parmi « ces nations infidèles! » Combien de fois porta-t-elle son imagination et ses desirs audelà de tant de mers que la foiblesse ni la bienséance du sexe ne lui permettoient pas de passer! Combien de fois, jetant les yeux sur les vastes campagnes des Indiens et des sauvages, et croyant y voir une moisson jaunissante qui n'attendoit que la main des ouvriers, pria-t-elle le père de famille d'y en envoyer!

Elle n'épargna rien pour préparer les voies à ces hommes apostoliques qui vont acquérir de nouveaux héritages à Jésus-Christ. Elle forme le dessein d'un commerce tout spirituel. On équipe par ses conseils, et presque à ses dépens, un vaisseau qui doit porter dans la Chine les richesses de l'évangile. Le ciel, la mer, les vents, favorisent d'abord cette entreprise : mais Dieu, dont les jugements sont impénétrables, rompt le cours de cette heureuse navigation, et les flots irrités font tout d'un coup échouer, avec le vaisseau, les espérances qu'on avoit conçues du salut de tant d'ames égarées.

Quels furent alors les sentiments de notre duchesse? Elle oublia ses intérêts, et ne pensa qu'à ceux de Dieu. Elle fut touchée de ce malheur, mais elle n'en fut pas abattue. « Je « reconnois, Seigneur, disoit-elle, ce que vous « avez dit dans votre évangile, qu'après avoir « travaillé selon nos forces, nous sommes « encore des serviteurs inutiles. Vous savez « mieux que nous en quoi consiste votre « gloire: toute la nôtre est d'être soumis à vos « volontés. C'étoit votre œuvre; vous l'accom- « plirez, quand le temps et les moments que « vous avez marqués pour cela seront arrivés. « Nous avons essayé d'envoyer par mer des « ouvriers à votre vigne; vous nous avez fermé « ce chemin, vous pouvez nous en ouvrir « d'autres : et lors même que nous adorons la « sévérité de vos jugements, nous espérons en « votre miséricorde. »

En effet, elle espéra, comme Abraham,

contre toute espérance. Les eaux de la mer n'éteignirent pas l'ardeur de sa charité; elle redoubla son zèle; et Dieu, après avoir éprouvé sa foi, récompensa sa soumission par des succès qui surpassèrent son attente.

Je me sens comme transporté au milieu de ces églises naissantes de l'Orient. J'y vois lever la lumière de la vérité. Ici les premiers rayons de la foi commencent à dissiper l'obscurité de l'erreur, et forment des catéchumènes; là coulent sur des têtes humiliées les eaux salutaires du baptême; ici des ames tendres sont nourries de lait jusqu'à ce qu'elles soient capables d'enseignements plus solides; là se forme le courage d'un martyr par des épreuves réitérées de patience; en cet endroit on plante une croix; en l'autre on dresse un autel. Il me semble que je vois des prêtres, des évêques, ou, pour mieux dire, des apôtres, courir par-tout selon les besoins; et notre charitable duchesse, de son palais, comme du centre de la charité, envoyer les secours et les rafraîchissements nécessaires pour entretenir et pour avancer ce grand ouvrage.

N'ai-je donc pas sujet de croire que Dieu

lui a fait la miséricorde qu'elle fit aux autres? que les pauvres après sa mort l'ont reçue dans les tabernacles éternels, et qu'elle jouit de Dieu pour jamais? Que s'il restoit encore en cette ame quelque tache qui eût besoin d'être purifiée, car, messieurs, je ne viens pas ici justifier la créature devant son créateur, je trahirois l'humilité de l'une, j'offenserois la vérité de l'autre; je sais que tout homme est pécheur; qu'il y a une mesure de justice au-delà de laquelle la condition mortelle ne va point; que les gens de bien même tombent dans des infidélités inévitables, et ne sont parfaits qu'imparfaitement: s'il restoit, dis-je, encore quelque tache, puisse-t-elle être expiée par le sang de Jésus-Christ! Que ces nouveaux fidèles des mondes barbares, au premier bruit de la mort de leur bienfaitrice, présentent au souverain juge tant d'aumônes qu'elle leur a faites; qu'ils lui adressent pour elle ces prières qui ont encore toute leur ferveur, et que le temps et le relâchement n'ont pas encore refroidies; qu'on loue sa charité dans les assemblées; que chaque martyr qui y verse son sang en offre une portion pour elle, et qu'on célèbre autant de fois le saint sacrifice qu'on a bâti de chapelles et dressé d'autels à ses dépens. Vous êtes sans doute persuadés, messieurs, du bon usage qu'elle a fait de la grandeur et des richesses. Que me reste-t-il, qu'à vous montrer en peu de mots comment elle a usé de sa vie pour arriver à une bienheureuse mort?

Un des plus importants et des plus utiles conseils que Dieu donne dans l'Écriture; et vous savez, messieurs, qu'il n'appartient proprement qu'à Dieu de conseiller (¹), parceque tout ce qu'il pense est sagesse, tout ce qu'il dit est vérité: un donc des plus utiles conseils que Dieu donne aux hommes, c'est de penser souvent à leur dernière heure, et de régler toute leur vie sur le moment qui la doit finir, afin de se détacher par religion de ce qu'ils doivent quitter par nécessité, et de pourvoir, durant le peu de temps qu'ils sont en ce monde, à ce qu'ils doivent être éternellement. Ce fut cette pensée qui remplit l'esprit de notre duchesse, et la porta à reconnoître son néant, à s'humilier dans la vue de ses péchés, à s'attacher à Dieu seul, à craindre ses

---

(¹) Meum est consilium. Pr., v. 8.

jugements, à s'abandonner à sa providence, à espérer en ses miséricordes. Voilà la disposition générale de son cœur; voilà la source féconde de tant d'œuvres de justice et de charité qu'elle a pratiquées: en un mot, voilà des préparations à bien mourir.

Elle se retira de la cour dès qu'elle eut la liberté d'en sortir: sa pénitence ne fut ni tardive ni forcée; elle vint de la ferveur de la charité, et non pas de la foiblesse de l'âge. Au milieu de ses beaux jours, et loin du tombeau, elle commença ce sacrifice d'elle-même, qu'elle ne vient que d'achever, et mourut longuement à ses passions, avant que de perdre la vie du corps. O vous, qui ne regardez le ciel qu'après que le monde a cessé de vous regarder, et qui ne donnez au soin de votre salut que ces vieux jours qui, malgré vous, ne sont plus propres à la vanité; femmes mondaines, qui, dans une retraite de bienséance, couvrant les restes de vos passions d'un voile de dévotion extérieure, ne mettez entre vos péchés et votre mort que l'intervalle de quelques soupirs arrachés par la crainte des jugements prochains, et ne cherchez Dieu que lorsqu'il est prêt à vous donner le coup de la mort(¹), selon l'expression de l'Écriture, tremblez devant lui, priez-le qu'il renforce autant votre foi et votre charité que vous avez négligé votre pénitence.

Nous n'avons pas ces sujets de crainte, messieurs; je parle d'une ame pénitente, qui a vu de loin le jour du Seigneur, et qui s'y est préparée par la solitude et par la prière. Je vois ces autels où fuma si souvent l'encens de ses oraisons, où furent consacrées tant de dépouilles qu'elle remporta sur le monde, où se ralluma sa ferveur toutes les fois que le commerce du siècle l'avoit tant soit peu ralentie. Je vois au travers de ces grilles ce chœur où elle a tant de fois chanté les cantiques de Sion, ces oratoires où elle a pleuré ses péchés, et passé tant de jours et de nuits dans la contemplation des choses célestes; ce cloître où elle a répandu l'odeur de tant de vertus, qui y sont encore comme vivantes; et, pour recueillir tout ensemble, ce monastère qu'elle a soutenu par ses libéralités, qu'elle a fréquenté par ses retraites, qu'elle a édifié par ses exemples.

Épouses de Jésus-Christ, qui m'entendez,

(¹) Cùm occideret eos, quærebant cum. Ps. 77.

interrompez ici mon discours, si vous y découvrez des louanges excessives, et laissez-vous emporter au zéle de la vérité. Vous connoissiez sans doute le cœur de votre seconde fondatrice, j'ai presque dit, de votre sœur; car elle fut pour vous l'une et l'autre; et la grace joignit en elle la grandeur d'une duchesse et l'humilité d'une religieuse. Vous connoissiez la pureté de ses intentions, l'ardeur de son zéle, la grandeur de son courage, l'étendue de sa charité; et vous en gardez dans le fond de l'ame un portrait que tous les traits de l'éloquence ne pourront jamais égaler.

En effet, messieurs, qui pourroit dire avec quel dégoût elle posséda tous les biens que le monde estime; avec quelle soumission elle ploya sa volonté dès que celle de Dieu lui fut connue; avec quelle fidélité elle ménagea les occasions de travailler à son salut et à celui des autres; avec quelle constance elle supporta les pertes, les afflictions, et les disgraces, compagnes inséparables des grandes fortunes? Je m'arrête à ces dernières paroles; et pourquoi perdrois-je ici l'occasion de vous montrer le néant des grandeurs humaines?

Considérez la condition d'un homme qui a

la meilleure part à la faveur et à la conduite des affaires, quelque sage et quelque absolu qu'il puisse être : que d'agitations ! que de traverses ! ceux qui l'admirent voudroient être en sa place; ceux qui le craignent voudroient l'en tirer. Ses vertus font des envieux; ses bienfaits même font des ingrats. Si l'on ne peut ruiner son pouvoir, on attaque au moins sa réputation. Ceux qu'il punit se plaignent qu'il les persécute : ceux qui ne sont que malheureux croient être opprimés. On lui impute les mauvais succès; et de tous les malheurs publics on cherche à lui faire des crimes particuliers. De là viennent les murmures, les plaintes, les calomnies, les conspirations, et les cabales. Ainsi Dieu tempère les prospérités des hommes puissants par des peines presque inévitables, et les abandonne aux traits envenimés de l'envie, de peur qu'ils ne s'abandonnent eux-mêmes à l'ambition et à l'orgueil.

Leurs amis et leurs proches se trouvent enveloppés dans les mêmes peines; et ce fut en ces rencontres que notre femme forte se servit de tout son courage. Elle pardonna, lors même qu'il lui étoit facile de se venger : elle lassa l'injustice par sa patience : elle soutint avec humilité et avec douceur les plus rudes tribulations de la vie; et, toujours égale, toujours magnanime, elle entretint la paix dans son cœur avec ceux qui lui déclarèrent la guerre. Son ame s'exerçoit par ces vertus, pour arriver à la perfection où Dieu l'appeloit; et ce bon usage des biens et des maux, qui la détachoit insensiblement de la vie, la conduisoit au repos d'une heureuse mort.

D'une heureuse mort! me voici donc au triste endroit de ce discours qui va renouveler votre douleur. Quoi donc, tant de trésors n'étoient renfermés que dans un vase d'argile, et tout ce que j'ai dit qu'elle fut n'aboutira qu'à dire qu'elle n'est plus! Oui, messieurs; mais ne laissons pas, en la perdant, d'adorer la main qui nous l'enléve, et recueillons les restes précieux d'une vie qui ne fut jamais plus édifiante que lorsque Dieu voulut qu'elle finît. Telle est l'heureuse condition des justes. Ils sentent, aux approches de la mort, un redoublement d'ardeur et de force. L'ame se resserre en elle-même, et croit voir, à chaque moment, les portes de l'éternité s'entr'ouvrir pour elle. Les nuages que forment les passions se dissipent, et les voiles qui couvrent la vérité se lèvent insensiblement. Les desirs s'enflamment à mesure qu'ils avancent vers la jouissance du souverain bien, et la charité se consomme par ces derniers mouvements de la grace, qui va se perdre dans les abymes de la gloire.

Ce furent là, messieurs, les dispositions intérieures de cette femme héroïque, ou plutôt, ce furent les derniers efforts que la grace de Jésus-Christ fit en elle. Dieu, qui dispense les biens et les maux selon les forces ou les foiblesses des hommes, éprouva par de longues infirmités sa résignation et sa patience; mais quelque pesante que fût sa croix, elle la porta, et n'en fut pas accablée. On la vit souffrir; mais on ne l'ouït pas se plaindre. Elle fit des vœux pour son salut, et n'en fit point pour sa santé. Prête à vivre pour achever sa pénitence; prête à mourir pour consommer son sacrifice; soupirant après le repos de la patrie; supportant patiemment les peines de son exil; entre la douleur et la joie, entre la possession et l'espérance, se réservant tout entière à son créateur, elle attendit tout ce qui pouvoit arriver, et ne souhaita que ce que Dieu voudroit faire d'elle.

Mais lorsqu'elle sentit la mort dans son sein, quelle fut sa ferveur et son zèle? Autant de mots, autant de sentiments de piété. Autant de soupirs, autant de transports de pénitence; elle se jette aux pieds de son juge, et s'accuse comme coupable : elle se prosterne devant son Sauveur, et lui demande grace. Vous le savez, fidèles témoins de ses derniers sentiments. Ce fut alors que les images de toutes ses actions passées revinrent dans son esprit, pour y être examinées dans l'amertume de son cœur, selon les règles les plus sévères de la vérité et de la justice. Ce fut alors qu'elle épancha son ame devant Dieu, avant qu'elle parût devant son redoutable tribunal. Ce fut alors que, dégagée de toute affection mondaine, elle employa un reste de force qui la soutenoit, pour tourner sur Jésus-Christ crucifié ces yeux qu'elle avoit déja fermés pour le monde. Ce fut alors que, dans les exercices de la plus vive foi, de la plus ferme espérance, de la plus ardente charité, de la plus humble pénitence, entre des paroles touchantes et un silence éternel, elle remit son ame entre les mains de celui qui l'avoit créée. Moment fatal pour tant de pauvres, dont elle étoit la mère et la protectrice! moment heureux pour elle, qui entroit en possession de l'éternité! moment triste, mais utile pour nous, si nous apprenons à vivre et à mourir comme elle!

Hélas! nous vivons sans réflexion. A nous voir pousser nos desirs si loin, et faire ces longs projets de fortune que nous faisons, qui ne diroit que nous croyons être immortels? Cependant ce petit nombre de jours malheureux qui composent la durée de notre vie s'écoule insensiblement. Chaque instant nous retranche une partie de nous-mêmes. Nous arrivons au terme qui nous est marqué; le charme se rompt, et tout ce qui nous enchante s'évanouit avec nous. La vérité pourroit nous faire connoître la fragilité des biens du monde par la fragilité de notre vie qui les termine; mais l'amour-propre nous fait voir cette vie sans bornes, de peur d'en donner aux choses que nous aimons. Ainsi notre imagination et notre vanité vont plus loin que nous. Nous n'avons jamais qu'un moment à vivre, et nous avons toujours des espérances pour plusieurs années. Revenons, revenons aux paroles de mon texte; pensons que la figure de ce monde passe. Ne pleurons plus la perte de celle qui en a fait un si bon usage; imitons seulement ses exemples, afin que nous puissions, comme elle, vivre et mourir en Jésus-Christ, qui vit et règne au siècle des siècles.

ORAISON FUNÈBRE

DE TRÈS HAUT ET TRÈS PUISSANT PRINCE

HENRI DE LA TOUR-D'AUVERGNE,

VICOMTE DE TURENNE,

maréchal général des camps et armées du roi, colonel-général de la cavalerie légère, gouverneur du haut et bas Limosin;

prononcée à Paris, dans l'église de Saint-Eustache, le 10 janvier 1676.

Fleverunt eum omnis populus Israel planctu magno, et lugebant dies multos, et dixerunt: Quomodò cecidit potens, qui salvum faciebat populum Israel!

Tout le peuple le pleura amèrement; et, après avoir pleuré durant plusieurs jours, ils s'écrièrent: Comment est mort cet homme puissant qui sauvoit le peuple d'Israël! I Mach. 9.

Je ne puis, messieurs, vous donner d'abord une plus haute idée du triste sujet dont je viens vous entretenir, qu'en recueillant ces termes nobles et expressifs dont l'Écriture sainte se sert pour louer la vie et pour déplorer la mort du sage et vaillant Machabée[1]:

---

[1] I Mach., c. III, IV, V, etc.

cet homme, qui portoit la gloire de sa nation jusqu'aux extrémités de la terre; qui couvroit son camp du bouclier, et forçoit celui des ennemis avec l'épée; qui donnoit à des rois ligués contre lui des déplaisirs mortels, et réjouissoit Jacob par ses vertus et par ses exploits, dont la mémoire doit être éternelle.

Cet homme qui défendoit les villes de Juda, qui domptoit l'orgueil des enfants d'Ammon et d'Ésaü, qui revenoit chargé des dépouilles de Samarie, après avoir brûlé sur leurs propres autels les dieux des nations étrangères; cet homme que Dieu avoit mis autour d'Israël, comme un mur d'airain où se brisèrent tant de fois toutes les forces de l'Asie, et qui, après avoir défait de nombreuses armées, déconcerté les plus fiers et les plus habiles généraux des rois de Syrie, venoit tous les ans, comme le moindre des Israélites, réparer avec ses mains triomphantes les ruines du sanctuaire, et ne vouloit d'autre récompense des services qu'il rendoit à sa patrie, que l'honneur de l'avoir servie : ce vaillant homme poussant enfin, avec un courage invincible, les ennemis qu'il avoit réduits à une fuite honteuse, reçut le coup mortel, et demeura comme enseveli dans son triomphe. Au premier bruit de ce funeste accident, toutes les villes de Judée furent émues, des ruisseaux de larmes coulèrent des yeux de tous leurs habitants. Ils furent quelque temps saisis, muets, immobiles. Un effort de douleur rompant enfin ce long et morne silence, d'une voix entrecoupée de sanglots que formoient dans leurs cœurs la tristesse, la pitié, la crainte, ils s'écrièrent: « Comment est mort cet homme « puissant qui sauvoit le peuple d'Israël! » A ces cris Jérusalem redoubla ses pleurs; les voûtes du temple s'ébranlèrent; le Jourdain se troubla, et tous ses rivages retentirent du son de ces lugubres paroles: « Comment est « mort cet homme puissant qui sauvoit le « peuple d'Israël! »

Chrétiens, qu'une triste cérémonie assemble en ce lieu, ne rappelez-vous pas en votre mémoire ce que vous avez vu, ce que vous avez senti, il y a cinq mois? Ne vous reconnoissez-vous pas dans l'affliction que j'ai décrite? et ne mettez-vous pas dans votre esprit, à la place du héros dont parle l'Écriture, celui dont je viens vous parler? La vertu et le malheur de l'un et de l'autre sont semblables; et il ne manque aujourd'hui à ce dernier qu'un éloge digne de lui. O si l'esprit divin, l'esprit de force et de vérité, avoit enrichi mon discours de ces images vives et naturelles qui représentent la vertu, et qui la persuadent tout ensemble, de combien de nobles idées remplirois-je vos esprits, et quelle impression feroit sur vos cœurs le récit de tant d'actions édifiantes et glorieuses !

Quelle matière fut jamais plus disposée à recevoir tous les ornements d'une grave et solide éloquence, que la vie et la mort de très haut et très puissant prince Henri de La Tour-d'Auvergne, vicomte de Turenne, maréchal général des camps et armées du roi, et colonel-général de la cavalerie légère ? Où brillent avec plus d'éclat les effets glorieux de la vertu militaire, conduites d'armées, sièges de places, prises de villes, passages de rivières, attaques hardies, retraites honorables, campements bien ordonnés, combats soutenus, batailles gagnées, ennemis vaincus par la force, dissipés par l'adresse, lassés et consumés par une sage et noble patience ? Où peut-on trouver tant et de si puissants exemples, que dans les actions d'un homme sage, modeste, libéral, désintéressé, dévoué au service du prince et de la patrie; grand dans l'adversité par son courage, dans la prospérité par sa modestie, dans les difficultés par sa prudence, dans les périls par sa valeur, dans la religion par sa piété?

Quel sujet peut inspirer des sentiments plus justes et plus touchants, qu'une mort soudaine et surprenante qui a suspendu le cours de nos victoires, et rompu les plus douces espérances de la paix? Puissances ennemies de la France, vous vivez, et l'esprit de la charité chrétienne m'interdit de faire aucun souhait pour votre mort. Puissiez-vous seulement reconnoître la justice de nos armes, recevoir la paix que, malgré vos pertes, vous avez tant de fois refusée, et, dans l'abondance de vos larmes, éteindre les feux d'une guerre que vous avez malheureusement allumée! A Dieu ne plaise que je porte mes souhaits plus loin! les jugements de Dieu sont impénétrables. Mais vous vivez, et je plains en cette chaire un sage et vertueux capitaine, dont les intentions étoient pures, et dont la vertu sembloit mériter une vie plus longue et plus étendue.

Retenons nos plaintes, messieurs; il est temps de commencer son éloge, et de vous faire voir comment cet homme puissant triomphe des ennemis de l'état par sa valeur, des passions de l'ame par sa sagesse, des erreurs et des vanités du siécle par sa piété. Si j'interromps cet ordre de mon discours, pardonnez un peu de confusion dans un sujet qui nous a causé tant de trouble. Je confondrai quelquefois peut-être le général d'armée, le sage, le chrétien. Je louerai tantôt les victoires, tantôt les vertus qui les ont obtenues. Si je ne puis raconter tant d'actions, je les découvrirai dans leurs principes; j'adorerai le Dieu des armées, j'invoquerai le Dieu de la paix, je bénirai le Dieu des miséricordes, et j'attirerai par-tout votre attention, non par la force de l'éloquence, mais par la vérité et par la grandeur des vertus dont je suis engagé de vous parler.

PREMIÈRE PARTIE.

N'attendez pas, messieurs, que je suive la coutume des orateurs, et que je loue M. de Turenne comme on loue les hommes ordinaires. Si sa vie avoit moins d'éclat, je m'arrêterois sur la grandeur et la noblesse de sa maison; et si son portrait étoit moins beau, je produirois ici ceux de ses ancêtres. Mais la gloire de ses actions efface celle de sa naissance, et la moindre louange qu'on peut lui donner, c'est d'être sorti de l'ancienne et illustre maison de La Tour-d'Auvergne, qui a mêlé son sang à celui des rois et des empereurs, qui a donné des maîtres à l'Aquitaine, des princesses à toutes les cours de l'Europe, et des reines même à la France.

Mais que dis-je? il ne faut pas l'en louer ici, il faut l'en plaindre. Quelque glorieuse que fût la source dont il sortoit, l'hérésie des derniers temps l'avoit infectée. Il recevoit avec ce beau sang des principes d'erreur et de mensonge; et parmi ses exemples domestiques, il trouvoit celui d'ignorer et de combattre la vérité. Ne faisons donc pas la matière de son éloge de ce qui fut pour lui un sujet de pénitence; et voyons les voies d'honneur et de gloire que la providence de Dieu lui ouvrit dans le monde, avant que sa miséricorde le retirât des voies de la perdition et de l'égarement de ses pères.

Avant sa quatorzième année, il commença à porter les armes. Des sièges et des combats servirent d'exercice à son enfance, et ses premiers divertissements furent des victoires. Sous la discipline du prince d'Orange, son oncle maternel, il apprit l'art de la guerre en qualité de simple soldat, et ni l'orgueil ni la paresse ne l'éloignèrent d'aucun des emplois où la peine et l'obéissance sont attachées. On le vit en ce dernier rang de la milice ne refuser aucune fatigue, et ne craindre aucun péril; faire par honneur ce que les autres faisoient par nécessité, et ne se distinguer d'eux que par un plus grand attachement au travail, et par une plus noble application à tous ses devoirs.

Ainsi commençoit une vie dont les suites devoient être si glorieuses, semblable à ces fleuves qui s'étendent à mesure qu'ils s'éloignent de leur source, et qui portent enfin par-tout où ils coulent la commodité et l'abondance. Depuis ce temps, il a vécu pour la gloire et pour le salut de l'état. Il a rendu tous les services qu'on peut attendre d'un esprit ferme et agissant, quand il se trouve dans un corps robuste et bien constitué. Il a eu dans la jeunesse toute la prudence d'un âge avancé, et dans un âge avancé toute la vigueur de la jeunesse. Ses jours ont été pleins (1), selon les termes de l'Écriture; et comme il ne perdit pas ses jeunes années dans la mollesse et dans la volupté, il n'a pas été contraint de passer les dernières dans l'oisiveté et dans la foiblesse.

Quel peuple ennemi de la France n'a pas ressenti les effets de sa valeur, et quel endroit de nos frontières n'a pas servi de théâtre à sa gloire? Il passe les Alpes; et dans les fameuses actions de Casal, de Turin, de la route de Quiers, il se signale par son courage et par sa prudence; et l'Italie le regarde comme un des principaux instruments de ces grands et prodigieux succès qu'on aura peine à croire un jour dans l'histoire. Il passe des Alpes aux Pyrénées (2), pour assister à la conquête de deux importantes places, qui mettent une de nos plus belles provinces à couvert de tous les efforts de l'Espagne. Il va recueillir au-delà du Rhin (3) les débris d'une armée défaite; il prend

---

(1) Ps. 73.
(2) Perpignan et Collioure.
(3) Trèves, Aschaffembourg, etc. Combat de Fribourg, bataille de Norlingue.

des villes, et contribue au gain des batailles. Il s'élève ainsi par degrés, et par son seul mérite, au suprême commandement, et fait voir dans tout le cours de sa vie ce que peut pour la défense d'un royaume un général d'armée qui s'est rendu digne de commander en obéissant, et qui a joint à la valeur et au génie l'application et l'expérience.

Ce fut alors que son esprit et son cœur agirent dans toute leur étendue. Soit qu'il fallût préparer les affaires, ou les décider; chercher la victoire avec ardeur, ou l'attendre avec patience : soit qu'il fallût prévenir les desseins des ennemis par la hardiesse, ou dissiper les craintes et les jalousies des alliés par la prudence; soit qu'il fallût se modérer dans les prospérités, ou se soutenir dans les malheurs de la guerre, son ame fut toujours égale. Il ne fit que changer de vertus quand la fortune changeoit de face : heureux sans orgueil, malheureux avec dignité, et presque aussi admirable lorsqu'avec jugement et avec fierté il sauvoit les restes des troupes battues à Mariandal, que lorsqu'il battoit lui-même les Impériaux et les Bavarois, et qu'avec des troupes triomphantes (¹) il forçoit toute l'Allemagne à demander la paix à la France.

On eût dit qu'un heureux traité alloit terminer toutes les guerres de l'Europe, lorsque Dieu, dont les jugements (²), selon le prophète, sont des abymes, voulut affliger et punir la France par elle-même, et l'abandonna à tous les déréglements que causent dans un état les dissensions civiles et domestiques. Souvenez-vous, messieurs, de ce temps de désordre et de trouble où l'esprit ténébreux, l'esprit de discorde, confondoit le devoir avec la passion, le droit avec l'intérêt, la bonne cause avec la mauvaise; où les astres les plus brillants souffrirent presque tous quelque éclipse, et les plus fidèles sujets se virent entraînés, malgré eux, par le torrent des partis, comme ces pilotes qui, se trouvant surpris de l'orage en pleine mer, sont contraints de quitter la route qu'ils veulent tenir, et de s'abandonner pour un temps au gré des vents et de la tempête. Telle est la justice de Dieu; telle est l'infirmité naturelle des hommes. Mais le sage revient aisément à soi, et il

(¹) La paix de Munster.
(²) Ps. 35.

y a, dans la politique comme dans la religion, une espèce de pénitence plus glorieuse que l'innocence même, qui répare avantageusement un peu de fragilité par des vertus extraordinaires, et par une ferveur continuelle.

Mais où m'arrêté-je, messieurs! Votre esprit vous représente déja sans doute M. de Turenne à la tête des armées du roi. Vous le voyez combattre et dissiper la rebellion, ramener ceux que le mensonge avoit séduits, rassurer ceux que la crainte avoit ébranlés, et crier, comme un autre Moïse, à toutes les portes d'Israël : « Que ceux qui sont au Sei-« gneur se joignent à moi (¹). » Quelles furent alors sa fermeté et sa sagesse! Tantôt sur les rives de la Loire, suivi d'un petit nombre d'officiers et de domestiques, il court à la défense d'un pont (²), et tient ferme contre une armée ; et soit la hardiesse de l'entreprise, soit la seule présence de ce grand homme, soit la protection visible du ciel, qui rendoit les ennemis immobiles, il étonna par sa résolution ceux qu'il ne pouvoit arrêter par la force, et releva, par cette prudente et heureuse témé-

(¹) Exon. 32.
(²) Pont de Gergeau.

rité, l'état penchant vers sa ruine. Tantôt se servant de tous les avantages des temps et des lieux (¹), il arrête avec peu de troupes une armée qui venoit de vaincre, et mérite les louanges mêmes d'un ennemi qui, dans les siècles idolâtres, auroit passé pour le dieu des batailles. Tantôt vers les bords de la Seine(²), il oblige par un traité un prince étranger, dont il avoit pénétré les plus secrètes intentions, de sortir de France, et d'abandonner les espérances qu'il avoit conçues de profiter de nos désordres.

Je pourrois ajouter ici des places prises, des combats gagnés sur les rebelles. Mais dérobons quelque chose à la gloire de notre héros, plutôt que de voir plus long-temps l'image funeste de nos misères passées. Parlons d'autres exploits qui aient été aussi avantageux pour la France que pour lui-même, et dont nos ennemis n'aient pas eu sujet de se réjouir.

Je me contente de vous dire qu'il apaisa par sa conduite l'orage dont le royaume étoit agité. Si la licence fut réprimée, si les haines

(¹) A Blaneau.
(²) A Villeneuve-Saint-George.

publiques et particulières furent assoupies, si les lois reprirent leur ancienne vigueur, si l'ordre et le repos furent rétablis dans les villes et dans les provinces, si les membres furent heureusement réunis avec leur chef; c'est à lui, France, que tu le dois. Je me trompe; c'est à Dieu, qui tire, quand il veut, des trésors de sa providence, ces grandes ames qu'il a choisies comme des instruments visibles de sa puissance, pour faire naître du sein des tempêtes le calme et la tranquillité publique, pour relever les états de leur ruine, et réconcilier, quand sa justice est satisfaite, les peuples avec leurs souverains.

Son courage, qui n'agissoit qu'avec peine dans les malheurs de sa patrie, sembla s'échauffer dans les guerres étrangères, et l'on vit redoubler sa valeur. N'entendez pas par ce mot, messieurs, une hardiesse vaine, indiscrète, emportée, qui cherche le danger pour le danger même, qui s'expose sans fruit, et qui n'a pour but que la réputation et les vains applaudissements des hommes. Je parle d'une hardiesse sage et réglée, qui s'anime à la vue des ennemis; qui, dans le péril même, pourvoit à tout, et prend tous ses avantages, mais qui se mesure avec ses forces; qui entreprend les choses difficiles, et ne tente pas les impossibles; qui n'abandonne rien au hasard de ce qui peut être conduit par la vertu; capable enfin de tout oser quand le conseil est inutile, et prêt à mourir dans la victoire, ou à survivre à son malheur, en accomplissant ses devoirs.

J'avoue, messieurs, que je succombe ici sous le poids de mon sujet. Ce grand nombre d'actions dont je dois parler m'embarrasse : je ne puis les décrire toutes, et je voudrois n'en omettre aucune. Que n'ai-je le secret de graver dans vos esprits un plan invisible et raccourci de la Flandre et de l'Allemagne! Je marquerois sans confusion dans vos pensées tout ce que fit ce grand capitaine, et vous dirois en abrégé, selon les lieux : Ici(¹), il forçoit des retranchements, et secouroit une place assiégée; là, il surprenoit les ennemis, ou les battoit en pleine campagne : ces villes (²), où vous voyez les lis arborés, ont été, ou défendues par sa vigilance, ou conquises par sa fermeté et par son courage : ce lieu couvert

(¹) Le secours d'Arras.
(²) Condé, Landrecies, Ypres, Oudenarde, etc.

d'un bois et d'une rivière (¹), c'est le poste où il rassuroit ses troupes effrayées après une honorable retraite : ici (²), il sortoit de ses lignes pour combattre, et d'un seul coup il prenoit une ville et gagnoit une bataille : là, distribuant ce qui lui restoit de son propre argent, il achevoit un siége, et il alloit en faire lever un au même temps.

Je recueillerois ensuite tant de succès, et vous ferois souvenir de ces mauvaises nuits que le roi d'Espagne avoua qu'il avoit passées, et de cette paix (³) recherchée par des traités et des alliances, sans laquelle, Flandre, théâtre sanglant où se passent tant de scènes tragiques, triste et fatale contrée, trop étroite pour contenir tant d'armées qui te dévorent, tu aurois accru le nombre de nos provinces, et au lieu d'être la source malheureuse de nos guerres, tu serois aujourd'hui le fruit paisible de nos victoires.

Je pourrois, messieurs, vous montrer vers les bords du Rhin (⁴) autant de trophées que

(¹) Retraite de Valenciennes.
(²) Bataille des Dunes, et prise de Dunkerque. Saint-Venant pris. Ardres secourue.
(³) Paix des Pyrénées.
(⁴) A Entsheim, Sinsheim, Mulhausen, etc.

sur les bords de l'Escaut et de la Sambre. Je pourrois vous décrire des combats gagnés, des rivières et des défilés passés à la vue des ennemis, des plaines teintes de leur sang, des montagnes presque inaccessibles traversées pour les aller repousser loin de nos frontières. Mais l'éloquence de la chaire n'est pas propre au récit des combats et des batailles : la langue d'un prêtre, destinée à louer Jésus-Christ, le sauveur des hommes, ne doit pas être employée à parler d'un art qui tend à leur destruction; et je ne viens pas pour vous donner des idées de meurtre et de carnage devant ces autels, où l'on n'offre plus le sang des taureaux en sacrifice au Dieu des armées, mais au Dieu de miséricorde et de paix une victime non sanglante.

« Quoi donc ! N'y a-t-il point de valeur et de générosité chrétienne? L'Écriture[1], qui commande de sanctifier les guerres, ne nous apprend-elle pas que la piété n'est pas incompatible avec les armes? Viens-je condamner une profession que la religion ne condamne pas, quand on en sait modérer la violence[2]? Non,

[1] Joël, c. III.
[2] Epist. ad Rom., c. XIII.

messieurs : je sais que ce n'est pas en vain que les princes portent l'épée; que la force peut agir quand elle se trouve jointe avec l'équité; que le Dieu des armées préside à cette redoutable justice que les souverains se font à eux-mêmes; que le droit des armes est nécessaire pour la conservation de la société, et que les guerres sont permises pour assurer la paix, pour protéger l'innocence, pour arrêter la malice qui se déborde, et pour retenir la cupidité dans les bornes de la justice.

Je sais aussi que la modération et la charité doivent régler les guerres parmi les chrétiens; que les capitaines qui les conduisent sont les ministres de la providence de Dieu, qui est toujours sage, et de la puissance des rois, qui ne doit jamais être injuste; qu'ils doivent avoir le cœur doux et charitable, lors même que leurs mains sont sanglantes, et adorer intérieurement le Créateur, lorsqu'ils se trouvent dans la triste nécessité de détruire ses créatures.

C'est ici que j'atteste la foi publique, messieurs, et que, parlant de la douceur et de la modération de M. de Turenne, je puis avoir pour témoins de ce que je dis tous ceux qui l'ont suivi dans les armées. S'est-il fait un plaisir de se servir du pouvoir qu'il a eu de nuire à ceux mêmes qu'on regarde et qu'on traite comme ennemis? Où a-t-il laissé des marques terribles de sa colère, ou de ses vengeances particulières? Laquelle de ses victoires a-t-il estimée par le nombre des misérables qu'il accabloit, ou des morts qu'il laissoit sur le champ de bataille? Quelle vie a-t-il exposée pour son intérêt, ou pour sa propre réputation? Quel soldat n'a-t-il pas ménagé comme un sujet du prince et une portion de la république? Quelle goutte de sang a-t-il répandue qui n'ait servi à la cause commune?

On l'a vu, dans la fameuse bataille des Dunes, arracher les armes des mains des soldats étrangers, qu'une férocité naturelle acharnoit sur les vaincus. On l'a vu gémir de ces maux nécessaires que la guerre traîne après soi, que le temps force de dissimuler, de souffrir, et de faire. Il savoit qu'il y a un droit plus haut et plus sacré que celui que la fortune et l'orgueil imposent aux foibles et aux malheureux, et que ceux qui vivent sous la loi de Jésus-Christ doivent épargner, autant qu'ils peuvent, un sang consacré par le sien, et ménager des vies qu'il a rachetées par sa mort.

Il cherchoit à soumettre les ennemis, non pas à les perdre. Il eût voulu pouvoir attaquer sans nuire, se défendre sans offenser, et réduire au droit et à la justice ceux à qui il étoit obligé par devoir de faire violence.

Enfin, il s'étoit fait une espèce de morale militaire qui lui étoit propre. Il n'avoit pour toute passion que l'affection pour la gloire du roi, le desir de la paix, et le zéle du bien public. Il n'avoit pour ennemis que l'orgueil, l'injustice, et l'usurpation. Il s'étoit accoutumé à combattre sans colère, à vaincre sans ambition, à triompher sans vanité, et à ne suivre pour régle de ses actions que la vertu et la sagesse. C'est ce que je dois vous montrer dans cette seconde partie.

SECONDE PARTIE.

La valeur n'est qu'une force aveugle et impétueuse, qui se trouble et se précipite, si elle n'est éclairée et conduite par la probité et par la prudence; et le capitaine n'est pas accompli, s'il ne renferme en soi l'homme de bien et l'homme sage. Quelle discipline peut établir dans un camp celui qui ne sait régler ni son esprit ni sa conduite? Et comment saura calmer ou émouvoir, selon ses desseins, dans une armée, tant de passions différentes, celui qui ne sera pas maître des siennes? Aussi l'esprit de Dieu (¹) nous apprend, dans l'Écriture, que l'homme prudent l'emporte sur le courageux (²); que la sagesse vaut mieux que les armes des gens de guerre, et que celui qui est patient et modéré est quelquefois plus estimable que celui qui prend des villes et qui gagne des batailles.

Ici vous formez sans doute, messieurs, dans votre esprit, des idées plus nobles que celles que je puis vous donner. En parlant de M. de Turenne, je reconnois que je ne puis vous élever au-dessus de vous-mêmes, et le seul avantage que j'ai, c'est que je ne dirai rien que vous ne croyiez; et que, sans être flatteur, je puis dire de grandes choses. Y eut-il jamais homme plus sage et plus prévoyant, qui conduisît une guerre avec plus d'ordre et de jugement; qui eût plus de précautions et plus

(¹) Sap., c. vi. Eccli., c. ix.
(²) Prov., c. xvi.

de ressources; qui fût plus agissant et plus retenu; qui disposât mieux toutes choses à leur fin, et qui laissât mûrir ses entreprises avec tant de patience? Il prenoit des mesures presque infaillibles; et, pénétrant non seulement ce que les ennemis avoient fait, mais encore ce qu'ils avoient dessein de faire, il pouvoit être malheureux, mais il n'étoit jamais surpris. Il distinguoit le temps d'attaquer et le temps de défendre. Il ne hasardoit jamais rien que lorsqu'il avoit beaucoup à gagner, et qu'il n'avoit presque rien à perdre. Lors même qu'il sembloit céder, il ne laissoit pas de se faire craindre. Telle enfin étoit son habileté, que lorsqu'il vainquoit, on ne pouvoit en attribuer l'honneur qu'à sa prudence; et lorsqu'il étoit vaincu, on ne pouvoit en imputer la faute qu'à la fortune.

Souvenez-vous, messieurs, du commencement et des suites de la guerre, qui, n'étant d'abord qu'une étincelle, embrase aujourd'hui toute l'Europe. Tout se déclare contre la France. On soulève les étrangers, on débauche les alliés, on intimide les amis, on encourage les vaincus, on arme les envieux. Sur des craintes imaginaires et des défiances artificieusement inspirées, les intérêts sont confondus, la foi violée, et les traités méprisés. Il falloit, je l'avoue, pour résister à tant d'armées jointes ensemble contre nous, des troupes aussi vaillantes et des capitaines aussi expérimentés que les nôtres. Mais rien n'étoit si formidable que de voir toute l'Allemagne, ce grand et vaste corps, composé de tant de peuples et de nations différentes, déployer tous ses étendards, et marcher vers nos frontières pour nous accabler par la force, après nous avoir effrayés par la multitude.

Il falloit opposer à tant d'ennemis un homme d'un courage ferme et assuré, d'une capacité étendue, d'une expérience consommée, qui soutînt la réputation, et qui ménageât les forces du royaume; qui n'oubliât rien d'utile et de nécessaire, et ne fît rien de superflu; qui sût, selon les occasions, profiter de ses avantages, ou se relever de ses pertes; qui fût tantôt le bouclier, et tantôt l'épée de son pays; capable d'exécuter les ordres qu'il auroit reçus, et de prendre conseil de lui-même dans les rencontres.

Vous savez de qui je parle, messieurs; vous savez le détail de ce qu'il fit, sans que je le dise.

Avec des troupes, considérables seulement par leur courage et par la confiance qu'elles avoient en leur général, il arrête et consume deux grandes armées, et force à conclure la paix par des traités ceux qui croyoient venir terminer la guerre par notre entière et prompte défaite. Tantôt il s'oppose à la jonction de tant de secours ramassés, et rompt le cours de tous ces torrents qui auroient inondé la France. Tantôt il les défait ou les dissipe par des combats réitérés. Tantôt il les repousse au-delà de leurs rivières, et les arrête toujours par des coups hardis, quand il faut rétablir la réputation; par la modération, quand il ne faut que la conserver.

Villes, que nos ennemis s'étoient déja partagées, vous êtes encore dans l'enceinte de notre empire. Provinces, qu'ils avoient déja ravagées dans le desir et dans la pensée, vous avez encore recueilli vos moissons. Vous durez encore, places que l'art et la nature ont fortifiées, et qu'ils avoient dessein de démolir, et vous n'avez tremblé que sous des projets frivoles d'un vainqueur en idée, qui comptoit le nombre de nos soldats, et qui ne songeoit pas à la sagesse de leur capitaine.

Cette sagesse étoit la source de tant de prospérités éclatantes. Elle entretenoit cette union des soldats avec leur chef, qui rend une armée invincible; elle répandoit dans les troupes un esprit de force, de courage et de confiance, qui leur faisoit tout souffrir, tout entreprendre dans l'exécution de ses desseins; elle rendoit enfin des hommes grossiers capables de gloire : car, messieurs, qu'est-ce qu'une armée? c'est un corps animé d'une infinité de passions différentes, qu'un homme habile fait mouvoir pour la défense de la patrie : c'est une troupe d'hommes armés qui suivent aveuglément les ordres d'un chef, dont ils ne savent pas les intentions : c'est une multitude d'ames, pour la plupart viles et mercenaires, qui, sans songer à leur propre réputation, travaillent à celle des rois et des conquérants : c'est un assemblage confus de libertins qu'il faut assujettir à l'obéissance; de lâches qu'il faut mener au combat; de téméraires qu'il faut retenir; d'impatients qu'il faut accoutumer à la constance. Quelle prudence ne faut-il pas pour conduire et réunir au seul intérêt public tant de vues et de volontés différentes? Comment se faire craindre sans se mettre en danger d'être haï, et bien souvent abandonné? Comment se faire aimer, sans perdre un peu de l'autorité, et relâcher de la discipline nécessaire?

Qui trouva jamais mieux tous ces justes tempéraments, que ce prince que nous pleurons? Il attacha par des nœuds de respect et d'amitié ceux qu'on ne retient ordinairement que par la crainte des supplices, et se fit rendre par sa modération une obéissance aisée et volontaire. Il parle, chacun écoute ses oracles; il commande, chacun avec joie suit ses ordres; il marche, chacun croit courir à la gloire. On diroit qu'il va combattre des rois confédérés avec sa seule maison (¹), comme un autre Abraham; que ceux qui le suivent sont ses soldats et ses domestiques; et qu'il est et général et père de famille tout ensemble. Aussi rien ne peut soutenir leurs efforts : ils ne trouvent point d'obstacles qu'ils ne surmontent; point de difficultés qu'ils ne vainquent; point de péril qui les épouvante; point de travail qui les rebute; point d'entreprise qui les étonne; point de conquête qui leur pa-

(¹) Gen., 14.

roisse difficile. Que pouvoient-ils refuser à un capitaine qui renonçoit à ses commodités pour les faire vivre dans l'abondance, qui, pour leur procurer du repos, perdoit le sien propre, qui soulageoit leurs fatigues, et ne s'en épargnoit aucune, qui prodiguoit son sang, et ne ménageoit que le leur?

Par quelle invisible chaîne entraînoit-il ainsi les volontés? Par cette bonté avec laquelle il encourageoit les uns, il excusoit les autres, et donnoit à tous les moyens de s'avancer, de vaincre leur malheur, ou de réparer leurs fautes; par ce désintéressement qui le portoit à préférer ce qui étoit plus utile à l'état à ce qui pouvoit être plus glorieux pour lui-même; par cette justice qui, dans la distribution des emplois, ne lui permettoit pas de suivre son inclination au préjudice du mérite; par cette noblesse de cœur et de sentiments qui l'élevoit au-dessus de sa propre grandeur, et par tant d'autres qualités qui lui attiroient l'estime et le respect de tout le monde. Que j'entrerois volontiers dans les motifs et dans les circonstances de ses actions! Que j'aimerois à vous montrer une conduite si régulière et si uniforme, un mérite si éclatant et si exempt de faste et d'ostentation; de grandes vertus produites par des principes encore plus grands; une droiture universelle qui le portoit à s'appliquer à tous ses devoirs, et à les réduire tous à leurs fins justes et naturelles, et une heureuse habitude d'être vertueux, non pas pour l'honneur, mais pour la justice qu'il y a de l'être! Mais il ne m'appartient pas de pénétrer jusqu'au fond de ce cœur magnanime; et il étoit réservé à une bouche plus éloquente que la mienne [1] d'en exprimer tous les mouvements et toutes les inclinations intérieures.

Pour récompenser tant de vertus par quelque honneur extraordinaire, il falloit trouver un grand roi qui crût ignorer quelque chose, et qui fût capable de l'avouer. Loin d'ici ces flatteuses maximes que les rois naissent habiles, et que les autres le deviennent; que leurs ames privilégiées sortent des mains de Dieu qui les crée, toutes sages et intelligentes; qu'il n'y a point pour eux d'essai ni d'apprentissage; qu'ils sont vertueux sans travail, et prudents sans expérience. Nous vivons sous

---

[1] Mascaron, alors évêque de Tulle.

un prince qui, tout grand et tout éclairé qu'il est, a bien voulu s'instruire pour commander; qui, dans la route de la gloire, a su choisir un guide fidèle, et a cru qu'il étoit de sa sagesse de se servir de celle d'autrui. Quel honneur pour un sujet d'accompagner son roi, de lui servir de conseil, et, si je l'ose dire, d'exemple, dans une importante conquête! Honneur d'autant plus grand, que la faveur n'y put avoir part; qu'il ne fut fondé que sur un mérite universellement connu, et qu'il fut suivi de la prise des villes les plus considérables de la Flandre[1].

Après cette glorieuse marque d'estime et de confiance, quels projets d'établissement et de fortune n'auroit pas faits un homme avare et ambitieux! Qu'il eût amassé de biens et d'honneurs, et qu'il eût vendu chèrement tant de travaux et de services! Mais cet homme sage et désintéressé, content des témoignages de sa conscience, et riche de sa modération, trouve dans le plaisir qu'il a de bien faire la récompense d'avoir bien fait. Quoiqu'il puisse tout obtenir, il ne demande et ne prétend

[1] Charleroi, Douai, Tournai, Ath, Lille, etc.

rien; il ne desire, à l'exemple de Salomon (¹), qu'un état frugal et honnête entre la pauvreté et les richesses; et, quelques offres qu'on lui fasse, il n'étend ses desirs qu'à proportion de ses besoins, et se resserre dans les bornes étroites du seul nécessaire. Il n'y eut qu'une ambition qui fut capable de le toucher, ce fut de mériter l'estime et la bienveillance de son maître. Cette ambition fut satisfaite, et notre siècle a vu un sujet aimer son roi pour ses grandes qualités, non pour sa dignité ni pour sa fortune; et un roi aimer son sujet plus pour le mérite qu'il connoissoit en lui, que pour les services qu'il en recevoit.

Cet honneur, messieurs, ne diminua point sa modestie. A ce mot, je ne sais quel remords m'arrête. Je crains de publier ici des louanges qu'il a si souvent rejetées, et d'offenser après sa mort une vertu qu'il a tant aimée pendant sa vie. Mais accomplissons la justice, et louons-le sans crainte, en un temps où nous ne pouvons être suspects de flatterie, ni lui susceptible de vanité. Qui fit jamais de si grandes choses? qui les dit avec plus de rete-

---

(¹) Prov., c. xxx.

nue? Remportoit-il quelque avantage, à l'entendre, ce n'étoit pas qu'il fût habile, mais l'ennemi s'étoit trompé. Rendoit-il compte d'une bataille, il n'oublioit rien, sinon que c'étoit lui qui l'avoit gagnée. Racontoit-il quelques unes de ces actions qui l'avoient rendu si célèbre, on eût dit qu'il n'en avoit été que le spectateur, et l'on doutoit si c'étoit lui qui se trompoit ou la renommée. Revenoit-il de ces glorieuses campagnes qui rendront son nom immortel, il fuyoit les acclamations populaires, il rougissoit de ses victoires, il venoit recevoir des éloges comme on vient faire des apologies, et n'osoit presque aborder le roi, parcequ'il étoit obligé, par respect, de souffrir patiemment les louanges dont sa majesté ne manquoit jamais de l'honorer.

C'est alors que, dans le doux repos d'une condition privée, ce prince se dépouillant de toute la gloire qu'il avoit acquise pendant la guerre, et se renfermant dans une société peu nombreuse de quelques amis choisis, il s'exerçoit sans bruit aux vertus civiles : sincère dans ses discours, simple dans ses actions, fidéle dans ses amitiés, exact dans ses devoirs, réglé dans ses desirs, grand même dans les moindres choses. Il se cache, mais sa réputation le découvre; il marche sans suite et sans équipage, mais chacun dans son esprit le met sur un char de triomphe. On compte, en le voyant, les ennemis qu'il a vaincus, non pas les serviteurs qui le suivent; tout seul qu'il est, on se figure autour de lui ses vertus et ses victoires qui l'accompagnent: il y a je ne sais quoi de noble dans cette honnête simplicité; et moins il est superbe, plus il devient vénérable.

Il auroit manqué quelque chose à sa gloire, si, trouvant par-tout tant d'admirateurs, il n'eût fait quelques envieux. Telle est l'injustice des hommes: la gloire la plus pure et la mieux acquise les blesse; tout ce qui s'élève au-dessus d'eux leur devient odieux et insupportable; et la fortune la plus approuvée et la plus modeste n'a pu se sauver de cette lâche et maligne passion. C'est la destinée des grands hommes d'en être attaqués, et c'est le privilège de M. de Turenne d'avoir pu la vaincre. L'envie fut étouffée, ou par le mépris qu'il en fit, ou par des accroissements perpétuels d'honneur et de gloire: le mérite l'avoit fait naître, le mérite la fit mourir. Ceux qui lui étoient moins favorables ont reconnu combien il étoit nécessaire à l'état; ceux qui ne pouvoient souffrir son élévation se crurent enfin obligés d'y consentir; et n'osant s'affliger de la prospérité d'un homme qui ne leur auroit jamais donné la misérable consolation de se réjouir de quelqu'une de ses fautes, ils joignirent leurs voix à la voix publique, et crurent qu'être son ennemi, c'étoit l'être de toute la France.

Mais à quoi auroient abouti tant de qualités héroïques, si Dieu n'eût fait éclater sur lui la puissance de sa grace, et si celui dont sa providence s'étoit si noblement servie eût été l'objet éternel de sa justice? Dieu seul pouvoit dissiper ses ténèbres, et il tenoit en sa puissance l'heureux moment qu'il avoit marqué pour l'éclairer de ses vérités.

Il arriva ce moment heureux, ce point où se rapportoit toute sa véritable gloire. Il entrevit des pièges et des précipices que sa prévention lui avoit jusques alors entièrement cachés. Il commença à marcher avec précaution et avec crainte dans ces routes égarées où il se trouvoit engagé. Certains rayons de graces et de lumières lui firent apercevoir qu'en vain rempliroit-il les plus beaux endroits de l'histoire, si son nom n'étoit écrit dans le livre de vie; qu'en vain gagneroit-il le monde entier, s'il perdoit son ame; qu'il n'y avoit qu'une foi et un Jésus-Christ, et une vérité simple et indivisible, qui ne se montre qu'à ceux qui la cherchent avec un cœur humble et une volonté désintéressée. Il n'étoit pas encore éclairé; mais il commençoit d'être docile. Combien de fois consulta-t-il des amis savants et fidèles? Combien de fois, soupirant après ces lumières vives et efficaces, qui seules triomphent des erreurs de l'esprit humain, dit-il à Jésus-Christ, comme cet aveugle de l'Évangile : « Seigneur, faites que je voie ([1])? » Combien de fois essaya-t-il d'une main impuissante d'arracher le bandeau fatal qui fermoit ses yeux à la vérité? Combien de fois remonta-t-il jusqu'à ces sources anciennes et pures, que Jésus-Christ a laissées à son Église, pour y puiser avec joie les eaux d'une doctrine salutaire?

Habitude, prétextes, engagement, honte de changer, plaisir d'être regardé comme le chef et le protecteur d'Israël, vaines et spé-

---

([1]) Marc, c. x.

cieuses raisons de la chair et du sang, vous ne pûtes le retenir. Dieu rompit tous ses liens, et, le mettant dans la liberté de ses enfants, le fit passer de la région des ténèbres au royaume de son fils bien-aimé, à qui il appartenoit par son élection éternelle. Ici un nouvel ordre de choses se présente à moi. Je vois de plus grandes actions, de plus nobles motifs, une protection de Dieu plus visible. Je parle désormais d'une sagesse que la véritable piété accompagne, et d'un courage que l'esprit de Dieu fortifie. Renouvelez donc votre attention en cette dernière partie de mon discours, et suppléez dans vos pensées à ce qui manquera à mes expressions et à mes paroles.

TROISIÈME PARTIE.

Si M. de Turenne n'avoit su que combattre et vaincre; s'il ne s'étoit élevé au-dessus des vertus humaines; si sa valeur et sa prudence n'avoient été animées d'un esprit de foi et de charité, je le mettrois au rang des Scipion et des Fabius, je laisserois à la vanité le soin d'honorer la vanité, et je ne viendrois pas dans un lieu saint faire l'éloge d'un homme profane. S'il avoit fini ses jours dans l'aveuglement et dans l'erreur, je louerois en vain des vertus que Dieu n'auroit pas couronnées : je répandrois des larmes inutiles sur son tombeau ; et si je parlois de sa gloire, ce ne seroit que pour déplorer son malheur. Mais, grace à Jésus-Christ, je parle d'un chrétien éclairé des lumières de la foi, agissant par les principes d'une religion pure, et consacrant par une sincère piété tout ce qui peut flatter l'ambition ou l'orgueil des hommes. Ainsi les louanges que je lui donne retournent à Dieu, qui en est la source; et, comme c'est la vérité qui l'a sanctifié, c'est aussi la vérité qui le loue.

Que sa conversion fut entière, messieurs ! et qu'il fut différent de ceux qui, sortant de l'hérésie par des vues intéressées, changent de sentiments sans changer de mœurs; n'entrent dans le sein de l'Église que pour la blesser de plus près par une vie scandaleuse, et ne cessent d'être ennemis déclarés qu'en devenant enfants rebelles ! Quoique son cœur se fût sauvé des déréglements que causent d'ordinaire les passions, il prit encore plus de soin de le régler; il crut que l'innocence de sa vie devoit répondre à la pureté de sa créance. Il connut la vérité, il l'aima, il la suivit. Avec quel humble respect assistoit-il aux sacrés mystères! Avec quelle docilité écoutoit-il les instructions salutaires des prédicateurs évangéliques! Avec quelle soumission adoroit-il les œuvres de Dieu, que l'esprit humain ne peut comprendre! Vrai adorateur en esprit et en vérité, cherchant le Seigneur, selon le conseil du Sage(¹), dans la simplicité du cœur, ennemi irréconciliable de l'impiété, éloigné de toute superstition, et incapable d'hypocrisie.

A peine a-t-il embrassé la saine doctrine, qu'il en devient le défenseur; aussitôt qu'il est revêtu des armes de lumière, il combat les œuvres de ténèbres; il regarde en tremblant l'abyme d'où il est sorti, et il tend la main à ceux qu'il y a laissés. On diroit qu'il est chargé de ramener dans le sein de l'Église tous ceux que le schisme en a séparés : il les invite par ses conseils, il les attire par ses bienfaits, il les presse par ses raisons, il les convainc par ses expériences; il leur fait voir les écueils où la raison humaine fait tant de naufrages, et leur

(¹) Sap. I.

montre derrière lui, selon les termes de saint Augustin, le pont de la miséricorde de Dieu, par où il vient de passer lui-même. Tantôt il allume le zèle des docteurs, et les exhorte d'opposer au faste du mensonge la force de la vérité. Tantôt il leur découvre ces voies douces et insinuantes qui gagnent le cœur pour gagner l'esprit. Tantôt il fournit, selon son pouvoir, les fonds nécessaires pour assister ceux qui abandonnent tout pour suivre Jésus-Christ qui les appelle. Vous le savez, évêques confidents de son zèle ; tout occupé qu'il est dans le cours de ses dernières actions de guerre, il concerte avec vous des entreprises de religion, et n'oublie rien de ce qui peut contribuer ou à instruire ceux qu'une longue prévention aveugle, ou à gagner ceux que la cupidité et l'intérêt retiennent encore dans leurs erreurs ; digne fils de cette Église dont la charité s'étend à tout, à l'imitation de celle de Dieu, et qui procure à ses enfants, outre l'héritage éternel, le soulagement même de leurs nécessités temporelles.

Telle étoit la disposition de son ame, messieurs, lorsque la providence de Dieu permit que le roi, justement irrité, allât porter la guerre au milieu des états d'une république injuste et ingrate, et fît sentir la force de ses armes à ceux qui méprisoient ses bienfaits, et qui vouloient s'opposer à sa gloire. Ce fut alors que notre héros reprit les armes, et qu'à la suite de son maître, et à la tête de ses armées, il exposa son sang dans une guerre non seulement heureuse, mais sainte, où la victoire avoit peine à suivre la rapidité du vainqueur, et où Dieu triomphoit avec le prince. Quelle étoit sa joie, lorsque, après avoir forcé des villes (¹), il voyoit son illustre neveu, plus éclatant par ses vertus que par sa pourpre, ouvrir et réconcilier des Églises! Sous les ordres d'un roi aussi pieux que puissant, l'un faisoit prospérer les armes, l'autre étendoit la religion : l'un abattoit des remparts, l'autre redressoit des autels : l'un ravageoit les terres des Philistins, l'autre portoit l'arche autour des pavillons d'Israël : puis, unissant ensemble leurs vœux, comme leurs cœurs étoient unis, le neveu avoit part aux services que l'oncle rendoit à l'état, et l'oncle avoit part à ceux que le neveu rendoit à l'Église.

(¹) Arnheim, Nimègue, les forts de Buritk, de Skein, etc.

Suivons ce prince dans ses dernières campagnes, et regardons tant d'entreprises difficiles, tant de succès glorieux, comme des preuves de son courage et des récompenses de sa piété. Commencer ses journées par la prière, réprimer l'impiété et les blasphèmes, protéger les personnes et les choses saintes contre l'insolence et l'avarice des soldats, invoquer dans tous les dangers le Dieu des armées, c'est le devoir et le soin ordinaire de tous les capitaines. Pour lui, il passe plus avant. Lors même qu'il commande aux troupes, il se regarde comme un simple soldat de Jésus-Christ; il sanctifie les guerres par la pureté de ses intentions, par le desir d'une heureuse paix, par les lois d'une discipline chrétienne; il considère ses soldats comme ses frères, et se croit obligé d'exercer la charité dans une profession cruelle où l'on perd souvent l'humanité même. Animé par de si grands motifs, il se surpasse lui-même, et fait voir que le courage devient plus ferme quand il est soutenu par des principes de religion; qu'il y a une pieuse magnanimité qui attire les bons succès, malgré les périls et les obstacles, et qu'un guerrier est invincible quand il combat avec foi, et quand il prête des mains pures au Dieu des batailles qui le conduit.

Comme il tient de Dieu toute sa gloire, aussi la lui rapporte-t-il tout entière, et ne conçoit autre confiance que celle qui est fondée sur le nom du Seigneur. Que ne puis-je vous représenter ici une de ces importantes occasions(¹) où il attaque avec peu de troupes toutes les forces de l'Allemagne! il marche trois jours, passe trois rivières, joint les ennemis, les combat et les charge. Le nombre d'un côté, la valeur de l'autre, la fortune est long-temps douteuse. Enfin le courage arrête la multitude; l'ennemi s'ébranle et commence à plier. Il s'élève une voix qui crie: Victoire! Alors ce général suspend toute l'émotion que donne l'ardeur du combat, et d'un ton sévère: « Arrêtez, dit-il, notre sort n'est pas en nos « mains, et nous serons nous-mêmes vaincus, « si le Seigneur ne nous favorise. » A ces mots il lève les yeux au ciel d'où lui vient son secours, et, continuant à donner ses ordres, il attend avec soumission, entre l'espérance et la crainte, que les ordres du ciel s'exécutent.

(¹) Combat d'Entzheim.

Qu'il est difficile, messieurs, d'être victorieux et d'être humble tout ensemble! Les prospérités militaires laissent dans l'ame je ne sais quel plaisir touchant, qui la remplit et l'occupe tout entière. On s'attribue une supériorité de puissance et de force; on se couronne de ses propres mains; on se dresse un triomphe secret à soi-même; on regarde comme son propre bien ces lauriers qu'on cueille avec peine, et qu'on arrose souvent de son sang; et lors même qu'on rend à Dieu de solennelles actions de graces, et qu'on pend aux voûtes sacrées de ses temples des drapeaux déchirés et sanglants qu'on a pris sur les ennemis, qu'il est dangereux que la vanité n'étouffe une partie de la reconnoissance, qu'on ne mêle aux vœux qu'on rend au Seigneur des applaudissements qu'on croit se devoir à soi-même, et qu'on ne retienne au moins quelques grains de cet encens qu'on va brûler sur ses autels!

C'étoit en ces occasions que M. de Turenne, se dépouillant de lui-même, renvoyoit toute la gloire à celui à qui seul elle appartient légitimement. S'il marche, il reconnoît que c'est Dieu qui le conduit et qui le guide: s'il défend des places, il sait qu'on les défend en vain, si Dieu ne les garde : s'il se retranche, il lui semble que c'est Dieu qui lui fait un rempart pour le mettre à couvert de toute insulte : s'il combat, il sait d'où il tire toute sa force ; et s'il triomphe, il croit voir dans le ciel une main invisible qui le couronne. Rapportant ainsi toutes les graces qu'il reçoit à leur origine, il en attire de nouvelles. Il ne compte plus les ennemis qui l'environnent ; et, sans s'étonner de leur nombre ou de leur puissance, il dit avec le prophète : « Ceux-là se fient au « nombre de leurs combattants et de leurs cha- « riots ; pour nous, nous nous reposons sur la « protection du Tout-Puissant[1]. » Dans cette fidèle et juste confiance, il redouble son ardeur, forme de grands desseins, exécute de grandes choses, et commence une campagne qui sembloit devoir être si fatale à l'Empire.

Il passe le Rhin, et trompe la vigilance d'un général habile et prévoyant. Il observe les mouvements des ennemis. Il relève le courage des alliés. Il ménage la foi suspecte et chancelante des voisins. Il ôte aux uns la vo-

[1] Ps. 19.

lonté, aux autres les moyens de nuire; et, profitant de toutes ces conjonctures importantes qui préparent les grands et glorieux événements, il ne laisse rien à la fortune de ce que le conseil et la prudence humaine lui peuvent ôter. Déja frémissoit dans son camp l'ennemi confus et déconcerté; déja prenoit l'essor, pour se sauver dans les montagnes, cet aigle dont le vol hardi avoit d'abord effrayé nos provinces. Ces foudres de bronze que l'enfer a inventés pour la destruction des hommes tonnoient de tous côtés pour favoriser et pour précipiter cette retraite; et la France en suspens attendoit le succès d'une entreprise qui, selon toutes les régles de la guerre, étoit infaillible.

Hélas! nous savions tout ce que nous pouvions espérer, et nous ne pensions pas à ce que nous devions craindre. La providence divine nous cachoit un malheur plus grand que la perte d'une bataille. Il en devoit coûter une vie que chacun de nous eût voulu racheter de la sienne propre; et tout ce que nous pouvions gagner ne valoit pas ce que nous allions perdre. O Dieu terrible, mais juste en vos conseils sur les enfants des hommes, vous disposez et des vainqueurs et des victoires(¹)! Pour accomplir vos volontés et faire craindre vos jugements, votre puissance renverse ceux que votre puissance avoit élevés. Vous immolez à votre souveraine grandeur de grandes victimes, et vous frappez quand il vous plaît ces têtes illustres que vous avez tant de fois couronnées.

N'attendez pas, messieurs, que j'ouvre ici une scène tragique, que je représente ce grand homme étendu sur ses propres trophées, que je découvre ce corps pâle et sanglant auprès duquel fume encore la foudre qui l'a frappé, que je fasse crier son sang comme celui d'Abel, et que j'expose à vos yeux les tristes images de la religion et de la patrie éplorée. Dans les pertes médiocres on surprend ainsi la pitié des auditeurs; et, par des mouvements étudiés, on tire au moins de leurs yeux quelques larmes vaines et forcées. Mais on décrit sans art une mort qu'on pleure sans feinte. Chacun trouve en soi la source de sa douleur, et rouvre lui-même sa plaie; et le cœur, pour être touché, n'a pas besoin que l'imagination soit émue.

(¹) Ps. 65.

Peu s'en faut que je n'interrompe ici mon discours. Je me trouble, messieurs; Turenne meurt: tout se confond, la fortune chancelle, la victoire se lasse, la paix s'éloigne, les bonnes intentions des alliés se ralentissent, le courage des troupes est abattu par la douleur et ranimé par la vengeance; tout le camp demeure immobile. Les blessés pensent à la perte qu'ils ont faite, et non pas aux blessures qu'ils ont reçues. Les pères mourants envoient leurs fils pleurer sur leur général mort. L'armée en deuil est occupée à lui rendre les devoirs funèbres; et la renommée, qui se plaît à répandre dans l'univers les accidents extraordinaires, va remplir toute l'Europe du récit glorieux de la vie de ce prince, et du triste regret de sa mort.

Que de soupirs alors! que de plaintes! que de louanges retentissent dans les villes, dans la campagne! L'un, voyant croître ses moissons, bénit la mémoire de celui à qui il doit l'espérance de sa récolte; l'autre, qui jouit encore en repos de l'héritage qu'il a reçu de ses pères, souhaite une éternelle paix à celui qui l'a sauvé des désordres et des cruautés de la guerre. Ici l'on offre le sacrifice adorable de Jésus-Christ pour l'ame de celui qui a sacrifié sa vie et son sang pour le bien public; là on lui dresse une pompe funèbre, où l'on s'attendoit de lui dresser un triomphe. Chacun choisit l'endroit qui lui paroît le plus éclatant dans une si belle vie. Tous entreprennent son éloge; et chacun s'interrompant lui-même par ses soupirs et par ses larmes admire le passé, regrette le présent, et tremble pour l'avenir. Ainsi tout le royaume pleure la mort de son défenseur; et la perte d'un homme seul est une calamité publique.

Pourquoi, mon Dieu, si j'ose répandre mon ame en votre présence et parler à vous, moi qui ne suis que poussière et que cendre, pourquoi le perdons-nous dans la nécessité la plus pressante, au milieu de ses grands exploits, au plus haut point de sa valeur, dans la maturité de sa sagesse? Est-ce qu'après tant d'actions dignes de l'immortalité il n'avoit plus rien de mortel à faire? Ce temps étoit-il arrivé où il devoit recueillir le fruit de tant de vertus chrétiennes, et recevoir de vous la couronne de justice que vous gardez à ceux qui ont fourni une glorieuse carrière? Peut-être avions-nous mis en lui trop de confiance, et vous nous défendez dans vos Écritures (¹) de nous faire un bras de chair, et de nous confier aux enfants des hommes. Peut-être est-ce une punition de notre orgueil, de notre ambition, de nos injustices. Comme il s'élève du fond des vallées des vapeurs grossières dont se forme la foudre qui tombe sur les montagnes, il sort du cœur des peuples des iniquités dont vous déchargez les châtiments sur la tête de ceux qui les gouvernent ou qui les défendent. Je ne viens pas, Seigneur, sonder les abymes de vos jugements, ni découvrir ces ressorts secrets et invisibles qui font agir votre miséricorde ou votre justice : je ne veux et ne dois que les adorer. Mais vous êtes juste : vous nous affligez ; et dans un siècle aussi corrompu que le nôtre, nous ne devons chercher ailleurs que dans le déréglement de nos mœurs toutes les causes de nos misères.

Tirons donc, messieurs, tirons de notre douleur des motifs de pénitence, et ne cherchons qu'en la piété de ce grand homme de vraies et solides consolations. Citoyens, étrangers, ennemis, peuples, rois, empereurs, le

---

(¹) Paral., lib. II, c. xxxii.

plaignent et le révèrent: mais que peuvent-ils contribuer à son véritable bonheur? Son roi même, et quel roi! l'honore de ses regrets et de ses larmes: grande et précieuse marque de tendresse et d'estime pour un sujet, mais inutile pour un chrétien. Il vivra, je l'avoue, dans l'esprit et dans la mémoire des hommes (1): mais l'Écriture m'apprend que ce que l'homme pense (2), et l'homme lui-même, n'est que vanité. Un magnifique tombeau renfermera ses tristes dépouilles; mais il sortira de ce superbe monument, non pour être loué de ses exploits héroïques, mais pour être jugé selon ses bonnes ou mauvaises œuvres. Ses cendres seront mêlées avec celles de tant de rois qui gouvernèrent ce royaume, qu'il a si généreusement défendu; mais, après tout, que leur reste-t-il, à ces rois non plus qu'à lui, des applaudissements du monde, de la foule de leur cour, de l'éclat et de la pompe de leur fortune, qu'un silence éternel, une solitude affreuse, et une terrible attente des jugements de Dieu, sous ces marbres précieux qui les couvrent? Que le monde honore donc comme

---

(1) Ps. 93. — (2) Ps. 38.

il voudra les grandeurs humaines, Dieu seul est la récompense des vertus chrétiennes.

O mort trop soudaine, et pourtant par la miséricorde du Seigneur depuis long-temps prévue, combien de paroles édifiantes, combien de saints exemples nous as-tu ravis! Nous eussions vu, quel spectacle! au milieu des victoires et des triomphes mourir humblement un chrétien. Avec quelle attention eût-il employé ses derniers moments à pleurer intérieurement ses erreurs passées, à s'anéantir devant la majesté de Dieu, et à implorer le secours de son bras, non plus contre des ennemis visibles, mais contre ceux de son salut? Sa foi vive et sa charité fervente nous auroient sans doute touchés; et il nous resteroit un modèle d'une confiance sans présomption, d'une crainte sans foiblesse, d'une pénitence sans artifice, d'une constance sans affectation, et d'une mort précieuse devant Dieu et devant les hommes.

Ces conjectures ne sont-elles pas justes, messieurs? Que dis-je, conjectures! C'étoient des desseins formés. Il avoit résolu de vivre aussi saintement que je présume qu'il fût mort. Prêt à jeter toutes ses couronnes au pied du trône de Jésus-Christ, comme ces vainqueurs de l'Apocalypse; prêt à ramasser toute sa gloire, pour s'en dépouiller par une retraite volontaire, il n'étoit déja plus du monde, quoique la Providence l'y retînt encore. Dans le tumulte des armées il s'entretenoit des douces et secrètes espérances de sa solitude. D'une main il foudroyoit les Amalécites, et il levoit déja l'autre pour attirer sur lui les bénédictions célestes. Ce Josué, dans le combat, faisoit déja la fonction de Moïse sur la montagne, et, sous les armes d'un guerrier, portoit le cœur et la volonté d'un pénitent.

Seigneur, qui éclairez les plus sombres replis de nos consciences, et qui voyez dans nos plus secrètes intentions ce qui n'est pas encore, comme ce qui est, recevez dans le sein de votre gloire cette ame qui bientôt n'eût été occupée que des pensées de votre éternité. Recevez ces desirs que vous lui aviez vous-même inspirés. Le temps lui a manqué, et non pas le courage de les accomplir. Si vous demandez des œuvres avec ses desirs, voilà des charités qu'il a faites, ou destinées pour le soulagement et pour le salut de ses frères;

voilà des ames égarées qu'il a ramenées à vous par ses assistances, par ses conseils, par son exemple; voilà ce sang de votre peuple, qu'il a tant de fois épargné; voilà ce sang qu'il a si généreusement répandu pour nous; et, pour dire encore plus, voilà le sang que Jésus-Christ a versé pour lui.

Ministres du Seigneur, achevez le saint sacrifice. Chrétiens, redoublez vos vœux et vos prières, afin que Dieu, pour récompense de ses travaux, l'admette dans le séjour du repos éternel, et donne dans le ciel une paix sans fin à celui qui nous en a trois fois procuré une sur la terre, passagère à la vérité, mais toujours douce et toujours desirable.

ORAISON FUNÈBRE

DE M. LE PREMIER PRÉSIDENT

DE LAMOIGNON,

prononcée à Paris, dans l'église de Saint-Nicolas-du-Chardonnet, le 18 février 1679.

Diligite justitiam, qui judicatis terram : sentite de Domino in bonitate, et in simplicitate cordis quærite illum.

Aimez la justice, juges de la terre : ayez des sentiments conformes à la bonté de Dieu, et cherchez-le dans la simplicité du cœur.   Sap., c. 1, v. 1.

Je ne viens pas ici, messieurs, renouveler dans vos esprits le triste souvenir d'une mort que vous avez déja pleurée. Laissons aux infidèles ces longues et sensibles douleurs que la religion ne modère pas. Comme leurs pertes sont irréparables, leur tristesse peut être sans bornes; et comme ils n'ont point d'espérance, ils n'ont pas aussi de consolation. Pour nous, à qui Dieu par sa grace a révélé ses vérités, nous avons lu dans ses Écritures [1] qu'il y a

---

[1] Eccl., 3. Ps. 79. Eccl., 12.

un temps de pleurer, et une mesure de larmes; que le soleil, qui ne doit jamais se coucher sur notre colère, ne doit pas se coucher plus de sept fois sur notre affliction, et que la même charité qui nous fait regretter la mort des fidèles nous fait espérer leur résurrection, et nous invite à nous réjouir de leur bonheur.

Pourquoi rouvrirois-je donc une plaie que le temps et la raison doivent avoir déja fermée? N'attendez pas, messieurs, que je déplore ici le néant et la misère des hommes; je ne viens que louer la grandeur et la miséricorde du Seigneur. Je veux vous apprendre à chercher Dieu, dont la durée est éternelle, et non pas vous affliger pour des créatures qui finissent; et dans l'éloge que j'entreprends de messire Guillaume de Lamoignon, premier président du parlement, ce n'est pas mon dessein d'exagérer la perte que vous avez faite d'un homme juste, mais de vous porter à aimer comme lui la justice, *diligite justitiam*.

Dans ces jours de trouble et de deuil où l'on se sent comme frappé du spectacle sensible d'une mort récente et inopinée, on se renferme tout en soi-même, et l'on s'occupe de sa douleur. Si l'on fait quelques réflexions, c'est en général sur l'inconstance et sur la vanité des choses humaines, sans descendre jusqu'à ses propres défauts ou à ses infirmités particulières. On cherche à se consoler plutôt qu'à s'instruire; et si l'on parle des bonnes œuvres de ceux qui sont morts, c'est pour justifier les larmes qu'on verse pour eux, plutôt que pour profiter de leurs exemples. Mais il est temps de nous élever par la foi au-dessus des foiblesses de la nature. C'est peu de reconnoître la nécessité de mourir, l'importance même de bien mourir, si l'on n'en tire des motifs et des conséquences pour bien vivre; et c'est en vain qu'on croit honorer la mémoire des gens de bien qui sont décédés, si l'on ne va recueillir les restes de leur esprit sur ces tombeaux où l'on rend des honneurs funèbres aux tristes dépouilles de leur corps mortel.

C'est dans cette vue, messieurs, que je dois vous représenter aujourd'hui un magistrat qui n'a rien ignoré ni rien négligé dans son ministère, et qu'aucun intérêt ne détourna jamais du droit chemin de l'équité; un homme doux et secourable, qui a su tempérer l'austé-

rité des lois et de la justice par tous les adoucissements qu'inspirent la miséricorde et la charité; un chrétien qui a consacré ses vertus morales et politiques par une piété simple et sincère. Je laisse à Dieu, qui seul est le maître du cœur des hommes, et qui les touche quand il veut par l'efficace qu'il donne aux bons exemples, à graver dans vos cœurs ces sentiments de droiture, de bonté, et de religion, que je vous propose. Pour moi, je ne puis que vous redire de sa part ces paroles de mon texte : « Aimez la justice; ayez des senti-
« ments conformes à la bonté du Seigneur, et
« cherchez-le dans la simplicité du cœur. »

PREMIÈRE PARTIE.

Dieu, dont la providence destine les juges pour gouverner son peuple, comme elle destine les prêtres pour le sanctifier, et qui conduit les uns et les autres par les sentiers de sa justice et par la voie de sa vérité; Dieu, messieurs, disposa lui-même, par une heureuse naissance, M. de Lamoignon à porter ses lois et à exercer ses jugements dans le plus auguste sénat du monde.

Il naquit d'une des plus nobles et des plus anciennes maisons du Nivernois, qui, après s'être distinguée dans les emplois militaires, avant le règne même de saint Louis, entrant depuis, sous Henri II, dans les premières dignités de la robe, a soutenu dans le parlement la gloire qu'elle avoit acquise dans les armées; et, quoiqu'elle ait changé de profession, elle n'a rien diminué de l'éclat et de la grandeur de son origine: semblable à ces fleuves qui, trouvant de nouvelles pentes et se creusant avec le temps un nouveau canal, vont arroser d'autres campagnes, et ne perdent rien de l'abondance ni de la pureté de leurs eaux, encore qu'ils aient changé de lit et de rivage.

Mais ne louons de sa naissance que ce qu'il en loua lui-même, et disons qu'il sortoit d'une famille où l'on ne semble naître que pour exercer la justice et la charité, où la vertu se communique avec le sang, s'entretient par les bons conseils, s'excite par les grands exemples; où les pères ont plus de soin du salut de leurs héritiers que de l'accroissement de leurs héritages; où les enfants aiment mieux succéder à la probité qu'à la fortune de leurs pères; et où la crainte de Dieu, la miséricorde, et la paix, sont les règles de la discipline domestique.

Privé dans ses jeunes ans de l'instruction et des secours d'un père dont il n'avoit fait qu'entrevoir les bons exemples, et dont il devoit long-temps ressentir la perte, il demeura sous la conduite d'une mère que les pauvres avoient toujours regardée comme la leur. Aussi la tendresse qu'elle eut pour l'un ne diminua pas la pitié qu'elle avoit des autres : elle crut que ses aumônes ne seroient pas infructueuses; qu'elle recueilleroit dans sa famille ce qu'elle semoit dans les hôpitaux; qu'ayant soin des pauvres de Jésus-Christ, Jésus-Christ auroit soin de ses enfants; et qu'elle ne pouvoit leur apprendre rien de plus important que les maximes évangéliques, ni leur laisser un bien plus solide que la succession de sa charité.

Ses espérances ne furent pas trompées, messieurs : Dieu présida lui-même à l'éducation de ce fils qu'elle lui avoit tant de fois offert. Il le prévint de ses bénédictions spirituelles, et lui fit éviter par sa grace ces dangereuses passions qui sont comme les écueils où l'ardeur de l'âge, la licence du siècle, la corruption de la nature, le mauvais exemple, et souvent le mauvais conseil, poussent une jeunesse inconsidérée.

Aussi remarqua-t-on bientôt en lui tout ce qui fait les grands magistrats : un cœur docile pour recevoir les impressions de la vérité, noble pour s'élever au-dessus des passions et des intérêts, tendre pour assister les malheureux, ferme pour résister à l'iniquité; un esprit avide de tout savoir, et capable de tout apprendre; prompt à concevoir les matières les plus élevées; heureux à les exprimer quand il les avoit une fois conçues; discernant non seulement le bon d'avec le mauvais, mais encore le meilleur d'avec le bon; appliqué à examiner les difficultés et à les résoudre; à chercher la vérité, et à la suivre après qu'il l'avoit découverte; à connoître tout, et à tirer toujours quelque fruit de ses connoissances. Cette sagesse avancée le fit dispenser des règles ordinaires de l'âge. On connut la maturité de son jugement, et l'on ne compta pas le nombre de ses années; il s'assit à dix-huit ans avec les anciens d'Israël, et se mit à juger comme eux les différents qui naissent parmi le peuple.

Ne croyez pas, messieurs, qu'il fût entré sans vocation dans le sanctuaire de la justice; il savoit que les premières lois qu'il faut étudier sont celles de la Providence; que la judicature est une espéce de sacerdoce où il n'est pas permis de s'engager sans l'ordre du ciel; et que Jésus-Christ n'a pas moins été fait juge que pontife par son père. Aussi, avant que d'entrer dans les charges, il voulut en connoître les devoirs. Le premier tribunal où il monta fut celui de sa conscience, pour y sonder le fond de ses intentions. Il n'écouta ni l'orgueil, ni l'ambition, ni l'avarice. Il consulta Dieu, à qui appartient le conseil et l'équité; et Dieu lui marqua la route qu'il vouloit lui faire suivre.

Ce fut alors que se considérant dans une profession où les questions sont si différentes, et les droits si difficiles à démêler, où l'on décide des biens, de l'honneur et de la vie des hommes, et où les fautes ne sont jamais petites, et sont presque toujours irréparables, il ne craignit rien tant que l'erreur dans ses jugements. Il passa les jours et les nuits à l'étude: et quels progrès n'y fait-on pas quand on soutient de longues veilles par la santé et par la constance; quand, outre ses propres lumières, on a le conseil et la communication des grands hommes, et quand on joint à l'assiduité du travail la facilité du génie? Il auroit cru manquer à la partie la plus essentielle de son état, si, comme il sentoit ses intentions droites, il ne les rendoit éclairées. Aussi disoit-il ordinairement qu'il y avoit peu de différence entre un juge méchant et un juge ignorant. L'un au moins a devant ses yeux les règles de son devoir et l'image de son injustice; l'autre ne voit ni le bien ni le mal qu'il fait: l'un pèche avec connoissance, et il est plus inexcusable; mais l'autre pèche sans remords, et il est plus incorrigible. Mais ils sont également criminels à l'égard de ceux qu'ils condamnent ou par erreur ou par malice. Qu'on soit blessé par un furieux ou par un aveugle, on ne sent pas moins sa blessure; et, pour ceux qui sont ruinés, il importe peu que ce soit ou par un homme qui les trompe, ou par un homme qui s'est trompé.

Ces réflexions, messieurs, redoublèrent son ardeur. Il acquit une parfaite connoissance du droit humain et du droit divin, une intelligence profonde des lois et de la coutume, un usage familier des formalités et des procédures. Savants et immenses recueils où il renferma la jurisprudence ancienne et nouvelle, vous pourriez être des témoins publics de ce que je dis; du moins serez-vous entre les mains de ses descendants comme un dépôt sacré, et un monument précieux de son esprit et de son travail.

Ce seroit ici le lieu de vous le faire voir dans la justice du conseil, où son mérite l'avoit appelé, favorisant la bonne cause, décidant la douteuse, développant la difficile, renonçant à tous les plaisirs, hormis à celui qu'il recevoit en accomplissant ses devoirs. Je le donnerois pour exemple à tous ceux qui, renversant l'ordre des choses, se font une occupation de leurs amusements, et qui ne donnent à leurs charges que les restes d'une oisiveté languissante, comme s'ils n'étoient juges que pour être de temps en temps assis sur les fleurs de lis, où ils vont rêver à leurs divertissements passés, dont ils ont l'imagination encore remplie, ou réparer par un mortel assoupissement les veilles qu'ils ont données à leurs plaisirs.

Je ne veux que vous faire souvenir de la

cause célèbre de ces étrangers que l'espérance du gain avoit attirés des bords du Levant pour porter en Europe les richesses de l'Asie. Contre la liberté des mers et la fidélité du commerce, des armateurs françois leur avoient enlevé et leurs richesses et le vaisseau qui les portoit. Ceux qui devoient les secourir aidoient eux-mêmes à les opprimer. On avoit oublié pour eux, non seulement cette pitié commune qu'on a pour tous les malheureux, mais encore cette politesse singulière que notre nation a coutume d'avoir pour les étrangers. Éloignés de leurs amis par tant de terres et par tant de mers, dans un pays où l'on ne pouvoit les entendre, où l'on ne vouloit pas même les écouter, ils eurent recours à M. de Lamoignon, comme à un homme incorruptible, qui prendroit le parti des foibles contre les puissants, et qui débrouilleroit ce chaos d'incidents et de procédures dont on avoit enveloppé leur cause.

Il le fit, messieurs: il alluma tout son zèle contre l'avarice; il leva les voiles qui couvroient ce mystère d'iniquité, et rapporta durant trois jours, au conseil du roi, cette affaire avec tant d'ordre et de netteté, qu'il fit restituer à ces malheureux ce qu'ils croyoient avoir perdu, et les obligea d'avouer, ce qu'ils avoient eu peine à croire, qu'on pouvoit trouver parmi nous de la fidélité et de la justice.

Mais je passe à des choses plus importantes. Voyons-le dans la première charge du parlement, et montrons par la dignité, comme disoit un ancien, quel a été l'homme qui l'a possédée. Les rois, en des siècles plus innocents, furent autrefois eux-mêmes les juges du peuple. Rappelez en votre mémoire ces premiers âges de la monarchie. La fraude, l'ambition, l'intérêt, vices encore naissants et peu connus, avoient à peine commencé d'altérer la bonne foi et l'heureuse simplicité de nos pères. Ils vivoient la plupart contents de ce qu'ils avoient reçu de la fortune, ou de ce qu'ils avoient acquis par leur travail. Comme ils possédoient leur propre bien sans inquiétude, ils regardoient celui des autres sans envie. Leurs espérances ne s'étendoient pas au-delà de leur condition; et les bornes de leurs héritages étoient les bornes de leurs desirs.

Comme les procès étoient rares, et qu'il ne falloit pour les juger que les principes communs d'une équité naturelle, les souverains tenoient eux-mêmes leur parlement. Ils descendoient du trône pour monter sur le tribunal; et se partageant entre le bien public et le repos des particuliers, après avoir calmé ces grandes tempêtes qui troublent les régions supérieures de l'état, ils venoient dissiper ces petits orages qui s'élèvent quelquefois dans les inférieures.

Mais depuis que la justice gémit sous un amas de lois et de formalités embarrassées, et qu'on s'est fait un art de se ruiner les uns les autres par la chicane, les rois n'ont pu suffire à cette fonction. Occupés à soutenir de longues et sanglantes guerres, à rompre des ligues que forme contre eux la jalousie qu'on a de leur puissance, à réunir une infinité d'intérêts pour donner au monde une paix durable, ils sont contraints de remettre, comme Moïse, cette justice tumultueuse à des hommes sages, qui craignent Dieu, en qui se trouve la vérité, et qui haïssent l'avarice.

L'importance, messieurs, c'est de leur choisir un chef; et jamais choix ne fut plus louable que celui qu'on fit de M. de Lamoignon. Quelles pensez-vous que furent les voies qui le conduisirent à cette fin? La faveur? Il n'avoit eu d'autres relations à la cour que celles que lui donnèrent ou ses affaires ou ses devoirs. Le hasard? On fut long-temps à délibérer; et dans une affaire aussi délicate on crut qu'il falloit tout donner au conseil, et ne rien laisser à la fortune. La cabale? Il étoit du nombre de ceux qui n'avoient suivi que leur devoir; et ce parti, quoique le plus juste, n'avoit pas été le plus grand. L'habileté à se servir des conjonctures? Ces temps difficiles étoient passés où l'on donnoit les charges par nécessité plutôt que par choix, et où chacun, voulant profiter des troubles de l'état, vendoit chèrement, ou les services qu'il pouvoit rendre, ou les moyens qu'il avoit de nuire. La réputation qu'il s'étoit acquise dans le parlement et dans le conseil fut la seule sollicitation auprès des puissances. Elles lui déclarèrent qu'il ne devoit son élévation qu'à son mérite, et qu'il n'auroit pas été préféré si l'on eût connu dans le royaume un sujet plus fidèle et plus capable de cet emploi.

Quelle fut alors son application! Il crut que Dieu l'avoit mis dans le palais, comme Adam dans le paradis, pour y travailler, et répondit depuis à ceux qui le prioient de se ménager: « Que sa santé et sa vie étoient au « public, et non pas à lui. » Vous dirai-je qu'il se fit une religion d'écouter les raisons des parties, et de lire tous leurs mémoires quelque longs et ennuyeux qu'ils pussent être, sans se fier à ces extraits mal digérés, et souvent tracés à la hâte par des mains infidèles ou négligentes, qui confondent les droits et défigurent une bonne cause? Vous dirai-je que s'étant engagé à ne donner jamais les rapporteurs qu'on lui demandoit, il fit agréer à un grand ministre et à une grande reine qu'il ne s'en dispensât pas en leur faveur; ôtant ainsi aux particuliers l'espérance d'obtenir de lui par importunité ou par amitié ce qu'il n'avoit accordé ni à la reconnoissance qu'il avoit pour son bienfaiteur, ni au respect qu'il devoit à la plus grande reine du monde?

Passons de ses actions à ses principes, et disons qu'il se dépouilla de certains intérêts délicats qui sont les sources de la foiblesse et de la corruption des hommes. Qu'il étoit éloigné de l'humeur de ces hommes vains et intéressés qui n'aiment la vertu que pour la réputation qu'elle donne, et qui n'auroient point de plaisir à bien faire, s'ils n'avoient l'art de faire valoir tout le bien qu'ils font! Il s'étoit mis au-dessus de ce faux honneur. S'il falloit faire réussir une grande affaire, d'autres auroient choisi les moyens les plus éclatants, il choisissoit les plus sûrs et les plus utiles. S'il devoit donner ses avis, il regardoit non pas ce qui seroit le plus approuvé, mais ce qu'il croyoit le plus équitable. Il ne se piquoit pas d'être l'auteur des bonnes résolutions qu'il avoit fait prendre; c'étoit assez pour lui qu'on les eût prises.

Combien de projets a-t-il faits ou réformés! Combien d'ouvertures a-t-il données! Combien de services a-t-il rendus, dont il a dérobé la connoissance à ceux qui en ont ressenti les effets! Ainsi, utile sans intérêt, vertueux sans vouloir se faire honneur de sa vertu, il s'acquitta de ses devoirs pour la seule satisfaction de s'en être acquitté, et ne voulut dans toutes ses actions d'autre règle que sa fidélité, d'autre but que l'utilité publique, d'autre récompense que la gloire de bien faire.

C'est dans ce même esprit qu'il méprisa souvent les bruits du vulgaire, et même se renfermant dans ses bonnes intentions, il lui abandonna les apparences. Il crut qu'un magistrat devoit penser non pas à ce qu'on disoit de lui, mais à ce qu'il se devoit lui-même; et que pour servir le public il falloit quelquefois avoir le courage de lui déplaire (¹). C'est ainsi que, suivant le conseil d'un des plus grands hommes de l'antiquité, il ne considéra ni la fausse gloire, ni le faux déshonneur, et que ni les louanges, ni les murmures, ne purent jamais le détourner de son devoir.

C'est par ce désintéressement qu'il se réserva cette liberté d'esprit si nécessaire dans la place qu'il occupoit. Car, messieurs, qu'est-ce qu'un premier magistrat, sinon un homme sage qui est établi pour être le censeur de la plupart des folies des hommes, et qui, voyant autour de lui toutes les passions, n'en doit avoir aucune en lui-même? L'un tâche à l'émouvoir par des images affectées de sa misère; l'autre travaille à l'éblouir par des apparences de droit et par des raisons spécieuses. Celui-ci par des soupçons artificieux veut l'animer contre l'innocence de sa partie; celui-là emploie

---

(¹) Q. Fabius Max. apud Liv. 1, 2. Dec. 3.

l'autorité, et quelquefois même l'amitié : corruption d'autant plus dangereuse qu'elle est plus douce. Chacun voudroit lui communiquer ses préventions, lui dicter l'arrêt qu'il se dresse lui-même dans son esprit selon son caprice, et, de juge qu'il est de sa cause, en faire le complice de sa passion. M. de Lamoignon se sauva de tous ces piéges : il jugea comme les lois jugent, par les seules règles de l'équité, et non pas par aucune impression étrangère.

Que ne puis-je vous faire voir, du moins en éloignement, des espérances rejetées, quand elles ont pu l'engager à quelque basse complaisance ! des ressentiments étouffés, lorsqu'il a eu le pouvoir de se venger ! des reproches soutenus constamment, quand il a eu pour lui le témoignage de sa conscience ! l'amitié et le respect mis au-dessous de la justice, et sa propre réputation sacrifiée au bien public ! Ici, messieurs, mon silence le loue plus que mes paroles : il vous paroît sans doute plus grand par les actions que je ne dis pas que par celles que j'ai dites. La postérité les verra, quand le temps, qui dévore tout, aura rongé les voiles qui les couvrent, et qu'il ne restera plus d'intérêt que celui de la vérité. Cependant Dieu les voit, et il en est lui-même la récompense.

Mais avons-nous besoin pour louer son intégrité de découvrir ses actions secrètes? En cherchons-nous un témoignage plus éclatant que celui qu'en donna le roi, quand il consentit que les premières places du parlement fussent occupées par sa famille? Il voulut donner cette marque extraordinaire de confiance à celui de qui il avoit reçu tant de preuves de fidélité. Il jugea que ceux qui appartenoient à ce grand homme n'étoient capables de conspirer que pour son service et pour le bien de ses sujets; et que, recevant de plus près les influences pures et lumineuses du chef, ils les communiqueroient après à leur compagnie.

Ainsi, ne craignant pas pour eux ces conséquences dangereuses qu'il avoit sagement prévues pour d'autres, il crut qu'il pouvoit violer une de ses lois en faveur de ceux qui feroient observer toutes les autres; et que, les unir dans un même corps, ce n'étoit pas donner lieu à la corruption, ou renverser l'ordre, mais récompenser la vertu et fortifier le parti de la justice. Les services que chacun d'eux rend tous les jours dans ses fonctions justifient assez le jugement qu'en a fait le prince. N'avois-je pas raison de vous exhorter à imiter la sagesse et l'équité de ce célèbre magistrat? Je ne suis pas moins fondé à vous dire : « Imitez comme lui la bonté de Dieu. »

SECONDE PARTIE.

C'est une vérité, messieurs, et Jésus-Christ même nous l'enseigne dans son évangile (¹), que la bonté, à proprement parler, est le caractère de Dieu seul, soit parcequ'il n'appartient qu'à lui de se communiquer aux hommes par cette variété de dons et de graces qui sont les trésors de sa miséricorde et les richesses de sa bonté, soit parceque étant infiniment puissant, comme il est infiniment bon, il veut tout le bien qu'il peut faire, et il fait tout le bien qu'il veut. Toutefois il s'élève dans tous les temps certaines ames bienfaisantes, qui, servant comme d'instrument à cette bonté souveraine, ne donnent d'autres bornes à leur

---

(¹) Nemo bonus, nisi solus Deus. Marc. 10.

charité que celles que Dieu a données à leur pouvoir.

Tel étoit M. de Lamoignon. S'il m'étoit libre d'alléguer ici ces expressions vives et nobles dont il s'est servi pour exprimer les nécessités des peuples, vous verriez combien il étoit sensible à toutes leurs peines. Je laisse ces audiences secrètes où la vérité prudente, mais courageuse, a soutenu dans les occasions l'autorité des lois et de la justice. Il ne m'appartient pas de révéler ce qui s'est passé dans le sanctuaire. Je parle de ces remontrances où, mêlant le respect que doit un sujet à son souverain avec cette confiance que doit avoir un magistrat qui porte la parole de la justice devant le roi du monde le plus juste, il a parlé des intérêts publics selon les règles de sa conscience.

Mais il faudroit avoir sa prudence pour ne dire que ce qu'il faut, son éloquence pour le dire efficacement, sa voix et son action pour conserver tout le poids et toute la grace qu'il avoit accoutumé de donner à ses paroles.

Voyons-le dans l'exercice ordinaire de sa charge. Éloignez de vos esprits cette idée qu'on a d'ordinaire de la justice, qu'elle doit être toujours aveugle, toujours effrayante, toujours armée. Il la rendit, sans l'amollir, douce et traitable. Il leva le bandeau qui fermoit ses yeux, et lui laissa jeter des regards de pitié sur les misérables; et, sans lui retrancher aucun de ses droits, il lui ôta toute sa rudesse. Je puis attester ici la foi publique. Ceux qui eurent besoin de son secours trouvèrent-ils jamais entre eux et lui des barrières impénétrables? Fallut-il essuyer à sa porte de mauvaises heures, pour attendre un de ses moments commodes? Fut-il jamais inaccessible, je ne dis pas à ses amis, je dis aux indiscrets et aux importuns? Refusa-t-il à quelqu'un la liberté de lui dire les choses nécessaires? N'accorda-t-il pas à plusieurs la consolation de lui en dire de superflues? Quelqu'un lui parlant d'une affaire put-il, par quelque marque de chagrin ou d'impatience, s'apercevoir qu'il en eût d'autres? Affligea-t-il les malheureux, et leur fit-il acheter par quelque dureté la justice qu'il leur a rendue? Je parle avec d'autant plus de confiance que j'ai pour témoins de ce que je dis la plupart de ceux qui m'entendent.

Il ne régla jamais sur la faveur ou sur la

disgrace des personnes le bon ou le mauvais accueil qu'il leur pouvoit faire. Il écoutoit avec patience, et répondoit avec douceur. « N'ajoutons pas, a-t-il dit souvent, au mal- « heur qu'ils ont d'avoir des procès, celui « d'être mal reçus de leurs juges; nous sommes « établis pour examiner leurs droits, et non « pas pour éprouver leur patience. » Loin d'ici ces juges sévères qui, selon le langage du prophète, rendent les fruits de la justice amers comme de l'absinthe (¹); qui perdent le mérite de leur équité par leur austérité chagrine; et qui, fiers de leur pouvoir, et même de leur vertu, redoutables indifférem- ment aux innocents et aux coupables, font croire qu'ils ne rendent la justice aux uns qu'à regret, et aux autres qu'avec colère. Ce- lui que nous louons avoit une conduite bien différente. Il ne rebuta jamais personne. Favorable à ceux qui méritoient sa protec- tion, civil à ceux à qui il ne pouvoit être fa- vorable, il faisoit connoître aux bons qu'il eût voulu les satisfaire sans leur donner la peine de solliciter; et aux méchants, qu'il eût voulu les corriger sans avoir le déplaisir de les punir.

(¹) Amos, c. vi.

Combien de fois a-t-il essayé de bannir du palais ces lenteurs affectées et ces détours presque infinis que l'avarice a inventés afin de faire durer les procès par les lois mêmes qu'on a faites pour les finir, et de profiter en même temps des dépouilles de celui qui perd et de celui qui gagne sa cause! Combien de fois a-t-il arrêté la licence de ceux qui, sur la foi et sur la tradition des ennemis et des envieux, débitent impunément en plaidant des médisances, et qui, par des railleries piquantes, tâchent de rendre au moins ridicules ceux qu'ils ne peuvent rendre criminels! Combien de fois, par des accommodements raisonnables, a-t-il arrêté le cours de ces divisions qui passent des pères aux enfants, et qui se perpétuent dans les familles!

Peut-être doutez-vous, messieurs, qu'étant éloigné des yeux du public il fût encore égal à lui-même. Entrons dans sa vie privée. Que ne puis-je vous le montrer parmi ce nombre de gens choisis qui formoient chez lui une assemblée que le savoir, la politesse, l'honnêteté, rendoient aussi agréable qu'utile! C'est là que, ne se réservant de son autorité que cet ascendant que lui donnoit sur le reste des hommes la facilité de son humeur et la force de son esprit, il communiquoit ses lumières, et profitoit de celles des autres. C'est là qu'il a souvent éclairci les matières les plus embrouillées, et que, sur quelque genre d'érudition que tombât le discours, on eût dit qu'il en avoit fait son occupation et son étude particulière. C'est là qu'après avoir écouté les autres, il reprenoit quelquefois les sujets qu'on croyoit avoir épuisés, et que, recueillant les épis qu'on avoit laissés après la moisson, il en faisoit une récolte plus abondante que la moisson même.

Que ne puis-je vous le représenter tel qu'il étoit, lorsque après un long et pénible travail, loin du bruit de la ville et du tumulte des affaires, il alloit se décharger du poids de sa dignité, et jouir d'un noble repos dans sa retraite de Bâville! Vous le verriez tantôt s'adonnant aux plaisirs innocents de l'agriculture, élevant son esprit aux choses invisibles de Dieu par les merveilles visibles de la nature: tantôt méditant ces éloquents et graves discours qui enseignoient et qui inspiroient tous les ans la justice, et dans lesquels, formant l'idée d'un homme de bien, il se décrivoit lui-même sans y penser : tantôt accommodant les différents que la discorde, la jalousie, ou le mauvais conseil, font naître parmi les habitants de la campagne; plus content en lui-même, et peut-être plus grand aux yeux de Dieu, lorsque dans le fond d'une sombre allée, et sur un tribunal de gazon, il avoit assuré le repos d'une pauvre famille, que lorsqu'il décidoit des fortunes les plus éclatantes sur le premier trône de la justice.

Vous le verriez recevant une foule d'amis comme si chacun eût été le seul, distinguant les uns par la qualité, les autres par le mérite, s'accommodant à tous, et ne se préférant à personne. Jamais il ne s'éleva sur son front serein aucun de ces nuages que forment le dégoût ou la défiance. Jamais il n'exigea ni de circonspection gênante ni d'assiduité servile. On l'entendit, selon les temps, parler des grandes choses comme s'il eût négligé les petites, parler des petites comme s'il eût ignoré les grandes. On le vit, dans des conversations aisées et familières, engageant les uns à l'écouter avec plaisir, les autres à lui répondre avec confiance, donnant à chacun le moyen de faire paroître son esprit, sans jamais s'être prévalu de la supériorité du sien.

Ces actions, messieurs, vous semblent peut-être communes. Mais qui ne sait que la véritable vertu s'étend et se resserre quand il le faut, et qu'il y a de la grandeur à s'acquitter constamment des moindres devoirs? Dans les affaires d'éclat, où l'on est soutenu par le desir de la gloire, par les espérances de la fortune, par le bruit des acclamations et des louanges, souvent on se contraint et l'on se déguise; mais dans une vie particulière et retirée, où l'ame, sans intérêt et sans précaution, s'abandonne à ses mouvements naturels, on se découvre tout entier. Ce fut dans cette conduite ordinaire que M. de Lamoignon fit paroître ce qu'il étoit. Jamais il ne se démentit, jamais il ne se relâcha. Dans les choses les moins importantes, il ne laissa pas de suivre les grandes règles. Quoiqu'il agît différemment, l'esprit qui le fit agir fut toujours le même, et l'on reconnut aisément que la sagesse lui étoit devenue comme naturelle, et que sa bonté constante et toujours égale ne venoit pas d'un effort de réflexion, mais du fond de l'inclination qu'il y avoit, et de l'habitude qu'il s'en étoit faite.

Je me hâte, messieurs, de passer aux plus nobles effets de cette bonté; je veux dire aux soins qu'il eut des pauvres de Jésus-Christ. Près des murs de cette ville royale s'élève un vaste et superbe édifice (¹), que l'autorité des magistrats et les aumônes des citoyens entretiennent depuis trente ans, et que Dieu, par des moyens que la prudence humaine ne prévoit pas, et que sa providence a marqués, soutiendra dans la suite des temps, malgré les relâchements du siècle et le refroidissement de la piété. C'est là que la faim est rassasiée, que la nudité est revêtue, que l'infirmité est guérie, que l'affliction est consolée, que l'ignorance est instruite, et que chaque espèce de misère de l'ame ou du corps trouve une espèce de miséricorde qui la soulage.

L'amour qu'on a naturellement pour l'ordre; l'honneur qu'on se fait d'avoir part aux grandes œuvres de piété; certaine ferveur qu'on a d'ordinaire pour les nouveaux établissements, et sur-tout la grace de Jésus-Christ qui ranime de temps en temps les ames tièdes; tout contribua d'abord à fonder cette

---

(¹) L'hôpital général.

sainte maison. Mais elle fut bientôt ébranlée. Ceux qui avoient entrepris de la soutenir tombèrent eux-mêmes par des accidents imprévus. On vit tarir tout d'un coup les principales sources de la charité. M. le premier président, par le droit de sa charge, et plus encore par sa propre inclination, entreprit de maintenir un ouvrage que son illustre prédécesseur [1] avoit commencé avec tant de succès.

Quel soin ne prit-il pas de chercher des fonds, en un temps où la misère étant augmentée, et la charité refroidie, les pauvres avoient plus besoin de secours, et les riches avoient moins de volonté et moins de moyens de les secourir ! Quelle application n'eut-il pas pour établir la discipline parmi cette troupe de mendiants renfermés, qui regardent souvent leur asile comme une prison, et qui croient n'avoir rien à ménager parcequ'ils sentent bien qu'ils n'ont rien à perdre ! Quel ordre ne donna-t-il pas pour les accoutumer au travail et à la piété, afin qu'ils devinssent plus agréables à Dieu et moins à charge à la charité des fidèles !

[1] M. de Bellièvre.

Ce fut en ce temps qu'on le vit paroître à la cour, et y demander avec empressement des audiences. Qui n'eût dit que, sous prétexte de rendre compte de son emploi, il cherchoit l'heureux moment de faire valoir ses services, et de hâter les graces qu'il pouvoit espérer du prince? Qui n'eût pensé que c'étoit un hommage qu'il alloit rendre à la fortune, et qu'après avoir obtenu les dignités il recherchoit les biens qui manquoient encore à sa famille? Vous vous trompiez, prudents du siècle; il demandoit pour les pauvres, en un lieu où l'on se fait un point d'habileté de ne demander que pour soi, et où l'on ignore aisément les misères d'autrui, parcequ'on n'en ressent aucune. Il ne se piqua jamais tant d'être persuasif que dans ces sollicitations charitables; et il ne fut pas si sensiblement touché des graces qu'on fit à sa maison, que des secours qu'il obtint pour les hôpitaux.

Il ne s'arrêta pas à la protection, messieurs, il passa jusqu'aux assistances effectives, et il joignit à son crédit ses propres aumônes; car, sans compter ces rosées fréquentes qu'il répandit sur les terres de sa dépendance, ni ces secours abondants qu'il contribua dans les calamités publiques, il consacra ce qu'il retiroit tous les ans du travail actuel du palais à la subsistance des pauvres. Il n'étoit pas content de leur avoir distribué du pain, s'il ne l'avoit gagné lui-même. Il ne leur offroit pas les restes de sa vanité ou de sa fortune, mais les fruits de ses propres mains. Il leur distribuoit par la miséricorde ce qu'il avoit acquis par la justice. Cette portion de son bien lui étoit sacrée; il y mettoit son cœur comme à son trésor. Vous le savez, pieuse confidente de ses aumônes secrètes [1], qui lui rendez aujourd'hui les offices publics d'une sainte amitié; vous le savez, avec quelle joie il dispensoit ces revenus de sa charité pour racheter ses péchés, et pour honorer Dieu de sa substance.

Que diront ici ceux qui, parcequ'ils n'ont pas volé le bien d'autrui, croient être en droit d'abuser du leur; comme si l'aumône n'étoit pas une obligation indispensable pour tous les chrétiens, comme si l'on pouvoit abandonner les pauvres de Jésus-Christ, parceque d'autres les ont opprimés; et comme si l'on

---

[1] Madame de Miramion.

ne devoit rien à Dieu, parcequ'on n'a rien pris aux hommes? Que diront ceux qui veulent donner par dévotion ce qu'ils ont ravi par violence; qui se promettent les récompenses des justes, parcequ'ils font quelques largesses de ces biens qui sont le prix de leurs injustices, et qui se font honneur auprès des pauvres des larcins mêmes qu'ils leur ont faits? Qu'ils suivent l'exemple d'un homme juste, qui a ouvert son cœur et ses entrailles à ses frères, qui leur a fait une offrande pure du bien le plus légitimement acquis, et qui, après avoir imité la bonté du Seigneur, l'a cherché par la piété.

TROISIÈME PARTIE.

Ce n'est pas sans raison, messieurs, que l'esprit de Dieu, qui donne à chaque état les instructions qui lui sont propres, ordonne aux juges de la terre de chercher le Seigneur, parceque étant d'un côté liés à une infinité de devoirs, et de l'autre étant regardés comme les arbitres du sort des hommes, il est difficile que leur esprit ne s'arrête, ou à cette multiplicité d'affaires qui les occupe, ou à la complaisance de cette autorité qui les distingue. Il faut donc qu'ils sortent comme d'eux-mêmes (¹), pour aller à Dieu par une piété simple et sincère.

Je dis par une piété simple et sincère; car, messieurs, il s'est élevé dans l'Église une espèce de chrétiens qui, se faisant aux dépens même de la dévotion une réputation d'être dévots, couvrent leurs passions sous une apparence de piété et sous un air extérieur de réforme, pour arriver plus facilement à leurs fins, et pour surprendre l'approbation du monde, en lui faisant accroire qu'ils ont déja celle de Dieu. Ce sont ces hommes qui deviennent humbles pour pouvoir dominer, utiles afin de se rendre nécessaires, et qui jugeant de tout, se mêlant de tout, et remuant mille ressorts, dont la religion est toujours le plus apparent, s'ils ne se font estimer par leur vertu, du moins se font craindre par leur cabale.

Je parle ici d'un véritable chrétien, qui n'eut pour guide que la foi; qui ne s'attacha qu'aux maximes de l'évangile; qui ne fut ni

---

(¹) In simplicitate cordis et sinceritate Dei. 2 Cor. 1, 12.

d'Apollo, ni de Céphas, ni de Paul, mais de Jésus-Christ; qui réprima les impies, et n'eut point de part avec les hypocrites; et qui, suivant, non pas son intérêt, mais son devoir, et ramenant toutes choses à leur principe, conserva sa religion pure, et trouva Dieu, parcequ'il ne le chercha que pour lui-même.

Entrerai-je, messieurs, dans les exercices secrets de sa piété? Dirai-je qu'il déroboit le temps de son sommeil pour le donner à la prière? qu'il commença toutes ses journées par un sacrifice qu'il fit à Dieu de lui-même? que, lisant tous les jours à genoux quelques articles de la loi de Dieu, il puisoit dans les pures sources de la vérité les règles de la véritable sagesse? qu'il ne laissa passer aucune semaine sans rallumer sa ferveur par l'usage des sacrements? qu'il se rendoit compte à lui-même de tous les jugements qu'il avoit rendus, et repassoit de temps en temps toutes les années de sa vie dans l'amertume de son ame, pour s'exciter à la pénitence? Dirai-je qu'il se renferma soigneusement en lui-même, et ne montra de ses bonnes œuvres qu'autant qu'il en falloit pour édifier les peuples; qu'il n'en interrompit jamais le cours dans ses plus grands embarras d'affaires; et que la coutume et la longue habitude qu'il en avoit ne diminua rien de sa ferveur, ni de sa tendresse?

Mais il a donné plus d'étendue à sa piété, et j'ai de plus grandes choses à dire que celles qui sont bornées à son salut particulier. Quel amour n'eut-il pas pour Jésus-Christ! Quel zèle n'eut-il pas pour la religion! D'où venoit ce soin qu'il prit de ramener les anciens ordres à la première pureté de leur institut, et de renouveler dans les enfants l'esprit de leurs pères, en réparant les brèches que le temps avoit faites à leur discipline? D'où venoit cette protection qu'il donnoit à tous ces ouvriers évangéliques qui vont planter la croix sur les rivages étrangers, et semer la foi de Jésus-Christ dans les îles du nouveau monde? D'où venoit cette joie intérieure qu'il ressentoit, lorsqu'il voyoit dans le clergé des hommes dignes de leur ministère s'unir et conspirer ensemble pour dissiper, par leurs instructions et par l'exemple de leur vie, les maximes d'erreur que le monde inspire à ceux qui le suivent? Quel fut le principe qui le fit agir en ces occasions, sinon le zèle qu'il eut pour l'Église?

Permettez, messieurs, que je reprenne ici mes esprits, et que je recueille ce qui me reste de force pour vous représenter ce qu'il a fait pour la discipline. Qui ne sait que l'Église étoit dans une espèce de servitude? La juridiction séculière ne laissoit presque plus rien à faire à la spirituelle. Sous prétexte d'empêcher une trop austère domination, ou de maintenir des priviléges que la nécessité des temps a fait accorder, on renversoit l'ordre, et souvent on autorisoit la rebellion. Ceux qui secouoient le joug de l'obéissance, et qui ne défendoient leur liberté que pour entretenir leur libertinage, ne laissoient pas d'être écoutés et de trouver des protecteurs. Les évêques n'avoient plus de droits qui fussent incontestables. Vouloient-ils punir un pécheur obstiné, une justice étrangère leur ôtoit des mains ces armes que Jésus-Christ même leur a données. Entreprenoient-ils de réprimer la licence, leur zèle passoit pour une entreprise contre les lois. Ils gémissoient en secret, et ils portoient en vain de temps en temps leurs plaintes jusqu'au pied du trône.

Mais, sous un chef si religieux, on a changé de jurisprudence. Le droit naturel n'est plus étouffé par les exemptions. La brebis qui s'égare est renvoyée à son pasteur. On confirme dans le palais ce qu'on ordonne dans le sanctuaire. Les pécheurs ne trouvent plus de refuge que dans leur propre pénitence; et les lois du prince n'étant plus armées que pour faire observer celles de Dieu, chaque prélat peut faire le bien et corriger le mal sans opposition. Sacrés ministres de Jésus-Christ, dont ce grand homme a si souvent soutenu les droits, vous le louâtes dans vos assemblées; vous lui rendîtes par vos députés des témoignages publics de reconnoissance. La capacité, la sagesse et la piété de son illustre successeur, vous promettent les mêmes secours; et vos vœux seront accomplis quand cet auguste parlement, qui doit être la règle et le modèle de tous les autres, leur aura communiqué son esprit et ses maximes.

Quelque gloire que M. de Lamoignon ait acquise en faisant observer la discipline, je n'en parlerois qu'en tremblant, s'il ne l'avoit lui-même observée: je louerois son autorité, et je me défierois de son désintéressement. Mais comme ses jugements ont été justes, sa conduite de même a toujours été irréprochable. Ne refusa-t-il pas une grande abbaye qu'on lui offrit pour un de ses fils, parcequ'il n'étoit pas encore capable de se déterminer par son propre choix, et que la jouissance d'un grand revenu lui pouvoit être dans la suite un engagement à demeurer sans vocation dans l'état ecclésiastique? Où sont les pères scrupuleux qui négligent des moyens si sûrs et si faciles d'établir la fortune de leurs enfants; qui n'attirent sur eux du patrimoine de Jésus-Christ, quand ils ne peuvent leur donner du leur, et qui ne rachétent par des dispenses la foiblesse de leur volonté, et l'incapacité de leur âge? Heureux qui n'alla pas après les richesses! plus heureux qui les refusa quand elles allèrent à lui!

Il n'eut pas moins de soin d'examiner la vocation de ses deux vertueuses filles, qui portent le joug du Seigneur dans un des plus saints ordres de l'Église (¹). De quelle adresse n'usa-t-il pas pour découvrir si le desir qu'elles avoient de se consacrer à Dieu étoit une résolution constante, ou une ferveur passagère! Combien de fois leur représenta-t-il les conséquences dangereuses d'une retraite précipi-

(¹) La Visitation.

tée! Avec quelle tendresse demanda-t-il à Dieu qu'il les déterminât par sa divine volonté, et qu'il les conduisît par sa sagesse! Après leur avoir montré les vanités du monde qu'elles avoient résolu de quitter, il leur fit voir les croix où elles devoient être attachées, et n'oublia rien de ce qui pouvoit l'assurer de la solidité d'un dessein qu'il lui étoit important de connoître, et qu'il ne lui étoit pas permis de traverser.

Des vertus si pures et si chrétiennes furent comme autant de dispositions à une sainte et heureuse mort. Il ne fallut pas l'y préparer par de lentes infirmités, ni la lui faire ressentir par de cruelles douleurs. L'ayant considérée depuis long-temps, non seulement comme nécessaire à tous les hommes, mais encore comme avantageuse aux chrétiens, il en fut frappé, mais il n'en fut pas surpris. Son esprit, heureusement rempli de funestes pressentiments de sa fin prochaine, se fortifia contre les craintes de l'avenir par de longues et sérieuses réflexions qu'il y fit. Il regarda, sans s'étonner, l'appareil de son sacrifice (¹).

(¹) Spiritu magno vidit ultima. Eccl. 47.

Il vit le monde prêt à s'évanouir pour lui; mais il ne l'avoit jamais cru solide. Il vit l'éternité s'approcher, et il redoubla ses forces pour achever ce qui restoit à fournir de sa carrière. Il vit les jugements de Dieu, il les craignit, mais il les attendit avec confiance. Cet amour si vif et si tendre qu'il avoit eu pour sa famille se confondit insensiblement dans la charité qu'il avoit pour Dieu. Ainsi, dépouillé de toutes les affections du monde, il ne pensa qu'à son salut; et, ramenant toutes les créatures dans le sein de leur créateur, il s'y rendit lui-même, pour s'aller joindre à son principe, et pour y recevoir la récompense de ses vertus.

N'attendez pas, messieurs, que je fasse ici un dernier effort pour vous émouvoir à la pitié et à la douleur. J'offenserois cette ame sainte qui, après avoir lavé dans le sang de Jésus-Christ ces taches que le péché laisse en nous après notre mort, jouit sans doute d'un bonheur éternel dans les tabernacles du Dieu vivant. Vous le savez, mon Dieu, et je ne fais que le présumer; mais tant de graces que vous lui fîtes, et tant de vœux qu'on vous a faits; Jésus-Christ tant de fois invoqué, tant de fois même immolé pour lui sur l'autel, sans entrer trop avant dans vos jugements, me donnent cette confiance.

Puisse-t-il avoir reçu de vos mains cette couronne de justice que vous donnez à ceux qui vous aiment! Puissent ces flambeaux que la piété chrétienne a rallumés être les marques de sa gloire, plutôt que les ornements de ses funérailles! Puisse ce sacrifice d'expiation qu'on offre pour lui être aujourd'hui un sacrifice d'action de graces! Et vous, messieurs, puissiez-vous faire revivre après sa mort les vertus qu'il a pratiquées, afin d'arriver à la gloire qu'il s'est acquise!

ORAISON FUNÈBRE

DE

MARIE-THÉRÈSE D'AUTRICHE,

REINE DE FRANCE ET DE NAVARRE;

prononcée à Paris, le 24 novembre 1683, en l'église des religieuses du Val-de-Grace, où son cœur repose; en présence de monseigneur le Dauphin, de Monsieur, de Madame, de Mademoiselle, et des princes et princesses du sang.

Fundamenta æterna supra petram solidam, et mandata Dei in corde mulieris sanctæ.

Les fondements éternels sur la pierre solide et ferme, et les commandements de Dieu, sont dans le cœur de la femme sainte. ECCLI., c. XXVI.

MONSEIGNEUR,

Au milieu de ce funèbre appareil, dans ce temple sacré où la mort amasse de grandes dépouilles, à la vue de ce triste cercueil et de ce cœur royal qui n'est plus que cendre, vous pensez peut-être que je dois vous entretenir de la fragilité et du néant des grandeurs humaines.

L'esprit de Dieu (¹) nous apprend dans ses Écritures (²) qu'il faut déplorer le sort des pécheurs. Leur vie passe comme l'ombre (³); il vient un jour fatal où périssent toutes leurs pensées; leur mémoire fait un peu de bruit (⁴), et va se perdre dans un silence éternel. Les biens qu'ils ont acquis échappent de leurs mains avares (⁵); leur gloire sèche comme l'herbe; leurs couronnes se flétrissent, et tombent presque d'elles-mêmes (⁶). Il est vrai : ce qui sert à la vanité n'est que vanité, et tout ce qui n'a que le monde pour fondement se dissipe et s'évanouit avec le monde.

Mais le même esprit de Dieu nous enseigne que la grandeur est solide quand elle sert à la piété (⁷). Il y a des couronnes qu'on jette aux pieds de l'Agneau, des richesses qu'on répand dans le sein des pauvres (⁸), un royaume qui appartient à Jésus-Christ (⁹), et qui n'est pas de ce monde; une gloire qu'on tire de la croix même du Sauveur (¹⁰), et une élévation des justes qui demeure éternellement, parcequ'elle est fondée sur la pierre (¹¹); et cette

(¹) Ps. 143. — (²) Ps. 145. — (³) Ps. 9. — (⁴) Ps. 75. — 5) Ps. 89. — (⁶) 1 Cor. 9. — (⁷) Apocal. 4. — (⁸) Jean, 18. — (⁹) Galat. 6. — (¹⁰) Eccles. 27. (¹¹) Ps. 110.

pierre, selon l'apôtre, c'est notre Seigneur Jésus-Christ (¹).

Je ne viens donc pas ici vous désabuser des grandeurs humaines, mais vous montrer le bon usage qu'on en peut faire. Ce n'est pas mon dessein de vous émouvoir par mon discours, mais de vous instruire par des exemples; et je vous exhorte aujourd'hui, non pas à pleurer une reine (²), mais à imiter une sainte. C'est ainsi que saint Paul appeloit autrefois les chrétiens; et c'est ainsi que j'appelle très haute, très puissante, très excellente, et très religieuse princesse, Marie-Thérèse, infante d'Espagne, reine de France et de Navarre, qu'une piété sans interruption, et une fidélité constante à observer la loi de Dieu, ont rendue digne d'être louée à la face de ses autels par les ministres de son évangile.

Quand on a pour matière de ces sortes d'éloges une de ces vies mondaines dont on ne peut louer que la fin, et où le christianisme est réduit à quelques actes de religion faits dans le cours d'une maladie, qu'il est difficile qu'on ne flatte la vanité, ou que du moins on

---

(¹) I Corinth. 10. — (²) Eph. 4. Philip. 5.

ne l'épargne; qu'on ne confonde la fortune avec la vertu, et qu'on ne jette sans y penser quelques grains de l'encens que l'on doit à Dieu sur le monde qui n'est qu'une idole! Malheur à nous si nous louons ce que Dieu n'a pas approuvé, si nous consacrons sans discernement ces victimes purifiées à la hâte, sur le point de recevoir le coup mortel, et si nous excusons des années de vanité en faveur de quelques jours de pénitence!

Graces à Jésus-Christ, je suis aujourd'hui à couvert de ces difficultés et de ces craintes. Je parle d'une reine que le ciel avoit prévenue de ses bénédictions, et dont la vertu ne s'est jamais ni démentie ni relâchée. Sa vie a été une préparation continuelle à bien mourir, et sa mort est pour nous une exhortation à bien vivre. Quelque endroit de ses actions que je touche, tout est vertu, tout est piété: Intrigues de cour, affaires du monde, raisons d'état, vous n'avez point ici de part, et c'est la grandeur de mon sujet d'être renfermé dans une vie toute chrétienne. La conduite de Dieu sur la reine, la conduite de la reine à l'égard de Dieu; ou, pour diviser mon discours par les paroles de mon texte, les desseins de Dieu, fondements éternels de la piété de cette princesse, accomplis en elle; les commandements de Dieu gravés dans son cœur et mis en pratique, sont toute la matière de son éloge : *Fundamenta æterna supra petram solidam, et mandata Dei in corde mulieris sanctæ.* Je ne dis rien que son cœur que nous voyons ici n'ait ressenti. Je ne crains pas de mêler ses louanges au sacrifice qu'on offre pour elle, et je prends sur l'autel tout l'encens que je brûle sur son tombeau.

PREMIÈRE PARTIE.

Quoiqu'il n'y ait point devant Dieu de différence de personne ou de condition, et que sa providence veille indifféremment sur tous les hommes, l'Écriture sainte [1] nous enseigne pourtant qu'il a des soins particuliers de ceux qu'il porte sur le trône, et qu'il met à la tête de son peuple. Ce sont ses créatures les plus nobles, revêtues de sa puissance et de sa grandeur, et faites proprement à sa ressemblance et à son image. Il les conduit par son

[1] Ps. 104. Ps. 17.

esprit, il les fortifie par sa vertu, il les couronne dans ses miséricordes (¹). Il tient leurs cœurs entre ses mains, et les tourne comme il lui plaît, afin qu'ils servent à l'accomplissement de ses volontés et à l'avancement de sa gloire. Reconnoissons, messieurs, cette protection et cette conduite de Dieu sur la reine.

Elle étoit d'une maison auguste qui remplit plusieurs trônes à-la-fois, qui donne depuis long-temps des empereurs, des rois et des reines, à toute l'Europe, et qui regarde la gloire et la piété comme ses biens héréditaires. Elle étoit fille de ces rois qui, par la force des armes, par la prudence des conseils, ou par le droit des successions, ont réuni plusieurs couronnes en une seule, qui portent leur domination au-delà des mers et des monts, qui se font obéir dans l'ancien et le nouveau monde, et dont la puissance s'étend si loin, qu'ils gémissent, pour ainsi dire, sous le faix de tant de provinces et de royaumes, et que leur grandeur même leur est à charge. Mais ce qui relevoit sa naissance, c'est qu'elle la devoit à une fille de Henri-le-Grand (²), et que

(¹) Ps. 102. Prov. 21.
(²) Élisabeth de France, reine d'Espagne.

le sang de nos rois, ce sang le plus noble et le plus pur qui ait jamais coulé dans aucune maison royale, étoit heureusement mêlé au sang d'Autriche et de Castille.

Le ciel n'avoit mis ensemble tant de grandeur qu'afin de couronner la modestie de cette princesse. Elle ne se laissa pas éblouir à tout cet éclat. Au-dehors reine magnifique, au-dedans humble servante de Jésus-Christ, portant sur son visage la majesté de tant de rois dont elle tiroit sa naissance, conservant dans son cœur l'humilité du fils de Dieu, d'où dépendoit toute sa vertu : elle voyoit dans la suite de ses ancêtres non pas ce qui l'anoblissoit devant les hommes, mais ce qui pouvoit la sanctifier devant Dieu, dans le sein duquel elle alloit chercher et sa fin et son origine.

Aussi l'on ne l'ouït jamais se glorifier que de la qualité de chrétienne. On la vit souvent s'abaisser et se dérober à sa dignité pour se jeter aux pieds des pauvres : et si des yeux mortels pouvoient percer ces voiles qui couvrent au-dedans de nous les opérations de la grace et les sentiments de nos consciences, on l'auroit vue établir au-dedans d'elle le règne de Dieu selon les régles évangéliques (¹), planter la croix de Jésus-Christ sur un tas de sceptres et de couronnes, recevoir le sang du Sauveur pour purifier le sang de ses pères, effacer les titres de sa maison pour y graver ceux de son baptême; et, dans ce cœur où le mensonge et la flatterie n'osèrent jamais approcher pour lui donner une fausse gloire, écouter la vérité qui lui apprenoit ses devoirs, et qui lui montroit ses foiblesses.

Quoique Dieu par sa grace eût formé de si saintes inclinations dans son ame, il voulut qu'elle s'aidât des instructions et des exemples d'une mère qu'une sincère piété, une tendresse respectueuse pour son époux, une bonté officieuse et libérale pour ses sujets, un courage mâle dans les pressants besoins de l'état, et une sage patience dans les peines et les tribulations domestiques, avoient rendue vénérable et à l'Espagne où elle régnoit, et à la France d'où elle étoit sortie.

Ce fut d'elle que cette jeune infante apprit ces premières règles de la sagesse chrétienne, qu'il faut rendre à Dieu par reconnoissance

---

(¹) Luc, 17.

ce que nous tenons de sa bonté ; que le bonheur des riches ne consiste pas dans le bien qu'ils ont, mais dans le bien qu'ils peuvent faire ; et que, parmi tant de choses vaines et superflues qui environnent les grands du monde, ils doivent regarder leur salut comme la seule nécessaire. C'est ainsi qu'on l'accoutumoit dans son enfance à craindre Dieu et à l'aimer ; et l'on peut dire d'elle ce que l'Écriture a dit d'une autre reine, qu'elle ne changea pas son éducation : *Et non mutavit Esther educationem suam* (¹).

Providence éternelle, c'étoit pour nous que vous formiez ce cœur chrétien. Vous conduisiez ces deux princesses à vos fins par des voies secrètes ; et, pour partager vos faveurs aux deux premiers royaumes du monde, vous vouliez que la fille vînt comme restituer à la France tant de vœux et tant de vertus que la mère avoit portés à l'Espagne.

Le ciel fit naître en même temps, et faisoit croître sous une pareille éducation, le roi, dont la naissance miraculeuse promettoit à tout l'univers une vie pleine de miracles. On

---

(¹) Esth., c. ii.

voyoit avec joie avancer le jour heureux de cette auguste alliance; les nœuds en étoient serrés dans l'éternité; et, par des droits secrets que le ciel avoit décidés, la princesse du monde la plus parfaite appartenoit déja au plus grand des rois. Ils travailloient sans y penser à se plaire et à se mériter l'un l'autre. Louis recueilloit dans son esprit ces grands principes qui composent l'art de régner, qu'il exerce avec tant de gloire. Thérèse s'avançoit dans la connoissance des vertus chrétiennes, qu'elle a pratiquées avec tant d'édification. En l'un, la prudence et le courage se fortifioient insensiblement par l'expérience: en l'autre, la modestie et la piété s'entretenoient par la prière. Dieu donnoit au roi sa justice et son jugement pour le gouvernement de son peuple, à la reine, sa miséricorde et sa charité pour le soulagement des pauvres. L'un, nourri dans ses camps et dans ses armées, commençoit à prendre cette glorieuse habitude qu'il a de vaincre : l'autre, élevée au pied des autels, s'accoutumoit à faire des vœux pour des victoires. Tel fut le soin que le ciel prit, dans deux climats différents, de ces deux grandes ames qu'il devoit rassembler un jour ; et tels étoient dans les desseins éternels de Dieu les préparatifs de cette puissance qui fait aujourd'hui la terreur, l'admiration, ou la jalousie de toutes les autres.

La destinée du monde entier étoit liée à celle de cette princesse. Chacun croyoit voir en elle la fin des misères publiques et particulières ; et les peuples la regardoient comme cet ange de l'Apocalypse envoyé de Dieu sur la terre [1], l'arc-en-ciel sur la tête, pour marquer la paix et les miséricordes du Seigneur, et le visage comme le soleil, pour dissiper les nuages qui couvroient toute la face de l'Europe, et pour allumer dans le cœur d'un jeune roi victorieux des feux plus doux et plus purs que ceux de la guerre. Cette gloire lui avoit été réservée, messieurs, et c'étoit uniquement à ses vœux que devoit s'accorder une paix ferme et générale.

La France l'avoit desirée [2], même dans sa prospérité. Une reine alors régente [3] l'offroit aux hommes, après l'avoir demandée à Dieu. Sacrés autels, vous le savez, des troupes de

[1] Apoc., 10.
[2] La paix de Munster.
[3] Anne d'Autriche, veuve de Louis XIII.

vierges chrétiennes employées pour l'obtenir redoublèrent leurs oraisons, et les prêtres de Jésus-Christ en firent une partie des vœux de leurs sacrifices. Qui n'eût dit que tous les princes alloient l'accepter, les uns ennuyés de leurs pertes, les autres lassés de leurs victoires; et que rien ne pouvoit retarder un traité où la justice et la religion avoient tant de part, et où chacun devoit trouver sa consolation ou son avantage?

Mais Dieu ne juge pas comme nous jugeons : le jour de sa paix et de sa miséricorde n'étoit pas encore arrivé. Les passions des particuliers opposées au bien commun, les difficultés survenues dans ce grand nombre d'intrigues et de partis, les négociations traversées par la mauvaise foi des uns ou par l'impatience des autres, et l'accord à peine conclu entre la France et l'Allemagne, firent voir que la paix n'est pas un bien que le monde donne, et que Dieu, qui l'accorde quand il lui plaît, et comme il lui plaît, se réservoit à la donner par l'entremise de notre princesse.

Ce fut en effet, messieurs, la première bénédiction de son mariage. Représentez-vous cette île fameuse où deux hommes chargés des intérêts et du destin des deux nations faisoient valoir leur habileté à disputer les droits des couronnes, et tantôt se soutenant avec grandeur, tantôt se relâchant avec prudence, joignant l'adresse et la persuasion à la justice ou à la conjoncture des affaires, après avoir déployé tous les secrets de leur politique, conclurent enfin cette bienheureuse alliance; alliance qui fut pourtant l'ouvrage de la providence de Dieu, et non pas le fruit des travaux et de la sagesse de ces grands hommes. Quel fut ce jour heureux qu'on la vit sortir, comme la colombe de l'arche, de ce petit espace de terre que les flots respecteront éternellement, pour annoncer aux provinces leur félicité, et porter par-tout où elle passoit la paix et la joie dans les cœurs des peuples! Quel fut ce triomphe, lorsque, environnée de la gloire de son époux et de la sienne propre, elle nous parut, par sa modestie, comme un ange de Dieu parmi les acclamations et les fêtes de cette ville royale!

Trompons si nous pouvons notre douleur, messieurs, par le souvenir de nos joies passées; et, nous élevant aux grandeurs invisibles de Dieu par les grandeurs visibles des créatures, formons-nous une légère idée de la gloire dont elle jouit, par la gloire où nous l'avons vue. Mais elle avoit bientôt passé, cette gloire. Autant d'hommages qu'on rendoit à son rang ou à sa vertu étoient autant d'offrandes qu'elle faisoit intérieurement à Jésus-Christ crucifié : et l'impatience où elle étoit de se cacher dans quelque paisible et sainte retraite, pour y vaquer à la prière, marquoit assez combien les applaudissements et les vaines louanges des hommes lui étoient à charge.

Ses premières occupations furent d'aller d'église en église reconnoître Dieu par-tout où il veut être adoré. Sous la conduite d'une reine qui lui servoit de mère par sa tendresse, et de guide par son expérience, et qui, déchargée du poids du gouvernement, et libre des soins et des distractions des affaires, n'avoit plus de pensées que pour le ciel et pour son salut; sous ces auspices, dis-je, on la vit dans tous les lieux saints consacrer les prémices de son règne, et mettre au pied de chaque autel la plus belle couronne du monde. C'est dans cette sainte maison qu'elles venoient s'unir par la foi et par la charité plus étroitement qu'elles n'étoient unies par le sang et par la nature, raffermir par leurs vœux la paix quand elle étoit chancelante, attirer les lumières de Dieu sur le roi, et ses bénédictions sur le royaume.

Vierges de Jésus-Christ qui m'entendez, rappelez ces jours heureux en votre mémoire. Le zèle que vous avez pour votre époux vous faisoit voir avec plaisir ces majestés humiliées en sa présence; et l'ardeur de leurs oraisons vous servit souvent de motif pour renouveler la ferveur des vôtres. Vous vîtes ces maîtresses du monde vivre parmi vous comme vous qui l'avez quitté, chanter les cantiques du Seigneur, se mêler dans vos exercices de pénitence, faire dans ce désert un sacrifice des plaisirs et des joies du siècle, et répandre leurs cœurs devant Dieu, ces cœurs qui l'aimèrent pendant leur vie, et que vous voyez ici desséchés et consumés moins par la mort que par les desirs et l'impatience qu'ils ont d'être ranimés pour l'aimer éternellement.

Ne croyez pas qu'il entrât ni ostentation, ni raison humaine, dans la religion de cette princesse. Elle se proposa non pas de servir de spectacle au peuple, ou de se faire d'abord une réputation de piété par ces dévotions extérieures qui sont ordinaires à sa nation, et qui ne s'établissent que trop dans la nôtre, mais d'aimer Dieu dans la simplicité de son cœur, d'accomplir ses devoirs, et de donner de bons exemples. Un air de sagesse et de vérité répandu dans toutes les actions de sa vie marquoit la pureté de ses intentions. La modestie de son visage répondoit de la sincérité et de la bonté de son cœur; et sa persévérance dans la piété faisoit voir qu'elle étoit fondée sur la charité et sur la grace de Jésus-Christ, et non pas sur les jugements et sur l'approbation des hommes.

Ce n'est pas qu'elle ne se crût redevable aux hommes. C'est à tous les chrétiens que Jésus-Christ a commandé dans son évangile de faire des fruits de pénitence et de justice, afin de s'édifier les uns les autres par les bonnes œuvres qu'ils font, et de s'exciter à glorifier le père céleste (¹), qui leur donne la force et la volonté de les faire. Mais ce commandement regarde sur-tout les rois de la terre : ils sont plus élevés, et leurs actions

---

(¹) Ut videant opera vestra bona, et glorificent patrem, etc. MATTH., 5.

sont plus remarquables; ils ont plus d'autorité, et leurs exemples sont plus efficaces; ils tirent leur grandeur de Dieu, et ils doivent servir à sa gloire.

Telle fut la reine dans tout le cours de sa vie. Dieu l'avoit élevée sur le trône, afin qu'elle honorât sa religion; unie au plus grand roi du monde, afin que sa vertu fût plus regardée; établie dans un royaume où la communication plus libre des rois avec leurs sujets fait qu'on perd moins de leurs bons exemples. Elle suivit sa vocation; et jamais vie ne fut plus pure, plus régulière, plus uniforme, plus approuvée. Est-il échappé quelque indiscrétion à sa jeunesse? Sa beauté n'a-t-elle pas toujours été sous la garde de la plus scrupuleuse vertu? A-t-elle aimé qu'on la louât contre la vérité, ou qu'on la divertît aux dépens de la charité chrétienne? A quelle espèce de ses devoirs publics ou particuliers de religion ou domestiques a-t-elle manqué? Quelle liberté s'est-elle donnée qui pût, je ne dis pas mériter une censure, mais souffrir une mauvaise interprétation?

La crainte de Dieu régloit toutes ses actions, et la médisance n'eut jamais ni le sujet ni le courage d'en parler : *Timebat Dominum valde, nec erat qui loqueretur de ea verbum malum* (¹). Louange que l'Écriture donne à Judith, plus grande encore en ce temps où il y a si peu de réputations innocentes et irréprochables, et à la cour où la malice ne pardonne rien à la foiblesse, et où l'innocence même se sauve difficilement des soupçons et des mauvais bruits.

La Providence se servit d'elle pour donner aux uns l'envie de leur perfection, pour ôter aux autres les prétextes de leur négligence. Combien d'ames timides a-t-elle encouragées par sa profession publique de dévotion, et par les marques visibles de la miséricorde de Dieu sur elle! Combien de fausses vertus a-t-elle redressées par les régles qu'elle prescrivit à la sienne! Combien de désordres a-t-elle arrêtés, moins par la force de ses corrections que par la persuasion de son exemple!

Il est vrai que tout le poids de l'autorité, et toute la grandeur de l'état, est en la personne des rois; mais on peut dire que la discipline des mœurs, et le succès de la piété dans la

---

(¹) Judith, 8.

cour, est en la personne des reines. C'est autour d'elles que se range et que se réunit ordinairement tout l'esprit du siècle, le desir de plaire, l'envie de parvenir, le plaisir de voir et d'être vu. C'est là que se forgent ces traits de feu, selon les termes de l'apôtre (¹), dont l'ennemi se sert pour allumer les passions dans ces ames vaines qui sont les idoles du monde, et dont le monde lui-même est l'idole. C'est là que s'apprennent tous les usages du luxe, de la vanité, de l'ambition, et de la délicatesse; que se forment ces passions qui font mouvoir toutes les autres, et que, par un commerce fatal au salut des ames, les uns se font un art de séduire, et les autres une gloire d'être séduits. Comme le vice est contagieux, il se répand de là dans les régions inférieures des royaumes : on se fait des modèles de ces déréglements de mœurs; et, par une suite funeste, mais naturelle, les péchés mêmes des grands deviennent les modes des peuples, et la corruption de la cour s'établit enfin comme politesse dans les provinces.

Jusqu'où vont ces excès, quand une prin-

(¹) Tela nequissimi ignea. Eph., 6.

cesse mondaine les entretient ou les autorise! Qui ne sait que l'esprit du siècle est un poison qui s'enflamme et se dilate par de tels exemples? Et quelle espérance de salut peut-on avoir dans un lieu qui devient le centre de la vanité, le règne des mauvais desirs, le séjour des tentations, et le pays de l'idolâtrie?

La reine, messieurs, sanctifia sa cour en se sanctifiant elle-même. Pour être appelée auprès d'elle, il ne suffisoit pas de la suivre, il falloit aussi l'imiter, dans ses pratiques de piété. La sagesse et l'ordre y régnoient partout; la pudeur y étoit plus estimée que la beauté; et la vertu y trouvoit plus de crédit que la fortune. Méditer les sacrés mystères, assister au saint sacrifice, écouter la parole de Dieu, réciter les prières de l'Église; c'étoient les occupations de chaque journée. La visite extraordinaire d'un hôpital dans des nécessités pressantes, un voyage de dévotion pour honorer la fête d'un saint, une retraite dans un monastère pour y faire une revue de sa conscience; c'étoient les affaires que sa religion et sa charité lui faisoient regarder comme importantes. Ceux qui, par leur rang ou par leurs devoirs, avoient l'honneur de l'approcher, étoient touchés de ces bons exemples; et le peuple qui la voyoit dans ses dévotions, et dans quelles dévotions ne la vit-on pas! l'admiroit, la bénissoit, et l'imitoit.

Ne vous figurez pas pourtant, messieurs, que cette reine, quoique tout occupée de son salut, n'ait point eu de part aux événements et aux affaires du siècle. Elle y a eu toute celle que la Providence lui avoit destinée. Je ne parle pas de ces soins et de ces craintes cruelles qui firent si souvent porter à son cœur le poids de tant de difficiles entreprises. Je ne parle pas de cette régence qui, dans son peu de durée, ne laissa pas de faire voir les lumières qu'elle recevoit de Dieu, et la confiance que le roi son époux avoit en elle. Je parle de cette piété qui fut la source des prospérités constantes et souvent même inespérées de ce royaume. Je ne crains point de diminuer la grandeur des actions du roi : ce prince veut bien partager sa gloire avec la reine, et joindre ce que le ciel a fait par lui à ce que le ciel fit pour elle. S'il méditoit en secret ses grands et impénétrables desseins, la reine invoquoit cette sagesse éternelle qui préside au conseil des rois. Si la victoire voloit devant lui, les vœux de la reine avoient volé devant la victoire. S'il marchoit au milieu des hivers, l'oraison de cette princesse pénétroit les nues pour lui préparer les saisons. S'il combattoit les ennemis, elle levoit ses mains innocentes vers le ciel; et nos armées s'échauffoient plus de l'ardeur de sa prière que de la chaleur du combat. S'il s'exposoit lui-même aux périls; anges de Dieu, députés à la garde du roi et à la sienne, combien de fois vous conjura-t-elle d'accourir, de veiller, et de lui conserver une tête si chère et si précieuse!

C'est ainsi que s'accomplissoient les desseins de Dieu et sur le roi et sur la reine, et que se vérifioient ces oracles de l'Écriture : « Que la femme vertueuse est la récompense « de l'homme de bien; qu'elle attire grace sur « grace sur sa famille, et qu'elle est la cou-« ronne de son époux (¹). » Les ordres du Seigneur, dont cette reine étoit chargée, furent les fondements de sa grandeur; et les commandements du Seigneur qu'elle avoit gravés dans son cœur furent les règles de sa piété. C'est ce qui me reste à vous faire voir.

(¹) Eccl., c. xxvi. Prov., c. xii.

SECONDE PARTIE.

Quoique la piété ait ses règles et ses principes, et que, selon l'apôtre (¹), le culte qu'on rend à Dieu doive toujours être raisonnable, on peut dire qu'il y a parmi les hommes peu de dévotions sages et bien conduites. Les uns, sous les dehors de la vertu, cachant les desirs et les affections du siècle, donnent les œuvres à la religion, et gardent le cœur pour le monde. Les autres vivant, selon leur esprit, dans une excessive sévérité ou dans une molle indulgence, se font une dévotion d'humeur et de naturel, et, se rendant eux-mêmes leurs propres guides, veulent servir Dieu comme il leur plaît, et non pas comme il leur ordonne. Plusieurs quittent leurs devoirs essentiels pour des nouveautés superstitieuses, et mettent à la place des commandements de Dieu les méthodes et les traditions des hommes.

La reine s'est sauvée de ces défauts, messieurs; et nous avons vu dans sa conduite une dévotion solide, et selon les règles; cherchant

---

(¹) Rationabile obsequium vestrum. Rom., 12.

les connoissances nécessaires, et fuyant une vaine et dangereuse curiosité; donnant à l'édification du prochain ce qu'elle devoit à l'exemple; donnant à sa propre sanctification ce qu'elle devoit à sa conscience; se mettant au-dessus de la coutume quand elle étoit contraire à la loi; ne trouvant rien de petit dans la religion, ni rien de difficile pour son salut; attachée à tous ses devoirs, comme si elle n'en eût eu qu'un seul à remplir; humble sans bassesse, simple sans superstition, exacte sans scrupule, sublime sans présomption, animée enfin de l'esprit de Dieu, établie sur ses vérités, et réglée par ses préceptes.

Comme tous ces préceptes se réduisent à aimer Dieu et le prochain; que c'est à ces deux points que se rapportent toute la loi et toute la discipline des prophètes, et que toutes les bonnes œuvres, selon l'expression de saint Augustin [1], sont l'ouvrage de la seule charité, parceque c'est d'elle que naissent les pensées pures, les bons desirs et les actions saintes, et que toutes les vertus chrétiennes

---

[1] Aug. in Ps. 29.

sont ou les fruits ou les offices de celles-là ; voyons, messieurs, quel fut sur ce principe l'esprit et la piété de la reine.

Une parfaite docilité d'esprit et de cœur, un desir sincère de sa perfection et de son salut, une intention générale d'obéir et de plaire à Dieu ; c'étoit là le fond de son ame. On exhorte les autres à faire le bien ; il suffisoit de le proposer à cette princesse. Vous nous attirez par vos promesses ; vous nous faites craindre vos jugements, mon Dieu. C'étoit assez de lui faire connoître vos volontés ; et ce que nous faisons par obligation et avec peine, elle le faisoit par son inclination et par votre amour.

Nous l'avons vue, sur un simple avertissement, pratiquer à la rigueur toute l'austérité des jeûnes et des abstinences, et se priver de certains adoucissements que les priviléges et les coutumes de son pays lui avoient fait regarder comme permis, et que la flatterie lui avoit même conseillés comme nécessaires. Elle reçut tous les avis qu'on lui donna pour son salut comme autant de lois qu'on lui imposoit, persuadée que tout chrétien doit obéir à la vérité, et chercher toujours avec Jésus-

Christ ce qui est plus agréable à son père. *Quæ placita sunt illi facio semper* (¹).

De là venoit cette délicatesse de conscience qui lui faisoit peser toutes ses actions au poids du sanctuaire ; de là ces fréquentes et soigneuses recherches jusque dans les replis les plus secrets de son ame, pour y découvrir les moindres desirs que l'esprit du siècle et l'amour-propre y pouvoient cacher ; de là ces saintes joies ou ces tristesses salutaires qu'on a si souvent remarquées sur son visage à la fin de ses oraisons et de ses retraites, selon le plus ou le moins de progrès qu'elle croyoit avoir fait dans les voies de Dieu ; de là ces confessions réitérées, qui marquoient que dans son cœur contrit et humilié elle sentoit le poids des fautes même les plus pardonnables et les plus légères ; de là venoit enfin cette louable impatience de remplir tous les devoirs de son état, et d'étendre sa charité au-delà même de ses devoirs.

Ames tièdes, qui ménagez votre timide et avare piété, et qui croyez avoir toujours assez fait pour votre salut ; ames lâches, à qui le

---

(¹) Joan., 8.

péché pèse moins que la pénitence, venez ici vous confondre : ou plutôt, ames pures qui portez le joug du Seigneur, et qui marchez dans les sentiers de ses commandements et de ses conseils, venez vous exciter ici par les exemples d'une reine.

Une vue intérieure de Dieu lui ôtoit tout le goût des plaisirs du siècle. La figure du monde, dont parle l'apôtre(¹), passoit devant ses yeux sans s'y arrêter; et dans ses divertissements mêmes il y avoit non seulement de la dignité, mais encore du christianisme. Au milieu des jeux et des assemblées où l'ame se dissipe et s'évapore ordinairement, la sienne se recueilloit en elle-même; et tant d'objets de vanité qui se répandent autour des trônes étoient des sujets de réflexions pour sa piété, et non pas des sources de distractions pour ses prières.

Avec quel empressement alloit-elle en effacer jusqu'aux moindres idées dans le fond de son oratoire, et présenter à Jésus-Christ un cœur tout fait pour l'adorer et pour le bénir ! C'est là qu'elle portoit sa reconnoissance et

---

(¹) 1 Cor., vii, 31.

sa joie pour les assurances de la paix, pour les bons succès de la guerre. C'est là qu'elle répandoit ses larmes et sa tendresse, soit dans la perte de ses enfants, que le ciel lui donna pour accomplir ses desirs, et lui ôta pour éprouver sa résignation; soit dans l'absence du roi, lorsque l'ardeur de son courage et les besoins de l'état l'engageoient à ces expéditions militaires où il achetoit par ses propres périls sa réputation et sa gloire; soit dans ces inquiétudes et dans ces peines secrétes que la providence de Dieu, pour le salut de ses élus, mêle souvent aux grandes fortunes.

Mais ne sondons pas ce qui se passoit entre Dieu et elle. Les gémissements de la colombe doivent être laissés à la solitude et au silence, à qui elle les a confiés. Il y a des croix dont le sort est de demeurer cachées à l'ombre de celle de Jésus-Christ; et il suffit de dire à la gloire de cette princesse, que tout servit à son salut, et que le père des miséricordes, et le Dieu de toute consolation, qu'elle aima toujours également, la soutint et dans les douceurs et dans les amertumes de la vie.

Aussi rien ne la toucha jamais si sensiblement que l'intérêt de sa religion. Quelle mission y a-t-il eu qu'elle n'ait ou assistée de son crédit, ou entretenue par ses bienfaits! Quelles conversions a-t-elle apprises, dont elle n'ait eu la même joie que les anges en ont dans le ciel, selon la parole de l'Évangile (¹)! Dès qu'on ouït gronder l'orage qui vient de fondre sur l'Empire et sur la Hongrie, n'ajouta-t-elle pas à ses dévotions ordinaires une heure d'oraison par jour? Ne dit-elle pas plusieurs fois, « qu'étant chrétienne sur toutes « choses, elle craignoit encore plus pour sa « religion que pour sa maison? » Et peut-être que ce coup du ciel qui vient de dissiper ce gros nuage, et d'arracher la couronne des empereurs des mains presque des infidèles, est un effet des intercessions de cette princesse.

Ce zèle qu'elle avoit pour la foi de Jésus-Christ lui faisoit admirer tout ce que le roi fait pour elle. C'étoit là comme le centre de cette vive et constante tendresse qu'elle nourrissoit pour lui dans son cœur. Qu'il étoit grand, et qu'il lui paroissoit aimable, quand par la sévérité de ses lois il arrêtoit la licence

---

(¹) Luc, 15.

et l'impiété; quand, à l'exemple de ces princes religieux dont le Saint-Esprit a fait l'éloge dans l'Écriture, il abattoit les hauteurs, je veux dire les temples que l'hérésie avoit élevés sur les débris de nos autels; quand il rétablissoit le culte de Dieu dans ses conquêtes, et que, marchant sur ces remparts qu'il venoit de foudroyer, il alloit lui offrir pour premier hommage, au pied de ses autels renouvelés, les lauriers qu'il avoit cueillis! Quel étoit le cœur de la reine en ces occasions où l'intérêt de l'Église étoit joint à celui de l'état, et où l'amour de Dieu et l'amour du roi n'étoient presque qu'une même chose?

Que ne puis-je vous la représenter dans les pratiques du christianisme! Quel spectacle plus édifiant que de la voir dans les églises, et très souvent dans sa paroisse, plus remarquable encore par sa vertu que par sa suite, se mêlant aux plus simples brebis pour entendre la voix du pasteur, et ne se distinguant de la foule que par son humilité, son recueillement, et son application à la prière?

Suspendez pour un temps votre douleur, fidèles et désolés domestiques de cette princesse, et rendez ici témoignage à la vérité.

Dès qu'elle entroit dans la maison de Dieu, n'oublioit-elle pas qu'elle étoit reine? L'avez-vous vue distraire sa foi par un regard curieux, ou par une parole indiscrète? Dans les plus rudes hivers, au milieu des étés brûlants, vous êtes-vous jamais aperçus de quelque relâchement, ou de quelque impatience dans la longueur de ses oraisons? Ne fut-elle pas en tout temps également attentive, immobile, anéantie en elle-même? Combien de fois la vîtes-vous ramener les courtisans à l'exercice de leur foi par les marques qu'elle donnoit de la sienne, inspirer des sentiments de religion aux ames les plus déréglées, et les retenir dans le silence et dans le devoir, moins par le respect de sa dignité que par l'exemple de sa modestie?

Les événements d'une régence tumultueuse, la valeur d'un héros, une suite de guerres et de victoires, des vertus brillantes et presque mondaines, frapperoient peut-être davantage vos esprits : mais je ne viens pas vous surprendre par des actions extraordinaires; je viens vous édifier par des vertus qui, toutes communes qu'elles paroissent, ne laissent pas d'être héroïques.

Avec quelle soumission écoutoit-elle la parole de Dieu! On lisoit dans son cœur l'impression qu'elle y faisoit, et le fruit qu'elle y devoit faire: pourvu que Jésus-Christ fût annoncé, et que son ame fût nourrie, elle demeuroit satisfaite. Dans nos sermons, mes frères, elle cherchoit ses défauts, elle nous pardonnoit les nôtres; et pour toucher nos auditeurs, avouons-le, sa présence fut quelquefois plus efficace que nos paroles.

Quel respect enfin n'avoit-elle pas pour tout ce qui regarde Jésus-Christ, pour ses saints, pour ses autels, pour le chef visible de son Église, pour ses prêtres! prêtres que les gens du monde n'estiment ordinairement que par leur qualité, ou par les revenus de leurs bénéfices, et que les grands regardent quelquefois comme les moins importants et les moins utiles de leurs domestiques, avilissant ainsi le sacerdoce de Jésus-Christ, et passant insensiblement du peu d'estime pour les ministres au peu de respect pour le ministère.

C'étoit de leurs mains qu'elle recevoit le corps et le sang du Fils de Dieu: voilà la source de son respect. Comme c'est de cette nourriture céleste que l'ame chrétienne tire sa force, sa consolation et sa charité, la reine se disposoit à profiter de ces avantages. Quoiqu'elle approchât souvent des autels, c'étoit religion, et non pas coutume. Elle communioit avec autant de pureté que si elle eût communié tous les jours; avec autant de préparation que si elle n'eût communié qu'une fois l'année. Cette familiarité, pour ainsi dire, des sacrés mystères ne faisoit que la rendre plus respectueuse et plus circonspecte; et l'usage fréquent qu'elle en faisoit, toujours humble et toujours tremblante, ne diminuoit pas sa ferveur, et redoubloit sa reconnoissance. Elle s'éprouvoit, elle se corrigeoit, elle veilloit sur elle-même, à l'imitation de cette merveilleuse femme dont parle l'Écriture : « Elle visitoit tous les endroits de sa maison, et « ne mangeoit pas son pain dans l'oisiveté([1]); » travaillant tantôt à humilier sa grandeur par des abaissements volontaires, tantôt à soumettre sa volonté à des complaisances difficiles, souvent à réprimer par sa patience ses vivacités naturelles, et toujours à secourir le prochain dans ses nécessités et dans ses peines.

([1]) Consideravit semitas domûs suæ, et panem otiosa non comedit. Prov., 31.

C'est ici, messieurs, que s'ouvre une matière nouvelle à mon discours, et que j'ai besoin que l'esprit de Dieu, dans le peu de temps qui me reste, élève mon esprit et ma voix pour louer les miséricordes qu'il a faites, et celles qu'il a inspirées à cette princesse. Deux choses endurcissent ordinairement le cœur des riches et des puissants du siècle à l'égard des pauvres : l'orgueil de la condition, et la délicatesse de la personne. Comme ils sont vains, ils ont peine à descendre à des ministères qui sont honnêtes, mais qui ne paroissent pas honorables; et comme ils sont à couvert de la plupart des misères humaines, ils ont moins de pitié de ceux qui les souffrent. Cependant l'Écriture leur ordonne d'humilier leurs ames devant le pauvre, et d'être touchés dans le cœur de sa pauvreté et de ses peines.

C'étoit là, messieurs, le caractère de la reine. Ces dédains, ces dégoûts que le respect assidu des grands et l'abaissement des petits ne produisent que trop souvent dans l'ame des princes, ne rebutèrent jamais le malheureux ni l'indigent, lorsqu'il implora son secours. Tout ce qui lui représenta Jésus-Christ souffrant fut l'objet de sa compassion et de son estime, et sa charité n'eut d'autres bornes que celles que Dieu avoit données à son pouvoir ou à ses desirs. Retraites sombres où la honte renferme la pauvreté, combien de fois a-t-elle fait couler jusqu'à vous ses consolations et ses aumônes, inquiète de vos besoins et de vos chagrins, et plus soigneuse de cacher ses charités que vous ne l'étiez de cacher votre misère ! Monastères qui n'avez que la croix de Jésus-Christ pour possession et pour héritage, combien de fois vous fit-elle voir que vous pouviez mettre en lui votre confiance, et que rien ne manque à ceux qui le craignent ! Combien de troupes de malades assista-t-elle ! Combien de jeunes filles fit-elle élever dans des communautés de vierges chrétiennes ! Combien de communautés même fit-elle subsister par ses pensions et par ses bienfaits ! Qui pourroit raconter ici tout ce que nous avons connu de sa charité, et découvrir tout ce que son humilité nous en a caché?

Mais qu'est-il besoin de lever le voile qu'elle a jeté sur ces actions? Voyons-la dans ces hôpitaux où elle pratiquoit ses miséricordes publiques, dans ces lieux où se ramassent toutes les infirmités et tous les accidents de la vie humaine, où les gémissements et les plaintes de ceux qui souffrent remplissent l'ame d'une tristesse importune, où l'odeur qui s'exhale de tant de corps languissants porte dans le cœur de ceux qui les servent le dégoût et la défaillance, où l'on voit la douleur et la pauvreté exercer à l'envi leur funeste empire, et où l'image de la misère et de la mort entre presque par tous les sens : c'est là que s'élevant au-dessus des craintes et des délicatesses de la nature, pour satisfaire à sa charité au péril de sa santé même, on la vit toutes les semaines essuyer les larmes de celui-ci, pourvoir aux besoins de celui-là; procurer aux uns des remèdes et des adoucissements à leurs maux, aux autres des consolations de l'esprit, et des secours pour la conscience.

Compagnes fidèles de sa piété, qui la pleurez aujourd'hui, vous la suiviez quand elle marchoit dans cette pompe chrétienne: plus grande dans ce dépouillement de sa grandeur, et plus glorieuse, lorsque, entre deux rangs de pauvres, de malades, ou de mourants, elle participoit à l'humilité et à la pâtience de Jésus-Christ, que lorsque, entre deux haies de troupes victorieuses, dans un char brillant et pompeux, elle prenoit part à la gloire et aux triomphes de son époux.

Admirez, femmes riches, et tremblez, dit le prophète (¹), vous qui, par des dépenses folles et excessives, contraignez vos maris à chercher dans l'oppression des pauvres de quoi fournir à vos vanités et à votre luxe; vous qui frémissez à la vue d'un hôpital; qui faites servir votre délicatesse de prétexte à votre dureté; et qui, bien loin de soulager les maux de tant de personnes affligées, affectez de les ignorer.

Mais ce qui couronne la vie de cette princesse, c'est qu'elle fut toujours égale : mêmes vertus, mêmes retraites, mêmes prières, même usage des sacrements, mêmes principes, mêmes règles. La grace l'excitant, la grace la soutenant, elle demeuroit en Jésus-Christ, et Jésus-Christ demeuroit en elle. Comme sa foi ne fut pas feinte, sa persévérance ne lui fut point ennuyeuse, et sa ferveur se renouvela par tout ce qui devoit, ce semble, la ra-

(¹) Obstupescite, opulentæ, et conturbamini. Isaias, 32, 11.

lentir. Occupations, divertissements, devoirs publics, nécessités et servitudes de la royauté, rien ne put lui faire perdre la suite de ses oraisons. Elle savoit racheter le temps, selon le conseil de l'apôtre (1), et reprendre sur son sommeil les heures qu'on avoit dérobées à sa retraite. Où trouvoit-elle du repos dans les fatigues des voyages, sinon dans les cloîtres, au pied des autels? Et qui de nous ne l'a pas vue se délasser dans ses exercices de piété, et ménager si bien son temps, que, sans retarder les desseins du roi, et sans rien omettre de ses dévotions, elle avoit toute la complaisance qu'une femme doit à son époux, et toute la fidélité qu'une chrétienne doit à Dieu?

Telle fut, durant le temps qu'elle vécut, la foi persévérante de la reine. Vous l'avez dit, mon Dieu : « Qui persévérera jusqu'à la fin, « celui-là sera sauvé (2); » et vous l'avez fait, en donnant votre couronne et votre salut à cette princesse prédestinée. Vous l'avez prise au milieu de ses satisfactions, de son bonheur et de sa joie; et vous avez pourtant trouvé

(1) Ephes., 5. Coloss., 4.
(2) Matth., 10.

son cœur occupé de vous. Vous l'avez enlevée par un accident imprévu; nous adorons vos jugements, et nous reconnoissons vos miséricordes : la confiance qu'elle avoit en vous ne devoit être affoiblie par aucune crainte, et l'innocence de sa vie valoit bien la pénitence des mourants.

La reine avoit passé ses jours avec la même attention à son salut qu'on a d'ordinaire à sa dernière heure. Hostie vivante de Jésus-Christ, elle avoit dressé de ses propres mains le bûcher où elle devoit consommer son sacrifice; et il étoit juste de lui épargner les horreurs de la mort en récompense de sa bonne vie.

Pour nous, Seigneur, qui violons si souvent votre sainte loi, faites-nous sentir que nous mourons long-temps avant que de mourir. Qu'un prophète nous vienne dire de votre part : « Mettez ordre à votre maison, car votre « heure dernière approche (¹). » Menez-nous pas à pas à la mort; et, pour expier nos péchés, faites durer notre sacrifice. Que notre ame ait le temps de se purifier par la tribu-

---

(¹) Isaias, 38, 1.

lation et par la patience d'une maladie; et que l'image de la mort et la crainte de vos jugements, venant à remuer nos cœurs, excitent en nous la ferveur de la pénitence.

Que lui restoit-il, messieurs, à demander au ciel, ou à desirer sur la terre? Elle voyoit le roi au comble des prospérités humaines, aimé des uns, craint des autres, estimé de tous, pouvant tout ce qu'il veut, et ne voulant que ce qu'il doit, au-dessus de tous par sa gloire, et par sa modération au-dessus de sa gloire même.

Elle voyoit en vous, monseigneur, tous ses vœux accomplis. Ce caractère de grandeur et de bonté, de modération et de courage, de justice et de religion; ce respect que le roi vous inspira toujours pour elle, cette soumission qu'elle vous inspira toujours pour le roi; ces vertus de tous les deux unies ensemble, qui vous font regarder comme l'image de l'un et de l'autre; cette union si pure et si tendre avec cette auguste princesse que le ciel semble nous avoir donnée pour recueillir le double esprit de la reine, et pour nous représenter sa grandeur et sa piété; ces bénédictions que Dieu a répandues, et qu'il va répandre encore sur votre auguste mariage, furent des sources de joie et de consolation pour elle. Que son cœur fut touché, lorsqu'elle vous vit dans ces camps où votre intelligence, votre activité, votre application, vous tenant lieu d'expérience, vous pratiquiez les règles du commandement sans avoir presque besoin de les apprendre, prêt à recevoir les ordres du roi et à les donner à ses armées; capable de faire exécuter ses grands desseins et de suivre ses grands exemples; fait pour obéir à lui seul et pour commander au reste du monde! Dieu voulut que ce fût là sa dernière joie; heureuse d'avoir vu jusqu'où peut aller votre gloire, sans être exposée à ces craintes que pouvoit lui donner un jour votre grand courage.

Que pouvoit-elle espérer après sa mort? la surprise et l'effroi, puis les regrets et la douleur des peuples; les monuments dressés à sa gloire, les prières et les sacrifices offerts pour elle, les larmes des pauvres répandues, les témoignages rendus à sa vertu par la voix publique, ses bonnes œuvres annoncées pour l'édification des fidèles; tout relève, tout bénit sa mémoire. Vous-même, grand roi, unique objet de son respect et de sa tendresse, auguste témoin de sa vertueuse et sage conduite, vous l'avez aimée, vous l'avez pleurée, vous l'avez louée; vous l'avez dit: « Je n'ai jamais « reçu de chagrin d'elle que celui de l'avoir « perdue; » et si parmi les joies du ciel il reste encore aux saintes ames quelques sentiments pour les consolations de ce monde, elle est touchée de celle-ci; et il me semble que je vois ce cœur, tout insensible qu'il est, se réveiller et s'attendrir à cette parole.

Mais les honneurs dont elle a joui, et ceux qu'on rend à sa mémoire, sont d'inutiles et foibles secours : ce qui seul peut nous consoler dans la mort soudaine de cette princesse, c'est l'assurance de son salut. C'est aussi ce qui doit nous instruire, messieurs, et nous faire prévoir nos dangers. Après un reste de malheureux jours, « une nuit vient, dit le Fils de « Dieu, où personne ne peut travailler. » *Venit nox quandò nemo potest operari*([1]). Un aveuglement volontaire, qu'on s'est fait durant le cours de plusieurs années par la négligence de ses devoirs, forme enfin des ténèbres impé-

([1]) Joan., 9.

nétrables. On est surpris d'une maladie dont on craint trop ou dont on ne craint pas assez les progrès. On ne voit ni l'importance du passé ni les conséquences de l'avenir. On a commis le péché sans crainte, on reçoit les sacrements sans réflexion. On se flatte de vaines espérances de guérison, ou l'on est flatté de vaines espérances de salut, et l'on est mort avant qu'on ait aperçu qu'on pouvoit mourir.

Quand il luiroit quelque rayon de connoissance, les puissances de l'ame se trouvent ou liées par la douleur, ou usées par l'habitude. On se repaît des vains projets d'une conversion imaginaire, ou d'une confiance présomptueuse en la miséricorde divine; et, dans ces malheureux moments où l'on ne peut ni pratiquer les vertus ni vaincre les vices, on tombe entre les mains de la justice de Dieu avec le désespoir de ne pouvoir y satisfaire.

Fasse le ciel, messieurs, que nous prévenions ces dangers; et que si nous n'avons pas, comme la reine, les mérites d'une vie pure et innocente, nous ayons au moins les précautions de la pénitence, afin d'obtenir, par le mérite du sang de Jésus-Christ, la gloire qu'elle possède, et que je vous souhaite.

ORAISON FUNÈBRE

DE TRÈS HAUT ET PUISSANT SEIGNEUR

MESSIRE MICHEL LE TELLIER,

CHEVALIER, CHANCELIER DE FRANCE;

prononcée dans l'église de l'hôtel royal des Invalides, le 29 mai 1686.

Usque in senectutem permansit ei virtus, ut ascenderet in excelsum terræ locum; et semen ipsius obtinuit hæreditatem, ut viderent omnes filii Israel quia bonum est obsequi sancto Deo.

Sa vertu s'est soutenue jusqu'à sa vieillesse; elle l'a fait monter aux lieux élevés de la terre : sa postérité a recueilli son héritage, afin que les enfants d'Israël connoissent qu'il est bon d'obéir au Dieu saint.

Au livre de l'Ecclésiastique, c. XLVI.

A quel dessein, messieurs, êtes-vous assemblés ici, et quelle idée avez-vous de mon ministère? Viens-je vous éblouir de l'éclat des honneurs et des dignités de la terre, et venez-vous interrompre ici l'attention que vous devez aux saints mystères pour nourrir votre esprit du récit spécieux d'une félicité mondaine? Attendez-vous qu'au lieu d'exciter votre piété par des instructions salutaires, j'irrite votre ambition par de vaines représentations des prospérités de la vie? Oserois-je, à la vue de ce tombeau, fatal écueil des grandeurs humaines, à la face de ces autels, demeure sacrée de Jésus-Christ anéanti, louer les vanités du siècle, et, dans un jour de tristesse et de deuil, étaler à vos yeux l'image flatteuse des faveurs et des joies du monde!

Dans l'éloge que je fais aujourd'hui de très haut et puissant seigneur messire Michel Le Tellier, ministre d'état, chevalier, chancelier de France, j'envisage, non pas sa fortune, mais sa vertu; les services qu'il a rendus, non pas les places qu'il a remplies; les dons qu'il a reçus du ciel, non pas les honneurs qu'on lui a rendus sur la terre; en un mot, les exemples que votre raison vous doit faire suivre, et non pas les grandeurs que votre orgueil pourroit vous faire desirer.

Ce n'est pas, messieurs, que je veuille blâmer ici ces ministères honorables où la providence de Dieu l'avoit élevé, qui sont les fruits de la réputation et du mérite. Je sais que son crédit n'a fait qu'autoriser sa probité; que ses grands emplois ont servi de moyen et de matière à ses bonnes œuvres; et que nous devons à ses dignités ce caractère singulier d'une vie simple dans sa sagesse, modeste dans son élévation, tranquille dans l'embarras et le tumulte des affaires; uniforme dans ses conditions différentes, toujours louable, toujours utile, et toujours, quelque bonheur qui l'accompagnât, plus heureux pour le public que pour lui-même.

Il est vrai que le ciel a rempli ses desirs, et qu'il a eu, pour ainsi dire, la destinée des patriarches : cette plénitude de jours qui consomme la prudence de l'homme juste; cette suite de bons succès que le temps, et la fortune qui change tout, n'ont osé troubler; ces richesses innocentes qui ont entretenu son honnête et frugale opulence; cet esprit qui, malgré le poids des années et des affaires, a conservé sa force et sa vigueur dans les ruines mêmes du corps; cette gloire qu'il a maintenue, et qu'il a vue renaître en ses enfants de génération en génération; cette mort dans la paix et dans l'espérance du Seigneur, qu'il a regardée comme la fin de son travail et le terme de son pélerinage.

Ce sont là les récompenses visibles de la vertu; mais ce n'est pas la vertu même. Ce sont les bénédictions de l'ancienne loi, non pas les graces de la nouvelle. Je m'arrête à cette vertu persévérante et continuée, suivant les paroles de mon texte, et je viens vous montrer par quels emplois le ciel avoit préparé ce grand homme, par quelles voies il l'a conduit, par quels secours il l'a soutenu dans les dignités éminentes; et recueillir en sa personne la fidélité d'un sujet, la sagesse d'un ministre d'état, la justice d'un chancelier. Fasse l'esprit divin que la religion règne dans mon discours, et que les enfants de ce siècle apprennent aujourd'hui de moi la prudence des enfants de lumière!

PREMIÈRE PARTIE.

Dans le royaume spirituel de Jésus-Christ il y a des vocations différentes : les uns, dans la retraite et dans le silence, opèrent en secret leur propre salut; les autres, dans l'action et dans des offices publics de religion, travaillent au salut de leurs frères, conduisent la maison de Dieu, et sont les ministres de Jésus-Christ pour l'utilité de son Église. Ainsi, dans les royaumes temporels, la Providence divine, qui par d'invisibles ressorts conduit les hommes à ses fins, resserre le cœur des uns, et les retient dans les bornes étroites d'une administration domestique; élève l'esprit des autres pour en faire les juges ou les conducteurs de son peuple, et pour aider de leurs conseils les souverains qui les gouvernent. Le Seigneur en fait des serviteurs fidèles, les guide lui-même dans les sentiers de la justice, et leur révèle peu à peu les secrets de sa sagesse.

C'est ainsi qu'il forma cet habile et fidèle ministre dont vous honorez ici la mémoire. La bonté du naturel prévint en lui les soins de l'éducation. L'étude, le génie, les réflexions, fortifièrent bientôt sa raison. On vit dans une grande jeunesse ce qu'on trouve à peine dans un âge plus avancé, de la régularité et de la retenue. Son esprit parut et par ce que sa vivacité en produisoit, et par ce qu'en cachoit son jugement et sa modestie. Un air doux et insinuant lui attiroit l'estime et la confiance; et je ne sais quoi d'honnête et d'heureux répandu dans ses actions et sur son visage laissoit voir dans le caractère de sa vertu le présage de sa fortune.

La première passion qu'il eut fut celle de se rendre utile ; et comme il étoit né dans le sein même de la magistrature, et qu'il avoit devant les yeux l'image de l'équité et de la réputation de ses pères, il eut dessein d'entrer dans une de ces compagnies célèbres où règnent l'honneur et l'intégrité, et où s'exercent non pas les jugements des hommes, mais ceux de Dieu, selon le langage des Écritures(¹). Il s'instruisit de ses devoirs : il consulta les oracles de la jurisprudence; et, dans ces tribulations domestiques qu'attirent d'ordinaire sur les enfants un père mort, une mère veuve, contraint de défendre les droits de sa succession contre des prétentions illégitimes, il se fit de l'ennuyeuse poursuite de son affaire une étude louable de sa vocation. Il apprit par ses propres peines à compatir à celles des autres. Il discerna les raisons de la bonne cause d'avec les préventions et les artifices de la mauvaise. Il vit ce que prescrivent les lois, ce que la chair et le sang inspirent ; et, tirant de la conduite de ses juges des enseignements pour la sienne, il apprit, en soute-

---

(¹) 2 Par., 19, 6.

nant son propre droit, à conserver celui des autres; et la justice qu'il demandoit lui fit connoître la justice qu'il devoit rendre.

Avec cette disposition il entra dans le grand conseil. La connoissance des affaires, l'application à ses devoirs, l'éloignement de tout intérêt, le firent connoître au public, et produisirent cette première fleur (¹) de réputation qui répand son odeur plus agréable que les parfums sur tout le reste d'une belle vie. Les plaisirs ne troublèrent pas la discipline de ses mœurs ni l'ordre de ses exercices. Il joignit à la beauté de l'esprit et au zèle de la justice l'assiduité du travail, et méprisa ces ames oisives qui n'apportent d'autre préparation à leurs charges que celle de les avoir desirées; qui mettent leur gloire à les acquérir, non pas à les exercer; qui s'y jettent sans discernement, et s'y maintiennent sans mérite; et qui n'achètent ces titres vains d'occupation et de dignité que pour satisfaire leur orgueil et pour honorer leur paresse.

Les sollicitations de ses amis et les conjonctures du temps le poussèrent bientôt

---

(¹) Eccli., 7, 2.

dans un autre emploi, qui, le faisant l'homme du roi dans une grande juridiction, donna plus d'étendue à sa vertu, et plus de matière à sa gloire. C'est là que, chargé de la protection des lois et des polices humaines, au milieu d'un conflit tumultueux de grands et de petits intérêts qui divisent les citoyens, il réprimoit la licence des uns, relevoit la foiblesse des autres; et, de son équitable tribunal à l'épreuve des importunités, au-dessus des passions qui l'environnent, il poursuivoit le crime, armé du glaive de la justice, et couvroit l'innocence du bouclier des lois et de l'autorité royale.

La douceur naturelle de son esprit ne faisoit qu'augmenter le respect qu'on avoit pour lui. Quel malheureux n'espéroit pas, en l'abordant, du secours ou de la pitié? La bonne cause perdit-elle jamais devant lui la confiance et la liberté qui lui est due? A qui refusa-t-il jamais le temps et la patience de l'écouter? Le vit-on rebuter un pauvre, et mépriser sa propre chair (¹), comme parle le prophète? Qu'il étoit éloigné de ceux qui,

---

(¹) Carnem tuam ne despexeris. Isa., 58, 7.

joignant à la sévérité de leur profession la rudesse de leur humeur, affligent les pauvres de Jésus-Christ, et désespèrent, par leur dureté, des misérables qui ne gémissent déjà que trop sous le poids de leur mauvaise fortune, qui craignent plus leurs juges que leurs parties, et qui regardent le mépris qu'on a pour eux comme un avant-coureur de l'injustice qu'on leur va faire!

Mais Dieu le destinoit à de plus nobles fonctions, et vouloit approcher des rois une tête aussi capable de les servir. Il s'élève, et se fait admirer dans le conseil. Que croiriez-vous, messieurs, de ces changements et de ces accroissements de gloire, si sa modération ne vous étoit aussi connue que sa fortune? Ne vous figurez pas de ces élévations soudaines que produit quelquefois dans les états l'heureuse ambition des sujets ou l'aveugle faveur des princes : ne pensez pas à cette impatience téméraire de la plupart des jeunes gens, moins occupés des charges qu'ils ont que de celles qu'ils n'ont pas; qui se dispensent de l'ordre du temps et de la raison pour monter précipitamment aux premiers tribunaux du royaume, comme si l'honneur pouvoit s'acquérir sans travail, et la sagesse sans expérience.

Souvenez-vous plutôt de la sainte simplicité de nos pères. Chacun mesuroit ses emplois à ses propres forces; l'ambition n'étoit ni présomptueuse ni inquiète. On se faisoit une espèce de religion d'apprendre ses premiers devoirs avant que de passer à d'autres. Il y avoit une proportion, et comme un point de maturité, que chacun cherchoit en lui-même avant que d'entrer aux administrations publiques. Les progrès qu'on faisoit dans les dignités étoient des marques et des récompenses du mérite; et les services qu'on avoit rendus dans les unes étoient des gages assurés des services qu'on devoit rendre dans les autres.

Ainsi s'avançoit M. Le Tellier, rempli de ses obligations présentes, fidèle à chacune de ses conditions, comme s'il n'en eût jamais dû sortir, et se préparant par de grandes vertus à de grands emplois. Lorsque le feu de la rebellion s'alluma dans la capitale [1] d'une province voisine, et qu'un illustre chancelier [2], avec

---

[1] Rouen. — [2] M. de Séguier.

la justice armée, alloit ou l'arrêter par l'autorité des lois, ou la punir par la puissance des armes, il fut choisi pour l'assister de ses conseils, et pour chercher avec lui ces difficiles tempéraments de menace qui étonne, de remontrance qui corrige, de douceur qui apaise, de sévérité qui châtie. Quel soin ne prit-il pas de désarmer cette multitude irritée, de dissiper leurs fausses craintes, et d'imprimer dans ces esprits, que sa parole avoit calmés, le respect et l'obéissance! Il apprenoit alors à prononcer des arrêts, à sceller des graces, à ramener, dans de plus importantes occasions, les peuples à l'autorité royale.

Que dirai-je de cette intendance qui fut comme un coup d'essai de son ministère, sinon qu'il fit craindre et qu'il fit aimer la France dans l'Italie; qu'il aida par son industrie à réunir les princes de l'auguste maison de Savoie; qu'il parut bon négociateur et bon courtisan, et qu'il remporta autant d'estime et d'affection publique de ces pays étrangers, qu'il y avoit laissé d'exemples d'une sage et vertueuse conduite?

Mais je passe à des actions plus éclatantes, et je commence à sentir le poids de mon sujet.

Ce fut en ce temps que, pour le malheur du royaume, mourut ce cardinal fameux par la force de son génie, par le succès de ses entreprises, par la beauté de son esprit, à qui la France devoit sa grandeur, son repos, et sa politesse. Quelle chute, messieurs, et combien de fortunes chancelantes ou renversées en une seule! Que sont les hommes, lorsqu'au milieu de leurs espérances et de leurs établissements, Dieu, dont les jugements sont impénétrables, brise le bras de chair qui les appuyoit?

Les uns se perdent sans ressource; les autres, étonnés et incertains de leur état, ne pouvant ni soutenir leur dignité, ni supporter leur disgrace, ni se maintenir à la cour, ni se résoudre à la retraite, traînent avec ennui les foibles restes d'un crédit qui se soutient encore un peu par lui-même, et qui tombe bientôt après sous le poids d'une nouvelle domination. Les bienfaits s'oublient, les amitiés cessent, la confiance s'éloigne, les services même sont comptés pour des récompenses. Quand on seroit utile, on cesse d'être agréable : de nouveaux intérêts font chercher de nouveaux sujets. Telles sont les vicissitudes du monde. Vous seul, Seigneur, êtes toujours le même, et vos années ne finissent point (¹). Bienheureux ceux qui se confient en vous, leurs espérances ne seront point confondues!

Ce fut dans ces révolutions que M. Le Tellier, contre les apparences et contre ses propres projets, fut rappelé de ses emplois pour entrer dans la charge de secrétaire d'état et dans le ministère de la guerre, en un temps où la discorde régnoit dans toutes les parties de l'Europe, où le bruit de nos armes retentissoit de tous côtés, et où nos ennemis et nos envieux s'animoient par nos pertes et s'irritoient de nos victoires. Il falloit un homme laborieux pour se charger d'un long et pénible détail; exact, pour entretenir l'ordre et la discipline de tant d'armées; fidèle, pour distribuer les finances avec des mains pures et innocentes; juste, pour représenter les services des soldats et des officiers, et faire élever les plus dignes aux places qu'une louable mais malheureuse valeur rendoit vacantes; sage, pour ménager, dans des conjonctures

(¹) Tu autem idem ipse es, et anni tui non deficient. Ps. 101, 28.

difficiles, ces esprits vains et remuants qu'il est également dangereux d'abattre ou d'élever; éclairé, pour décider dans les conseils, et trouver des expédients et des ouvertures dans les affaires.

Tel étoit ce nouveau ministre : l'usage des lois et des judicatures qu'il avoit exercées, la connoissance qu'il avoit acquise du dehors et du dedans du royaume, les principes qu'il s'étoit faits pour la vie publique et particulière, les habitudes qu'il avoit eues avec les plus renommés politiques, avoient formé en lui cette étendue de lumières, et cette prudence universelle d'un ministre d'état, dont je dois vous entretenir dans la seconde partie de cet éloge.

SECONDE PARTIE.

Quoique la puissance de Dieu soit sans bornes et sans mesure, que la vertu de son esprit s'imprime par la force de sa parole, et que sa volonté soit la règle de ses actions, il ne dédaigne pas de se servir quelquefois dans la conduite de l'univers de ces esprits bienheureux qui sont dans le ciel immortels adorateurs de sa gloire, invisibles administrateurs de ses ordres et de ses desseins sur la terre. Faut-il s'étonner si les rois dans leur condition mortelle, chargés du poids et de la multiplicité de leurs devoirs, choisissent parmi leurs sujets des esprits fidèles et sages, à qui, se réservant la supériorité de la décision et l'autorité du commandement, ils laissent la liberté du conseil et la prudence de l'exécution?

Un roi ([1]) dont la vie fut le règne de la religion et de la justice pouvoit-il en mourant faire un plus digne choix que celui de M. Le Tellier? Le Dieu des armées bénit aussitôt nos guerres en ses mains; la réputation de nos armes ne fit que croître; la perte d'un roi victorieux fut adoucie par le gain d'une bataille, et par une suite de victoires; la France, affligée et triomphante tout ensemble, mêla aux chants de douleur et de funérailles des cantiques de louanges et d'actions de graces; et l'Espagne sentit à Rocroi qu'une révolution n'étoit pas capable de renverser l'heureuse administration de nos affaires; que la nouveauté des acteurs, si j'ose parler ainsi,

---

([1]) Louis XIII.

ne changeoit pas la face de la scène; et que, si nos rois étoient mortels, la fortune de l'état, la valeur de la nation, et la protection du Dieu vivant sur ce royaume, ne mouroient pas.

Déja, pour le soutien d'une minorité et d'une régence tumultueuse, s'étoit élevé à la cour un de ces hommes en qui Dieu met ses dons d'intelligence et de conseil, et qu'il tire de temps en temps des trésors de sa providence pour assister les rois et pour gouverner les royaumes. Son adresse à concilier les esprits par des persuasions efficaces, à préparer les événements par des négociations pressées ou lentes, à exciter ou à calmer les passions par des intérêts et des vues politiques, à faire mouvoir avec habileté les ressorts ou de la guerre ou de la paix, l'avoit fait regarder comme un ministre non seulement utile, mais encore nécessaire. La pourpre dont il étoit revêtu, la capacité qu'il fit voir, et la douceur dont il usa, après plusieurs agitations, le mirent enfin au-dessus de l'envie; et tout concourant à sa gloire, le ciel même faisant servir à son élévation et sa faveur et ses disgraces, il prit les rênes de l'état: heureux d'avoir aimé la France comme sa patrie, d'avoir laissé la paix aux peuples fatigués d'une longue guerre, et plus encore d'avoir appris l'art de régner et les secrets de la royauté au premier monarque du monde.

Le discernement de ce cardinal fit reconnoître la prudence de M. Le Tellier, et la prudence de M. Le Tellier servit à rétablir l'autorité de ce cardinal dans un temps de confusion et de désordre. Ne craignez pas, messieurs, que je vous fasse un triste récit de nos divisions domestiques, et que je parle ici de rétablissements et d'éloignements, de prisons et de liberté, de réconciliations et de ruptures. A Dieu ne plaise que, pour la gloire de mon sujet, je révèle la honte de ma patrie, que je rouvre des plaies que le temps a déja fermées, et que je trouble le plaisir de nos constantes et glorieuses prospérités par le funeste souvenir de nos misères passées!

Que dirai-je donc? Dieu permit aux vents et à la mer de gronder et de s'émouvoir, et la tempête s'éleva; un air empoisonné de factions et de révoltes gagna le cœur de l'état, et se répandit dans les parties les plus éloignées. Les passions, que nos péchés avoient allumées, rompirent les digues de la justice et de la raison; et les plus sages même, entraînés par le malheur des engagements et des conjonctures contre leur propre inclination, se trouvèrent, sans y penser, hors des bornes de leur devoir. L'inquiétude naturelle de l'esprit humain, l'ignorance où l'on est des véritables intérêts de l'état, la confiance qu'inspirent la naissance, la capacité, les services, les mouvements de l'ambition, et plus encore la main du Seigneur qui s'appesantit quand il veut, et se sert pour la punition des hommes de leurs propres déréglements, furent les causes des partis formés, et de l'autorité souveraine blessée enfin en la personne du premier ministre.

Quelle fut la constance de M. Le Tellier dans ces jours d'aveuglement et de foiblesse, et combien de formes donna-t-il à sa fidélité et à sa prudence! Quelle application à découvrir la source des maux et la convenance des remèdes! Quelle retenue pour cacher les secrets de la régence, qu'on avoit confiés à sa sagesse! Quelle pénétration quand il fallut percer les nuages de la dissimulation et de l'artifice, et découvrir non seulement les des-

-seins, mais encore les motifs et les intentions ! Quelle présence d'esprit lorsqu'il fallut s'accommoder aux conjonctures, et prendre, pour le bien public, des résolutions subites ! Quelle adresse à s'attirer la confiance des partis, et à réunir la diversité des avis et des connoissances au seul point de la tranquillité publique !

Mais quelle fut sa fermeté, lorsque, par l'effort des factions et des cabales, la reine, obligée de céder au temps, consentit à le voir éloigné des affaires ! Il ne perdit rien par sa disgrace, parcequ'il se soutenoit moins par sa faveur que par sa vertu. Ceux qui demandoient son éloignement faisoient eux-mêmes son éloge. On ne lui reprochoit que les services qu'il rendoit à l'état, et l'attachement qu'il avoit pour son bienfaiteur. Ses crimes étoient sa droiture, sa fidélité, sa reconnoissance. Tout le changement qui se fit en lui fut qu'il jouit de son repos et de lui-même. Il se retira dans sa solitude, portant avec lui sa réputation et son innocence, et faisant du triomphe de ses envieux un sacrifice volontaire à son prince et à sa patrie. C'étoit assez pour lui de faire cesser les moindres prétextes des troubles dont la France étoit agitée; et ne pouvant servir le roi par ses actions et par ses discours, il le servit par son repos et par son silence.

Que dis-je, messieurs, par son repos et par son silence! Sa retraite ne fut ni lâche ni oisive. Là se formoient d'heureux projets pour la réunion des esprits, quand ils seroient capables de raison ou de repentir. De là couloit une source secrète de sages conseils sur tous les serviteurs fidèles. Sa solitude lui servoit comme de voile pour mettre en sûreté l'importance de ses services : de ce port, où la tempête l'avoit jeté, il marquoit les routes qui pouvoient sauver du naufrage. On eût dit qu'il n'étoit sorti de la cour que pour y être et plus accrédité et plus utile; et son absence ne fit que montrer le desir qu'on avoit eu de le retenir, et l'impatience qu'on eut de le rappeler.

Aucun nuage ne troubla depuis la sérénité de sa vie. Sa prudence ne permit plus rien au caprice de la fortune; et l'envie, qui poursuit sans cesse les autres vertus, eut quelque honte d'avoir une fois attaqué la sienne.

Que ne puis-je vous le représenter après

son retour, avec cet ascendant qu'il eut toujours sur les esprits, ménageant les craintes et les défiances des uns, animant les desirs et les espérances des autres; liant les grands par des traités, gagnant les peuples par des remontrances, jusqu'à ce que Dieu eût béni ses travaux, et rétabli par sa miséricorde l'autorité du prince, l'honneur du ministère, et la concorde d'un état qu'il vouloit mettre au-dessus des autres par une heureuse paix ou par de continuelles victoires!

Que ne puis-je plutôt vous montrer la part qu'il a eue aux glorieux événements d'un règne rempli de merveilles! Les affaires d'état, selon l'Écriture (¹), sont des mystères du conseil des rois: il n'y a que ceux qui entrent dans le sanctuaire qui puissent en savoir les secrets. On ne les voit pas en eux-mêmes; mille voiles les dérobent à nos yeux: on ne les voit que dans les mouvements qu'ils font, et dans les effets qu'ils produisent.

Rappelez donc en votre mémoire ces guerres si renommées dont il fut le directeur et le ministre; cette paix fortunée dont il fut le

---

(¹) Mysterium consilii sui. Judith, 2, 2.

solliciteur, et, pendant le traité, le dépositaire; ces conquêtes surprenantes dont il avoit été comme le prophète; ces négociations avantageuses dont il fut et l'auteur et le conducteur par ses projets et par ses vues : ajoutez à tous ces honneurs le témoignage d'un roi dont les paroles sont des oracles : « Que jamais « homme sur toute sorte d'affaires n'avoit été « de meilleur conseil. »

Cependant, messieurs, a-t-on vu dans sa conduite quelque apparence de vanité? S'est-il écarté de l'honnête simplicité de ses pères? A-t-il répandu en superfluités de festins ou de bâtiments ce qu'il tenoit des libéralités du roi, ou de sa prudente et modeste économie? A-t-il prodigué des trésors pour embellir ses maisons, et forcé la nature et les éléments pour orner ses solitudes? Qu'a-t-il cherché dans sa retraite de Chaville, que les pures délices de la campagne? Et quelles peines n'eut-on pas à lui persuader d'étendre un peu, en faveur de sa dignité, les limites de son patrimoine, et d'ajouter quelques politesses de l'art aux agréments rustiques de la nature?

De ce fonds de modération naissoit cette

douceur et cette affabilité si nécessaire et si rare dans les grands emplois, où l'importunité des hommes, l'opiniâtreté du travail, et je ne sais quel esprit de domination, rendent l'humeur austère et chagrine. Il écoutoit avec patience, il accordoit avec bonté, et refusoit même avec grace. Accessible, accueillant, honnête, sachant employer son temps, et quelquefois même le perdre pour compatir à des misérables, à qui il ne reste d'autre consolation que celle de redire ennuyeusement leur misère, il se communiquoit selon les besoins, et ne pouvoit souffrir ces hommes chargés des affaires du public et des particuliers, qui se renferment et se rendent comme invisibles, et se font de leurs cabinets comme un rempart à leur oisiveté ou à leurs plaisirs, contre les peines et les devoirs de leur ministère.

Mais quelle étoit cette douceur, quand elle se renfermoit dans l'enceinte de sa famille et dans les bornes d'une vie privée! Quel sage et noble repos! Quelle tendresse pour ses enfants! Quelle union avec cette épouse fidèle, qui, selon le langage du Saint-Esprit, est la récompense de l'homme de bien! Quelle sen-

sibilité et quelle constance pour ses amis!
Qu'il eût aimé à jouir en repos du fruit de ses
travaux dans une heureuse vieillesse! Il laissoit à l'état un fils dont il avoit formé l'esprit
et le cœur; ils remplissoient les mêmes emplois avec les mêmes vertus; et ils auroient
été l'un et l'autre inimitables, si le père n'eût
eu le fils pour successeur, et si le fils n'eût eu
le père pour exemple. Mais sa vertu devoit
continuer jusqu'à la fin, et l'élever au premier
trône de la justice, je veux dire à la charge de
chancelier de France. *Ut ascenderet in excelsum terræ locum* (¹).

TROISIÈME PARTIE.

La première fonction des rois, et la partie la
plus essentielle de la royauté, c'est la justice.
L'Écriture, après avoir représenté le courage
de David dans ses combats, et sa reconnoissance dans ses victoires, ajoute incontinent,
comme la perfection de son règne, qu'il rendoit justice et jugement à son peuple: *Regnavit David super omnem Israel, et faciebat judicium et justitiam omni populo* (²). Ce n'est que

(¹) 1 Reg., 9, 14. — (²) 2 Reg., 8, 15.

par occasion qu'ils ont des ennemis à vaincre, et c'est par institution qu'ils ont des sujets à gouverner : et, comme il leur convient de choisir des hommes puissants pour porter leur foudre dans la conduite tumultueuse de la guerre, il leur importe encore plus de choisir des hommes justes pour exercer leurs jugements dans une charge où résident l'ordre et la paix intérieure de l'état, et qui est comme un canal spirituel par où la protection des lois et de la justice descend du prince vers les peuples, et le respect et la fidélité des peuples remontent vers le souverain.

Qui est-ce qui s'est acquitté plus dignement de cette suprême magistrature que M. Le Tellier? En entrant dans le ministère il ne s'étoit pas éloigné de la justice, il en avoit conservé les lumières et les maximes au milieu de la politique, et s'étoit uni plus étroitement avec elle, en s'approchant d'un roi qui en fait la règle de ses desirs et de ses actions, qui veut qu'elle règne sur ses sujets et sur lui-même, et qui lui soumet tout, jusqu'à ses intérêts et sa gloire.

Mais lorsqu'il se vit établi arbitre souverain des lois, il se fit des principes inviolables d'une exacte et sévère équité. Il s'appliqua à discerner la cause du juste d'avec celle du pécheur, à découvrir la vérité au travers des voiles du mensonge et de l'imposture dont les cupidités humaines la couvrent; à séparer les formalités nécessaires d'avec les procédures obliques, et ces malignes subtilités que l'avarice a introduites dans les affaires; et, pour rompre l'iniquité dans sa source, il arma son zéle contre les juges qui la commettoient ou qui la souffroient.

Au milieu du palais auguste, et presque sous le trône de nos rois, s'éléve sous le nom de conseil un tribunal souverain, où l'on réforme les jugements, et où l'on juge les justices. C'est là que la foible innocence vient se mettre à couvert de l'ignorance ou de la malice des magistrats qui la poursuivent. C'est de là que partent ces foudres qui vont consumer l'iniquité jusqu'aux tribunaux les plus éloignés; c'est là qu'on régle le sort des juridictions douteuses, et que, du haut de sa dignité, le premier et universel magistrat, au milieu des juges d'une probité et d'une expérience consommée, veille sur tout l'empire de la justice, et sur la bonne ou mauvaise conduite de ceux qui l'exercent.

Il entretint l'ordre que ses prédécesseurs avoient établi dans le conseil, et il l'augmenta. Il n'y souffrit aucun de ces relâchements que le temps n'introduit que trop dans les compagnies les plus régulières. Y eut-il rien de tumultueux ou de déréglé dans sa discipline? Vit-on donner arrêt contre arrêt, et confondre les droits et les espérances des parties par des contradictions scandaleuses? Sous prétexte qu'on n'y touche pas au fond des affaires, les négligea-t-on? Vit-on jamais affoiblir la justice en faveur des juges, et livrer la bonne cause à leurs passions, sous prétexte de la renvoyer à leur conscience?

La veuve et l'orphelin ne se plaignirent pas de la lenteur ou de la foiblesse de son âge. On n'ouït pas ces tristes prières : « Jugez-nous, « Seigneur, parcequ'il n'y a point de juge- « ment sur la terre. » Il savoit qu'un juge doit rendre compte non seulement de son travail, mais encore de son loisir; qu'il est également coupable de laisser triompher la malice des uns, ou languir la misère des autres; qu'il doit racheter le temps, et abréger les mauvais jours que le procès donne à des misérables, qui ne sont pas moins ruinés par la longueur des procédures que par l'erreur des jugements.

M. Le Tellier, comme un autre Moïse [1], partagea son esprit avec ceux qui se trouvoient associés à sa judicature, esprit de régularité et d'ordre. Une téméraire jeunesse se jetoit sans étude et sans connoissance dans les charges de la robe : on entroit dans le sanctuaire des lois en violant la première loi, qui veut qu'on soit instruit de sa profession. Pour obtenir les priviléges des jurisconsultes, il suffisoit d'avoir de quoi les acheter; l'équité s'éteignoit avec la science, et les fortunes des particuliers tomboient entre les mains de ces ignorants volontaires, à qui le pouvoir de les défendre étoit un titre pour les ruiner. Il rétablit les études, et fit revivre dans les écoles du droit ces exercices publics et solennels, et ces rigoureuses épreuves, qui feront refleurir les lois et l'éloquence de nos pères.

Quel soin n'eut-il pas d'arrêter en plusieurs

---

[1] Exod., 18.

rencontres l'intempérance d'esprit et la licence d'écrire de ceux qui, par un vain desir de gloire, se font une malheureuse occupation de recueillir leurs vaines pensées, et pour se soulager du poids de leur oisiveté, et faire perdre aux autres un temps qu'ils perdent eux-mêmes, jettent dans le public les fruits amers de leurs études frivoles ou mal digérées?

Quelles précautions n'avoit-il pas accoutumé de prendre dans les rémissions et les graces qu'il accordoit (1), craignant également de prodiguer ou de resserrer les bienfaits du prince, se souvenant, comme parle Tertullien, du pouvoir de la juridiction, et n'oubliant pas les foibles de l'humanité?

Quel zèle ne témoigna-t-il pas toujours pour l'Église, et par sa propre piété, et par les soins de ce fils qui en remplit les dignités avec éclat, et qui en soutient les droits avec fermeté? Perdit-il une occasion, ou de maintenir ses priviléges, ou de pacifier ses différents, ou d'appuyer sa discipline, et même d'étendre sa foi sur le débris heureux et inespéré de l'hérésie?

---

(1) Potes et officio tuæ jurisdictionis fungi, et humanitatis meminisse. Tert. ad Scap.

Quel spectacle s'ouvre ici à mes yeux, et où me conduit mon sujet! Je vois la droite du Très-Haut changer, ou du moins frapper les cœurs, rassembler les dispersions d'Israël, et couper cette haie fatale qui séparoit depuis long-temps l'héritage de nos frères d'avec le nôtre. Je vois des enfants égarés revenir en foule au sein de leur mère; la justice et la vérité détruire les œuvres de ténèbres et de mensonge; une nouvelle église se former dans l'enceinte de ce royaume; et l'hérésie, née dans le concours de tant d'intérêts et d'intrigues, accrue par tant de factions et de cabales, fortifiée par tant de guerres et de révoltes, tomber tout d'un coup, comme un autre Jéricho, au bruit des trompettes évangéliques et de la puissance souveraine qui l'invite ou qui la menace.

Je vois la sagesse et la piété du prince, excitant les uns par ses pieuses libéralités, attirant les autres par les marques de sa bienveillance, relevant sa douceur par sa majesté, modérant la sévérité des édits par sa clémence, aimant ses sujets et haïssant leurs erreurs, ramenant les uns à la vérité par la persuasion, les autres à la charité par la crainte: toujours roi par autorité, et toujours père par tendresse.

Il ne restoit qu'à donner le dernier coup à cette secte mourante; et quelle main étoit plus propre à ce ministère que celle de ce sage chancelier, qui, dans la vue de sa mort prochaine, ne tenant presque plus au monde, et portant déja l'éternité dans son cœur, entre l'espérance de la miséricorde du Seigneur, et l'attente terrible de son jugement, méritoit d'achever l'œuvre du prince, ou, pour mieux dire, l'œuvre de Dieu, en scellant la révocation de ce fameux édit qui avoit coûté tant de sang et tant de larmes à nos pères? Soutenu par le zèle de la religion plus que par les forces de la nature, il consacra par cette sainte fonction tout le mérite et tous les travaux de sa charge.

On vit couler de ses yeux, que sa foi seule sembloit tenir encore ouverts, ces larmes heureuses que tiroient de son cœur attendri la piété du roi et la réunion de son peuple. On vit tomber de leur propre poids ces mains fatales à l'erreur, qui ne devoient plus servir désormais à aucun office humain et terrestre. Il recueillit son ame; et, voyant avec joie le salut du Seigneur et la révélation de la vérité répandue dans toute la France, il acheva le sacrifice de cette vie mortelle, dont il avoit eu, sans émotion et sans crainte, l'affreux appareil présent depuis plusieurs jours.

Il l'avoit bien connu, messieurs, que cette dignité et cette gloire dont on l'honoroit n'étoit qu'un titre pour sa sépulture. Au milieu des grandeurs humaines, il en découvrit le néant : il se vit mortel, et se sentit tel que nous le voyons aujourd'hui. Illustres têtes qui m'écoutez, voyez cette pompe funèbre, lisez ces tristes caractères qui font l'éloge de ce ministre, et apprenez où doivent aboutir vos desseins, vos prétentions et vos fortunes, si vous ne les soutenez par vos bonnes œuvres, et si vous ne préparez comme lui par vos prières, par vos larmes, par l'usage des sacrements, une mort qui ne laissera pas un long espace à la correction et au repentir, ou à la sanctification de vos ames.

Comme il avoit vécu sans passions, il mourut tranquille. Il n'y eut point dans son esprit de foiblesse à ménager. La chair et le sang n'amollirent pas son courage. La mort ne lui fut pas amère, parcequ'il n'avoit pas mis sa paix dans ses prospérités ni dans ses richesses. On n'eut pas besoin de chercher pour lui ces tours ingénieux qui ne font entrevoir aux malades le danger où ils sont qu'au travers de feintes promesses, ou de vaines espérances de guérison. Il ne fallut pas emprunter la voix d'un prophète inconnu pour lui dire comme à Ézéchias : « Vous mourrez (¹). » Un fils osa rendre ce triste et charitable office à son père; et la fidélité de l'un fit voir la résignation de l'autre.

Il reçut sans trembler la réponse de mort, comme parle l'apôtre (²). On vit en lui cette tristesse de pénitence qui opère le salut, et non pas cette douleur d'inquiétude et d'abattement qui porte au péché; une confiance sans présomption, et une crainte sans foiblesse; une sublimité chrétienne, sans aucun mélange de vanité philosophique, d'autant plus dangereuse à l'extrémité de la vie, que l'homme, près d'être jugé, doit s'humilier davantage devant son juge.

Que si le commerce des hommes et la dissipation de l'esprit, inévitables dans les grands

---

(¹) 4 Reg., 20, 1. — (²) 2 Cor., 2.

emplois, ont laissé quelque impureté dans une vie aussi sage et aussi chrétienne, achevez, mon Dieu, de purifier par le sang de votre Fils cette ame que vous avez conduite dans les voies de la vérité et de la justice, et que vous avez élue pour jouir sans fin de votre amour et de votre gloire.

Sacré ministre de Jésus-Christ(¹), qui, dans la chaire évangélique, avec une éloquence vive et chrétienne, avez, avant moi, consacré la mémoire immortelle de ce grand homme, achevez d'offrir pour lui cette hostie innocente et pure qui lave les péchés et les fragilités du monde(²). Peuple, qui ressentez encore les effets de son exacte équité, reprenez le cantique qu'il avoit commencé des miséricordes éternelles. Et vous, vaillants et malheureux guerriers, qui, dans cet hôtel royal, traînant les restes de vos corps au pied de ces autels, attendant avec patience une mort que vous avez si souvent bravée, sacrifiez au Dieu de la paix les lauriers que vous avez cueillis dans les armées, et faites des malheurs de

---

(¹) M. Bossuet, évêque de Meaux, officiant.
(²) Misericordias Domini in æternum cantabo. Ps. 88, 2.

votre ambition et de votre gloire les fruits de votre pénitence; redoublez, pour son repos éternel, ces vœux ardents que vous avez si souvent faits pour une vie si utile et si précieuse.

ORAISON FUNÈBRE

DE MARIE-ANNE-CHRISTINE

DE BAVIÈRE,

DAUPHINE DE FRANCE,

prononcée dans l'église de Notre-Dame, le 15 juin 1690, en présence de monseigneur le duc de Bourgogne, de Monsieur, et des princes et princesses du sang.

Dies mei sicut umbra declinaverunt, et ego sicut fœnum arui : tu autem, Domine, in æternum permanes.

Mes jours se sont évanouis comme l'ombre, et j'ai séché comme l'herbe : mais vous, Seigneur, vous demeurez éternellement. Ps. 101, 12.

Monseigneur,

C'est ainsi que parloit autrefois un roi selon le cœur de Dieu, quand ses jours défaillants et ses infirmités mortelles l'approchoient du tombeau, et lui laissoient encore un reste de vie pour sentir sa langueur et sa chute, et pour adorer la grandeur et la durée éternelle du Dieu vivant.

Il regarde sa vie tantôt comme la fumée

qui s'élève (¹), qui s'affoiblit en s'élevant, qui s'exhale et s'évanouit dans les airs, tantôt comme l'ombre qui s'étend, se rétrécit, se dissipe; sombre, vide et disparoissante figure! tantôt comme l'herbe qui sèche dans la prairie, qui perd à midi sa fraîcheur du matin, et qui languit et meurt sous les mêmes rayons du soleil qui l'avoit fait naître. De combien de tristes idées son esprit est-il occupé, et combien trouve-t-il par-tout d'images sensibles de nos fragiles plaisirs et de nos grandeurs passagères!

Mais lorsqu'il se regarde du côté du Seigneur, comme une de ces créatures qui sont faites pour le louer (²), comme un de ces rois qui doivent servir à sa gloire (³), il demeure en suspens entre la confusion et la confiance. Il excite son humilité à la vue de son néant; il anime ses espérances à la vue de la bonté et de l'éternité de Dieu. Il voit une vanité qui passe, et il dit: Vous les changerez, Seigneur, et ils seront changés (⁴). Il voit une vérité qui

---

(¹) Defecerunt sicut fumus dies mei. Ps. 101, 4.
(²) Populus qui creabitur laudabit Dominum. *Ibid.*, 19.
(³) Reges ut serviant Domino. *Ibid.*, 23.
(⁴) Mutabis eos, et mutabuntur. *Ibid.*, 28.

demeure, et il s'écrie : Pour vous, mon Dieu, vous êtes toujours le même (¹), et vos années ne finissent point. Il tremble à la face de l'indignation et de la colère de ce Dieu qui coupe le fil de ses jours (²), et qui le brise après l'avoir élevé (³); mais il se rassure par la pensée de ses miséricordes, qui se réveillent ordinairement dans le temps de nos plus grandes misères (⁴).

Ne connoissez-vous pas, messieurs, dans les sentiments de ce prince ceux de la princesse que nous pleurons? Ne vous semble-t-il pas qu'elle vous dit d'une voix mourante : La lumière de mes yeux s'éteint, un nuage sans fin se lève entre le monde et moi : je meurs, et je m'échappe insensiblement à moi-même? Tristes moments! terme fatal de ma languissante jeunesse! Mais si je sens qu'il n'y a qu'un petit nombre de jours pour moi, je sais aussi qu'il y a des années éternelles. La main qui me frappe me soutiendra; et comme, par la loi du corps, je tiens à ce monde qui passe,

---

(¹) Tu autem idem ipse es. Ps. 101, 28.
(²) A facie iræ et indignationis tuæ. *Ibid.*, 11.
(³) Quia elevans allisisti me. *Ibid.*, 11.
(⁴) Quia tempus miserendi ejus. *Ibid.*, 14.

par l'espérance et par la foi je tiens à Dieu, qui ne passe point.

Si je venois ici déplorer la mort imprévue de quelque princesse mondaine, je n'aurois qu'à vous faire voir le monde avec ses vanités et ses inconstances; cette foule de figures qui se présentent à nos yeux, et s'évanouissent; cette révolution de conditions et de fortunes, qui commencent et qui finissent, qui se relèvent et qui retombent; cette vicissitude de corruptions, tantôt secrètes, tantôt visibles, qui se renouvellent; cette suite de changements en nos corps par la défaillance de la nature, en nos ames par l'instabilité de nos desirs; enfin ce dérangement universel et continuel des choses humaines, qui, tout naturel et tout désordonné qu'il semble à nos yeux, est pourtant l'ouvrage de la main toute-puissante de Dieu, et l'ordre de sa providence.

Mais, graces au Seigneur, je viens louer une princesse plus grande par sa religion que par sa naissance, et vous montrer, au lieu des fragilités de la nature, les effets constants de la grace; des vertus évangéliques pratiquées en esprit et en vérité; des sacrements reçus avec des sentiments d'une dévotion exemplaire; des prières attentives et persévérantes; une volonté soumise et conforme à la conduite de Dieu sur elle; des souffrances unies à celles de Jésus-Christ crucifié; des consolations venues du sein du père des miséricordes; des espérances immobiles, fondées sur celui qui dit dans l'Écriture : « Je suis Dieu, je ne « change point(1). » Recueillons ce discours, et réduisons-le à vous faire voir une vie courte, mais toute réglée par la sagesse; une longue mort soutenue par la résignation et la patience. Ces deux réflexions composeront l'éloge de très haute, très puissante, très excellente princesse, Marie-Anne-Christine-Victoire de Bavière, dauphine de France.

PREMIÈRE PARTIE.

Quel est donc mon dessein, messieurs, et de quelle sagesse dois-je ici vous entretenir? Ce n'est pas de celle du siècle, qui s'empresse et qui s'inquiète, qui conduit des intrigues, qui démêle des intérêts, qui traite d'affaires,

---

(1) Malach., 3, 6.

qui cause ou qui termine des différents. Vous ne verrez dans ce discours ni ces digressions politiques qu'on accommode au sujet avec art, et qu'on ramène à la religion avec peine, ni ces portraits ingénieux où l'imagination vive et hardie fait voir, comme en éloignement, les agitations présentes du monde, avec les intérêts et les passions des grands hommes qui le gouvernent.

L'histoire de notre princesse n'est pas liée à celle du siècle; elle n'a nulle part à la guerre ni à la paix des nations. Ses actions n'ont point de plus grand éclat que celui que la vertu donne : la providence de Dieu ne s'est pas tant servie d'elle pour faire de grandes œuvres que pour donner de grands exemples. Quelque honorée qu'elle ait été, elle a eu moins de réputation que de mérite; et nous pouvons dire d'elle à la lettre ce que disoit le roi prophète : Que toute la gloire de la fille du roi est renfermée au-dedans d'elle ; *omnis gloria filiæ regis ab intus* [1].

Je parle donc de cette sagesse qui montre à chacun les règles et les bienséances de son

---

[1] Ps. 44, 14.

état; qui donne le discernement pour connoître, et la prudence pour agir; qui sépare les vérités des illusions; qui se fait des préceptes de bien vivre, et qui les observe; enfin de cette sagesse dont parle l'apôtre saint Jacques (¹), « qui vient d'en-haut, qui est « chaste, paisible, modeste, équitable, sus- « ceptible de tout bien, docile, pleine de mi- « séricorde et de fruits de bonnes œuvres, « qui ne juge point, et qui n'est point dissi- « mulée. » Est-ce la sagesse qu'il loue? est-ce la princesse? L'une et l'autre, ce n'est presque qu'une même chose.

Avec quelle modération a-t-elle usé des avantages que lui donnoient son rang et sa naissance? Qui ne sait que la maison de Bavière est une de ces maisons augustes où la puissance, la valeur et la piété, se perpétuent, et dont la gloire ne vieillit point avec le temps? Il en est sorti des rois et des empereurs, il y est entré des impératrices et des reines. Combien de siècles faut-il percer pour découvrir son origine? Combien de couronnes faut-il unir pour compter ses alliances? Et combien

(¹) Epist. 3, 17.

faudroit-il rapporter de noms et d'actions héroïques pour la faire voir dans tout son éclat?

Madame la dauphine, je l'avoue, ne fut pas insensible à cette espèce de gloire, mais elle n'en fut pas éblouie: elle fondoit sa grandeur sur les exemples plutôt que sur les titres de ses ancêtres : l'idée qu'elle avoit de sa naissance excitoit dans son cœur non pas une élévation d'orgueil, mais une émulation de vertu; et la pureté du sang ne fit que servir de motif à la pureté de ses mœurs. Elle savoit que Maximilien, son aïeul, soutint par son zèle et par son courage les autels que l'hérésie avoit ébranlés, et sauva la religion attaquée et chancelante dans l'Allemagne. Elle n'ignoroit pas que Guillaume, son bisaïeul, après avoir sagement gouverné ses états, s'en démit par une abdication volontaire, pour jouir d'une sainte tranquillité dans une retraite religieuse. C'est de là qu'elle tiroit ses principes de religion et de retraite, et ce desir qu'elle avoit eu, dans ses jeunes ans, de renoncer tout-à-fait au monde.

Mais Dieu la réservoit, dans les trésors de sa providence, pour donner à la France, par son heureuse fécondité, la seule bénédiction qui lui manquoit. La prudente Adélaïde méditoit ce noble dessein. Occupée de la puissance et de la majesté de nos rois dont elle sortoit, quel soin ne prit-elle pas de son enfance! Combien de fois demanda-t-elle au ciel dans ses prières d'approcher la fille du trône où la mère avoit autrefois espéré de monter! Avec quelle application lui forma-t-elle une humeur sage, un esprit juste, un cœur françois! Heureuse, si elle eût pu faire passer ces inclinations dans le reste de sa famille! Ses vœux furent enfin accomplis; mais elle ne vit pas le jour du Seigneur : elle mourut, comme Moïse (¹), sur la montagne; et Dieu, pour sa consolation, se contenta de lui montrer de loin la terre promise.

Cependant la réputation de cette jeune princesse croissoit avec l'âge. Sa prudence avancée lui tenoit lieu d'éducation. Elle se fit dans son palais une cour et une retraite; et, par la force de sa raison, elle apprit l'art de parler et de se taire. On vit paroître en elle ce que nous avons depuis admiré; la retenue qu'inspire la solitude, la politesse que donne

---

(¹) Deut., 32, 49.

l'usage du monde; une fierté noble qui marquoit la grandeur de sa naissance; une scrupuleuse pudeur qui marquoit le fonds de sa vertu; une vivacité qui lui faisoit souvent prévenir les pensées des autres; une sagesse qui lui donnoit toujours le temps de peser les siennes; une bonté prête en tout temps à faire le bonheur des uns, à soulager les peines des autres; une sincérité qui la rendoit incapable de dissimuler, ni par gloire, ni par foiblesse; une fidélité inviolable dans ses amitiés et dans ses paroles; enfin une piété qui n'étoit ni austère ni relâchée, qui se faisoit honorer de tous, et ne se faisoit craindre à personne.

Toutes ces grandes qualités brillèrent à son arrivée. Souvenez-vous, messieurs, de ces jours heureux où, parmi les vœux et les acclamations des peuples, elle parut au milieu d'une cour pompeuse avec un air qui n'avoit rien ni d'étranger ni de contraint, avec une grace plus estimable et plus touchante que la beauté même. Vous la vîtes soutenir les favorables regards du plus grand roi du monde avec les sentiments d'une joie modeste et d'une humble reconnoissance; allumer au pied des autels, à la vue d'un aimable et royal époux, les feux sacrés d'un chaste mariage, et recevoir les hommages qu'on lui rendoit avec un visage aussi doux et aussi riant que sa fortune. Applaudie de tous, mais à son tour affable et civile à tous, elle prévenoit ceux-ci, répondoit honnêtement à ceux-là, donnant au rang et au mérite des préférences d'inclination et de justice, sans faire des mécontents ni des envieux; conservant de sa dignité ce que lui en faisoit garder la bienséance, et ne comptant pour rien ce que sa bonté lui en faisoit perdre.

Mais quoi! oublié-je mon triste sujet? et comment accordé-je ici le souvenir de ces joyeuses solennités à cet appareil de cérémonies funèbres? Il est juste, messieurs, que vous estimiez la perte que vous avez faite; que vous sachiez les joies aussi bien que les douleurs que madame la dauphine a ressenties, et que vous connoissiez le bon usage qu'elle a fait des biens et des maux de la vie.

Quelle fut la modération de son esprit! Vous parlerai-je de ces audiences où elle recevoit les ambassadeurs, entrant dans les intérêts de chacun, et parlant à chacun sa langue; accompagnant les honneurs qu'elle leur faisoit d'un air de grandeur et d'intelligence, et joignant toujours à l'élégance du discours les graces de la modestie? Vous dirai-je avec quel discernement elle jugeoit des ouvrages d'esprit? Quelle justesse, mais aussi quelle circonspection étoit la sienne! Exacte sans critique, indulgente sans flatterie, louant par connoissance, excusant par inclination, et ne blâmant que par nécessité, elle se défioit de ses lumières : une sage timidité lui fit presque toujours supprimer une partie de son avis, bien loin de décider, comme la plupart des personnes de son élévation et de son sexe, qui, pour faire valoir leurs sentiments, se servent de l'autorité qu'elles ont et de la complaisance qu'on a pour elles.

Combien étoit-elle plus retenue en matière de religion! Éloignée de curiosité et de présomption, elle ne savoit que deux choses, obéir, croire. Elle ne refusoit pas d'être instruite, mais elle n'avoit pas besoin d'être convaincue, allant à Dieu par la docilité de son cœur, non pas par l'agitation de son esprit. Le moindre bruit de division dans l'Église la faisoit trembler. Les différents et les disputes des théologiens alarmoient sa piété, d'autant plus craintive qu'elle étoit constante et solide ; et comme on voulut quelquefois lui faire entendre la diversité des opinions et des doctrines : « Laissez-moi, disoit-elle, mon heureuse « ignorance, et ne m'ôtez pas le mérite et la « tranquillité de ma foi. » Attachée au saint-siège et à l'Église de Jésus-Christ (¹) par les liens de paix, de charité et d'obéissance, elle savoit que tout fidèle doit captiver son entendement (²); que, comme il y a une voie étroite qui resserre les mœurs dans les régles de l'Évangile, il y a aussi un chemin étroit qui resserre l'esprit dans la créance de l'Église; et qu'enfin Dieu ne demande pas aux personnes de son sexe une sublime raison, ni une science fastueuse, mais une dévotion tendre, et une foi simple, accompagnée d'un humble silence.

N'est-ce pas cette foi qui la conduisit et la régla dans tous les offices de la vie chrétienne? Quel ordre et quelle attention dans ses prières ! Elle s'y prépare par le recueillement, s'y soutient par la ferveur, s'y perfectionne par les desirs, les résolutions, et la vigilance. Son imagination se purifie, les idées du monde

---

(¹) 2 Cor., 10. — (²) Leon, 24, c. 1.

s'éloignent au moindre signal qu'elle leur donne, et son cœur, par une sainte habitude, se rend à elle, ou plutôt à Dieu, aux heures qu'elle a marquées pour implorer ses miséricordes ou pour réciter ses louanges. Entre-t-elle dans les lieux saints pour assister aux sacrés mystères? prosternement, adoration, silence. Elle porte à l'agneau sans tache, immolé sur l'autel, des vœux sincères, des pensées pures, des affections spirituelles, l'oblation d'un cœur contrit et reconnoissant, et le sacrifice de ses passions détruites ou du moins humiliées.

Quels égards n'avoit-elle pas pour les prêtres de Jésus-Christ, qu'elle considéroit comme les ministres de sa loi et les dispensateurs de son sang et de sa parole! Écoutez, esprits moqueurs et libertins, qui prenez plaisir d'abaisser ceux que Dieu élève, et qui cherchez aux dépens de leur caractère le ridicule de leur personne. Elle ne souffroit pas qu'on touchât aux oints du Seigneur, les honorant lors même qu'ils sembloient se rendre méprisables, couvrant leurs foiblesses par sa charité, et voyant au travers des défauts de l'humeur et de l'esprit de ceux que Dieu souffroit dans ses ministères l'honneur de leur vocation et la dignité de leur sacerdoce. Quelle étoit sa régularité dans les observances de l'Église, qu'elle regardoit non pas comme des coutumes de bienséance, ou des institutions d'une discipline arbitraire, mais comme des règles et des pratiques de salut, dont elle ne se dispensa jamais qu'après avoir examiné ses besoins et rendu à ses pasteurs les déférences nécessaires!

De ce même principe de religion et de sagesse naquit cette bonté si connue et si éprouvée. Que ne puis-je vous découvrir ici les inclinations généreuses de cette princesse bienfaisante, libérale, et charitable! A qui refusa-t-elle jamais ses assistances? à qui ne fit-elle pas tout le bien qui dépendit d'elle? à qui ne souhaita-t-elle pas tout celui qu'elle ne put faire? Je réveille ici, sans y penser, maison désolée de cette princesse, votre tendresse et votre douleur, par le souvenir des bienfaits ou de l'espérance qui vous restoit de la protection d'une si bonne et si puissante maîtresse. Elle alloit à la source des graces avec une humble confiance. Elle employoit auprès du roi ses sollicitations et ses prières; prudente sans timidité, pressante sans indiscrétion, montrant plus d'impatience dans ses desirs que dans ses demandes, attendant de la bonté du prince plus que de son propre crédit les graces qu'il voudroit lui faire. Elle en revenoit toujours satisfaite, soit qu'elle rapportât des biens présents ou des promesses pour l'avenir, également reconnoissante de ce qu'on lui accordoit avec plaisir ou de ce qu'on lui refusoit avec peine.

Combien de lampes précieuses qui brûlent dans le sanctuaire; combien de vases sacrés qui servent à la gloire du saint sacrifice; combien de dons brillants, suspendus devant les autels, sont des monuments éternels de sa foi et de sa piété libérale! Combien de familles et de communautés chancelantes ont été soutenues par les secours qu'elle leur donnoit! Que vous dirai-je, messieurs, de sa charité? que la compassion sembloit être née avec elle[1]; qu'elle a étendu sa main sur le pauvre; qu'elle n'a pas fait attendre inutilement la veuve et l'orphelin; que l'abondance de ses aumônes a répondu à la tendresse de son

[1] Job, 31.

cœur; qu'elle a soulagé autant de misérables qu'elle a connu de véritables misères (¹); et qu'enfin, à l'exemple du Dieu qu'elle servoit, elle a été riche en miséricorde.

Attentive à tout ce qui peut servir le prochain, elle ne l'est pas moins sur tout ce qui peut le blesser. Qui de vous, sur des bruits incertains, l'ouït jamais parler désavantageusement de personne? Ne se fit-elle pas une religion de donner un frein à sa langue, en un siècle où l'on blâme indifféremment les vices et les vertus, où l'on se fait une étude des défauts d'autrui, où la malignité des uns se joue de la foiblesse des autres, où, par un juste jugement de Dieu, la vanité insulte à la vanité, et où les plus sages ont peine à se sauver de l'iniquité des jugements et de la contradiction des langues?

Échappa-t-il jamais à son esprit vif et présent quelqu'une de ces railleries d'autant plus piquantes qu'elles sont plus ingénieuses, qui cachent beaucoup de venin sous peu de paroles, et donnent la mort en riant, selon le langage de l'Écriture (²)?

(¹) Ephes., 2. — (²) Prov., 10.

C'étoit sa maxime, que la raillerie ne convient pas à ceux qui sont élevés au-dessus des autres; que les traits qui partent d'en-haut font des blessures plus profondes; qu'il est inhumain de s'en prendre aux gens à qui la crainte et le respect ôtent la liberté de se défendre et de se plaindre, et que de tels discours sont empoisonnés, et par la dignité de celui qui parle, et par la maligne et flatteuse approbation de ceux qui écoutent.

Que si la faute d'un domestique, car peut-on être toujours si juste et si fidèle dans ses devoirs? ou si la force de ses maux, car peut-on posséder toujours son ame dans la patience? avoient comme arraché d'une bouche si sage et si circonspecte une parole plutôt sévère que fâcheuse, quel soin ne prenoit-elle pas d'adoucir et de guérir la plaie qu'elle avoit faite? Elle excusoit l'action, elle louoit l'intention, elle offroit ou rendoit ses bons offices, accordant le pardon comme si elle l'eût demandé, et justifiant la promptitude de son esprit par la constance et par la bonté de son cœur.

Mais si elle mit une garde de prudence sur ses lèvres pour les fermer à la médisance, elle

mit aussi, selon le conseil du Sage, une haie d'épines autour de ses oreilles pour arrêter et pour piquer les médisants (¹). Reconnoissez ici votre ignorance ou votre injustice, vous qui prêtez l'oreille au mensonge, et qui par honneur ou par conscience, renonçant à débiter les médisances, vous êtes réservé le droit de les croire et le plaisir de les écouter. Que faites-vous par vos crédulités et vos complaisances? Vous animez le médisant, vous réchauffez le serpent qui pique, afin qu'il pique plus sûrement; vous ne voulez pas être l'assassin, mais vous devenez le complice; et c'est à tort que vous croyez être innocent du sang de vos frères, quand, par vos applaudissements, vous aiguisez les flèches dont on les perce, et qu'au lieu de les protéger vous appuyez le bras qui les tue. « Garde-toi d'écou-
« ter la méchante langue, dit le Sage (²) : ne
« t'avise pas d'être complaisant à ceux qui
« parlent mal du prochain, si tu ne veux por-
« ter leur péché, » dit-il encore. Et quelle marque donne le Saint-Esprit de la justice et de l'innocence d'un homme de bien? C'est de

---

(¹) Sepi aures tuas spinis. Eccli., 28. — (²) Ibid.

n'avoir pas reçu favorablement l'opprobre et la médisance contre ses frères : *Qui opprobrium non accepit adversus proximos suos* (¹).

Ce fut là le caractère de madame la dauphine : bien loin d'avoir de la crédulité, elle n'eut pas même en ces occasions de la patience. Elle rompit l'iniquité, et fit la guerre au détracteur. Combien de réputations innocentes sauva-t-elle des mauvais bruits qu'alloit semer la haine d'un ennemi ou la jalousie d'un concurrent! Combien de fois, par un triste silence ou par un sévère regard, étouffa-t-elle dans sa naissance une calomnie qui auroit causé des divisions éternelles! Combien de fois arrêta-t-elle, par autorité, le coup mortel qu'une langue cruelle alloit porter à l'honneur ou à la fortune d'une famille!

Qu'attendez-vous d'une vie si sage et si chrétienne? ce qui en est la suite et la récompense : une mort soutenue par une sainte résignation et par une heureuse patience.

(¹) Ps. 14.

SECONDE PARTIE.

« Soit que nous vivions, soit que nous mou-
« rions, nous sommes au Seigneur, » dit l'a-
pôtre. C'est lui qui m'a fait et qui m'a créé, et
qui me réduit au néant sans que je le sache :
je reconnois en l'un et en l'autre sa souverai-
neté, ma dépendance. Mais quoique nous
vivions en Dieu, et que Dieu nous fasse vivre,
il semble qu'en mourant nous soyons encore
plus à lui. Il étend sa main, et il déploie sur
nous sa puissance; il entre en possession pour
l'éternité et de nos corps et de nos ames; il
consomme en nous ses miséricordes ou ses
justices; il nous arrache au monde, à nos
plaisirs, à nous-mêmes; et, dans cet état de
séparation et d'humiliation, nos volontés à
son égard doivent être plus patientes et plus
soumises.

Telle étoit la disposition de notre princesse.
Je n'ai fait jusqu'ici que louer d'heureuses vertus, et qu'amasser, pour ainsi dire, les fleurs
qui parent la victime. Je viens à celles que
produit la tribulation, et qui font l'appareil
et la consommation du sacrifice. N'attendez

pas, messieurs, que je ménage vos esprits, ou que, par des figures étudiées, je flatte ou j'irrite votre douleur. La mort de madame la dauphine est une de ces morts précieuses qui couronnent une belle vie; qui font naître les soupirs, et qui les étouffent; et qui, après avoir attendri par la compassion, rassurent par la piété et consolent par l'espérance.

Elle s'y prépara par la retraite. Elle connut les inutilités et les corruptions du monde; et je ne sais quels pressentiments d'une fin prochaine lui en donnèrent du dégoût. On la vit renoncer insensiblement aux plaisirs, et se faire une solitude où elle pût se dérober à sa propre grandeur, et jouir d'une paix profonde au milieu d'une cour tumultueuse.

Je sais ce que vous pensez, messieurs, que les princesses comme elle ne sont pas faites ordinairement pour la solitude; qu'elles se doivent au public; qu'encore qu'elles ne veuillent être qu'à Dieu, leur condition les oblige à se prêter quelquefois au monde, pour être comme les liens entre les souverains et les sujets qui les approchent; pour remplir les jours vides des courtisans, et leur ôter l'ennui d'une triste et pénible oisiveté; pour calmer et suspendre, par d'honnêtes et nécessaires divertissements, les passions secrètes qui les dévorent, et pour entretenir entre eux la paix et la société, en les rassemblant tous les jours auprès du trône qu'ils révèrent.

Mais qui ne sait que, selon l'apôtre(¹), « nous « ne sommes pas débiteurs à la chair pour « vivre selon la chair; » que le détachement du monde est la première vocation et le premier vœu de l'ame chrétienne; et que la religion de Jésus-Christ est une religion de séparation et de solitude? Il y a, direz-vous, un éloignement d'esprit et de mœurs, et une retraite en soi-même, qui, dans le commerce des hommes, séparent invisiblement les justes d'avec les pécheurs, et mettent les uns à couvert des dissipations et des convoitises des autres.

Mais qu'il est difficile qu'au milieu de tant de passions, si l'innocence ne se perd, du moins elle ne s'affoiblisse! A force de voir la vanité, on s'accoutume à la connoître et à l'aimer. De tant d'objets qui frappent les sens, il s'en trouve toujours quelques uns qui se

(¹) Rom., 8.

glissent jusqu'au cœur; et les saints pères nous enseignent qu'il y a dans le siècle des séductions imperceptibles, et qu'il faut moins de force pour y renoncer que pour s'y maintenir avec la sagesse et la modération que Dieu demande.

Saintes vérités, dont notre princesse étoit pénétrée, que n'êtes-vous connues à ces ames, dirai-je trompeuses, dirai-je trompées, qui, pour plaire à Dieu, et pour plaire aux hommes, accommodent la religion avec les plaisirs; regardent quelquefois le ciel sans perdre la terre de vue, et se font honneur d'une dévotion qui n'exclut pas les empressements ni les affections du siècle: comme si l'on pouvoit mêler aux graces de Jésus-Christ les consolations et les joies humaines, et jouir de la paix de la sainte Sion parmi les troubles et la confusion de Babylone?

Madame la dauphine voulut éviter ces dangers. Jeux, conversations, spectacles, rien ne la tira de sa solitude. L'exemple récent d'une reine que la France admirera et pleurera éternellement, lui paroissoit au-dessus de la portée de sa vertu. « Que suis-je, disoit-elle, auprès « d'une sainte en qui la grace avoit purifié

« tous les sentiments de la nature; également
« pieuse dans ses austérités et dans ses con-
« descendances, qui savoit trouver Dieu là
« même où souvent les autres le perdent? »
Ainsi retenue par une triste et secrète langueur, tantôt elle cultivoit son esprit par la
lecture des histoires édifiantes, et nourrissoit
sa piété du suc et de la substance des saintes
Écritures; tantôt occupée à l'ouvrage, mêlant
industrieusement l'or à la soie, elle employoit
l'adresse, et, pour parler avec le Sage (¹), le
conseil et la prudence de ses mains royales, à
la décoration des autels et à la gloire du ta-
bernacle. Tantôt, après ses prières accoutu-
mées, s'abaissant jusqu'à son néant, ou s'élevant jusqu'à Dieu par la foi et la méditation
de ses mystères, elle lui demandoit sa grace,
et lui offroit un cœur contrit et humilié.

C'est alors, mon Dieu, que vous lui parliez
dans la solitude où vous-même l'aviez conduite: vous vouliez qu'elle mourût peu à peu
et comme par degrés au monde; qu'elle perdît
insensiblement le goût des plaisirs et des vanités, et qu'ayant à mourir dans votre paix

---

(¹) Prov., 31.

et dans votre amour, sa vie fût auparavant cachée en vous avec Jésus-Christ.

Quelle vie, messieurs! Une vie souffrante et crucifiée. A ce mot, combien de tristes objets viennent s'offrir à ma pensée! une langueur qui semble d'abord plus incommode que dangereuse; des maux d'autant plus à plaindre que, n'étant pas assez connus, ils n'étoient pas peut-être assez plaints; des remèdes aussi cruels que les maux mêmes; des douleurs vives et longues tout ensemble: les humiliations de l'esprit jointes à celles du corps; les forces de la nature usées par le soin même qu'on prend de la soutenir; l'art des guérisons impuissant, et toutes les ressources réduites à la patience et à la mort de cette princesse.

Je ne crains pas d'avancer ici le pitoyable récit de ses peines. Pourquoi ne dirois-je pas sans crainte ce qu'elle a prévu, ce qu'elle a souffert sans foiblesse? Elle fit de tous ses maux, comme l'épouse des Cantiques [1], un faisceau de myrrhe, qu'elle reçut des mains de son bien-aimé, et qu'elle mit dans son sein,

---

[1] Cant., 2.

comme une marque précieuse de son amour et de ses volontés sur elle. Elle attendit ces mauvais jours que le ciel lui préparoit, pour en composer avec soumission les exercices de sa piété et le cours de sa pénitence. Elle vit toutes les dimensions de sa croix, et résolut de s'y laisser attacher sans se plaindre, et de faire du supplice de ses péchés un sacrifice volontaire de sa vie. Prévenue des bénédictions et des miséricordes du Seigneur, au travers même des nuages qu'un corps corruptible et mourant élève jusque dans l'esprit, les yeux éclairés de sa foi découvrirent la main paternelle qui la frappoit pour éprouver sa fidélité et sa confiance.

Loin d'étendre sa vue sur les espérances trompeuses d'un heureux avenir, elle se dit mille fois : « Le jour du Seigneur approche [1]. » Près de paroître devant le tribunal de sa justice, elle se présenta souvent à celui de sa miséricorde, après une exacte recherche de ses actions et de ses pensées. Péché, affection au péché, ombres et apparences de péché, elle vous poursuivoit dans les plus secrets

[1] Isaïe, 13.

replis de son ame. Rien n'échappoit aux soins
ni aux lumières de sa pénitence: elle craignoit
tout; elle pesoit tout au poids du sanctuaire,
comptant pour grand tout ce qui peut déplaire à Dieu, quelque léger qu'il fût en lui-
même, et considérant, non pas l'importance
du commandement, mais la dignité du Dieu
qui commande. Ne vous figurez pas ici une
foiblesse de scrupule, mais une délicatesse de
vertu, un grand desir de la pureté, et une
humilité profonde. Trois jours lui suffisoient
à peine pour régler ses confessions ordinaires;
et combien en prit-elle dans le cours de sa
maladie, pour repasser dans l'amertume de
son âme toutes les années de sa vie, dérobant,
pour ainsi dire, à la douleur de ses maux tout
le temps qu'elle pouvoit donner au repentir
de ses péchés!

Vous qui, dans vos confessions précipitées,
n'examinez que la surface de votre ame; qui
ne pouvez haïr vos péchés, que vous ne vous
donnez pas le temps de connoître; qui, sous
un air de pénitent, portez encore un cœur
coupable; qui ne vous présentez au sacrement
de réconciliation que pour arracher à l'Église
une absolution qui vous lie encore davantage,

et qui semblez, en retenant une partie de vos fautes, ne dire l'autre que pour apaiser les remords de vos consciences; condamnez-vous aujourd'hui sur les soins et sur l'exactitude de cette princesse.

Lavée ainsi dans le sang de l'agneau, elle prit de nouvelles forces pour soutenir des maux pressants, et pour attendre une mort tardive. Quand elle vient en peu de temps, cette mort toujours amère et toujours cruelle, on n'a pas le loisir de la voir avec tout ce qu'elle a d'affreux. Les sens ont toute leur vigueur : on a, pour ainsi dire, son ame encore tout entière : on oppose à ses maux une constance ramassée : la patience se soutient par le desir de vivre, ou par l'espérance même de mourir. Mais lorsqu'il faut souffrir une longue et pénible langueur; qu'un cœur est rempli d'amertume, et devient à charge à lui-même; qu'affoibli du passé, accablé du présent, on est encore effrayé de l'avenir; qu'il est à craindre que l'inquiétude et l'impatience ne diminuent un peu la soumission et la foi! Une pénitence continuée n'est pas toujours également volontaire, et on est las de porter sa croix, quand il faut la porter si loin.

Madame la dauphine, dans toute sa tribulation, n'est point sortie des mains de Dieu ni de l'ordre de sa providence : elle a vu, sans murmurer, le débris de son corps mortel ; et, joignant à la fermeté qu'elle tenoit de la nature celle que la piété lui avoit acquise, elle a senti jusqu'où va la misère humaine, jusqu'où vont les miséricordes divines. La maladie ou la santé lui devinrent indifférentes. Que demanda-t-elle à Dieu dans ses prières ? Sa grace, rien plus. On faisoit mille vœux pour sa guérison : on la prioit d'y joindre son intention. « Quelle intention puis-je avoir, « disoit-elle, sinon que la volonté du Seigneur « s'accomplisse ? » Quel temps pensez-vous qu'elle vouloit donner à ses peines ? Autant qu'il en falloit pour expier ses péchés. Combien de fois, s'unissant en esprit à Jésus-Christ crucifié, lui offrit-elle son cœur et son mal, afin qu'il fortifiât l'un, et qu'il augmentât ou adoucît l'autre ! Combien de fois humiliée, mais non pas abattue, lui dit-elle avec une humble confiance, comme cet homme de l'Évangile[1]: « Si vous voulez me

---

[1] Matth., 8.

« guérir, Seigneur, vous le pouvez! » Mais aussi combien de fois, l'adorant comme sa fin et son principe, disoit-elle ces paroles d'un roi soumis et pénitent: Ma vie est dans sa volonté; *vita in voluntate ejus*([1])! C'est ainsi qu'elle s'élevoit au-dessus d'elle-même, et de la mort qu'elle craignoit.

La mort qu'elle craignoit! Ne fais-je point de tort à sa religion et à son courage, et ne me contredis-je point? Non, messieurs, cette crainte d'amour et de pénitence n'a rien de lâche. Elle se regardoit comme une pécheresse frappée de la main de Dieu. Elle savoit que les anges, tout spirituels et célestes qu'ils sont, ne sont pas assez purs en sa présence. Elle avouoit qu'il y a dans la grandeur, quoique innocente, je ne sais quel esprit d'orgueil et de mollesse contraire à l'humilité et aux souffrances de Jésus-Christ. Aussi eut-elle recours aux remèdes de l'ame dans le temps qu'elle méprisoit ceux du corps. Sa conscience acheva de se purifier, et tout l'appareil de la mort ne fit que redoubler son zèle et sa componction.

([1]) Ps. 29.

Avec quels sentiments de reconnoissance et d'amour reçut-elle le saint viatique! Que n'êtes-vous à ma place dans cette chaire, éloquent et pieux prélat, qui portiez ce pain vivant avec la parole de vie! Vous l'avez vu, et vous diriez en des termes plus énergiques, que, la foi ranimant la nature, elle sentit vivement la charité de Jésus-Christ; qu'elle le vit au travers des voiles mystérieux qui le couvrent; qu'elle sortit comme hors d'elle-même pour aller au-devant de lui; qu'après d'inutiles efforts pour se relever, retombant comme sous le poids de la divinité présente, par respect moins que par foiblesse, elle reçut ce dernier gage de son amour comme le sceau de sa prédestination éternelle.

Que ne puis-je vous exprimer avec quelle présence d'esprit elle ménagea ce qui lui restoit de moments précieux pour délier les nœuds qui l'attachoient encore au monde! Avec quelle candeur elle ouvrit son cœur au roi, humiliée devant lui, et touchée non pas de sa grandeur, de sa gloire ou de sa puissance, Dieu seul, devant qui elle alloit comparoître, lui paroissoit grand; mais de sa religion, de sa justice, de sa bonté, et du mérite de sa personne! Avec quelle douceur elle leva vers monseigneur ses yeux mourants et ses mains tremblantes : ses yeux qu'elle avoit toujours arrêtés sur lui comme sur l'unique objet de sa tendresse; ses mains qu'elle avoit si souvent levées au ciel, lorsqu'il s'exposoit à tous les périls de la guerre, et qu'elle occupoit, dans les transports de sa joie, à lui préparer des couronnes après ses victoires! S'il restoit encore en son cœur quelque endroit sensible, c'étoit à l'amour, à la gloire, et plus encore au salut de ce prince.

Tout s'attendrissoit, tout fondoit en larmes : la sainte onction qu'on lui donnoit, les tristes prières qu'on faisoit pour elle, la croix de Jésus-Christ qu'elle embrassoit, le pardon qu'elle demandoit, tantôt à Dieu, tantôt aux hommes; la compassion qu'on avoit pour elle, et celle qu'elle avoit pour ceux qui l'avoient servie, causoient une douleur qui portoit la consolation, mais aussi le trouble dans l'ame : elle seule, messieurs, elle seule demeuroit tranquille.

Maîtresse de son esprit, et tout occupée de ses devoirs, au milieu même des horreurs de la mort, elle voulut bénir les jeunes princes ses enfants, celui-là même qu'elle croyoit être l'enfant de sa douleur; et recueillant sa force avec sa sagesse : « Voyez, dit-elle, mes enfants, « l'état où Dieu m'a mise, et que cela vous « porte à le servir et à le craindre; rendez au « roi et à monseigneur l'obéissance que vous « leur devez : souvenez-vous du sang dont « vous êtes sortis, et ne faites rien qui en soit « indigne. » Prince ([1]), qui faites aujourd'hui les espérances et les délices de la France, que pourrois-je vous dire de plus touchant? Puissent ces efficaces et saintes paroles être éternellement gravées dans votre esprit! et dans le temps que, sous les ordres du roi, dont le ciel a toujours béni les armes, un père victorieux va par mille actions éclatantes vous tracer le chemin de la gloire, puisse le pieux souvenir d'une mère infirme et mourante maintenir dans votre cœur une vive impression de la crainte de Dieu et de l'humilité chrétienne!

Vos souhaits seront accomplis, pieuse princesse : fermez, fermez pour jamais vos yeux à la vanité, que vous avez connue, et que vous avez méprisée. Pour nous, mes frères, ou-

[1] M. le duc de Bourgogne.

vrons-les pour la connoître et pour nous en désabuser. Quels conseils nous faut-il? quelles raisons? quels exemples? Nous voyons mourir tous les jours nos inférieurs, nos égaux, nos maîtres. Nous portons en nous-mêmes une voix et une réponse de mort, comme parle l'apôtre([1]); une sentence qui se prononce et qui s'exécute incessamment par l'affoiblissement et la diminution continuelle de notre vie : et nous sommes aveugles et insensibles ! A la vue de cette mort que nous pleurons, touché de douleur et baigné de larmes, vous reconnûtes votre néant, grand roi, et vous dîtes : « C'est ainsi que nous finissons : voilà « qui nous égale tous. » Job, au milieu de ses infortunes, parloit ainsi : «Celui-ci meurt dans « les prospérités et dans les richesses, celui-là « dans la misère et dans l'amertume de son « ame ; et les uns et les autres dormiront en- « semble dans la même poussière([2]). » Et vous, lorsque votre grandeur et votre puissance semblent éclater davantage, vous donnez à votre cour et prenez pour vous-même cette leçon si salutaire.

([1]) 2 Cor., I. — ([2]) Job, 21.

Pour nous, messieurs, nous voyons ce lugubre appareil et ces tristes cérémonies peut-être sans fruit et sans réflexions sur nous-mêmes. Une tristesse superficielle compose pour un temps le visage et la contenance; mais l'esprit et le cœur n'en sont pas frappés. Notre penchant nous porte à des idées plus agréables : nous nous livrons à nos plaisirs, le siècle présent nous entraîne, les bons ou les mauvais succès nous enflent ou nous inquiètent; nous ne pensons ni à la mort dont Dieu nous menace, ni à l'immortalité qu'il nous promet. Si nous n'étions chrétiens que pour cette vie, et si nous n'espérions qu'aux biens de ce monde, nous serions peut-être excusables; mais, par la grace de Jésus-Christ, nous sommes chrétiens pour l'autre vie, et c'est en Dieu seul que se fondent nos espérances.

Oublions donc ce qui n'est que périssable et passager, pour nous attacher à ce qui est notre partage éternel; et, pour finir par où j'ai commencé, disons-nous sans cesse, selon le conseil de saint Augustin : « Toutes choses « passent comme l'ombre, » pour nous exciter à la pénitence, ou pour renouveler notre ferveur, de peur de dire un jour inutilement : « Toutes choses ont passé comme l'ombre; » pour nous reprocher notre oisiveté, et pour nous plaindre de nos pertes irréparables. Fasse le ciel que nous profitions du temps, des graces, et des exemples, que Dieu nous offre; et qu'après nous être unis à lui par la foi, nous jouissions de lui par la charité aux siècles des siècles!

ORAISON FUNÈBRE

DE TRÈS HAUT ET TRÈS PUISSANT SEIGNEUR

MESSIRE

CHARLES DE SAINTE-MAURE,

DUC DE MONTAUSIER,

PAIR DE FRANCE;

prononcée dans l'église des Carmélites du faubourg Saint-Jacques, le 11 août 1690.

Sicut ambulavit in conspectu tuo, in veritate et justitia, et recto corde tecum, custodisti ei misericordiam grandem.

Comme il a marché devant vous, Seigneur, dans la vérité, dans la justice, et dans la droiture de cœur, vous lui avez conservé votre grande miséricorde. 3 Reg., c. III.

Ce fut après un solennel et magnifique sacrifice([1]), où coula le sang de mille victimes, dans la ferveur de la prière, en présence du Dieu d'Israël, que Salomon, déja rempli de son esprit et de sa sagesse, fit cet éloge du roi son père; et c'est dans la solennité des saints mystères, parmi les vœux et les suffrages des

([1]) Mille hostias obtulit Salomon. 3 Reg., III. Apparuit autem Dominus Salomoni. *Ibid.*

fidèles, à la face de ces autels où Jésus-Christ, sauveur du monde, hostie pure et salutaire, se présente aux yeux de ma foi, et s'immole pour les vivants et pour les morts, que j'applique ce même éloge à très haut, très puissant seigneur, messire Charles de Sainte-Maure, duc de Montausier, pair de France, gouverneur de Normandie, chevalier des ordres du roi, ci-devant gouverneur de monseigneur le dauphin.

David avoit mérité ces louanges : ce roi qui se plaisoit dans la vérité, qui marchoit dans les sentiers de la justice, qui cherchoit le Seigneur dans toute l'étendue de son cœur, qui chantoit dans la paix des cantiques de Sion, qui brisoit dans la guerre la force des Philistins : ce roi selon le cœur de Dieu, observateur de ses ordonnances, zélateur de sa sainte loi, ami des ames simples et fidèles, ennemi des esprits doubles et des mauvais cœurs, pécheur par fragilité, pénitent par réflexion, juste et saint par la grace et par la miséricorde de Dieu.

Je viens faire revivre ici les mêmes vertus et les mêmes miséricordes, et vous faire admirer un homme qui ne se détourna jamais de ses devoirs, qui, pour maintenir la raison, se roidit contre la coutume, qui n'eut jamais d'autre intérêt que celui de la vérité et de la justice, et qui ayant eu part à toutes les prospérités du siècle, n'en a point eu à ses corruptions : un homme d'une vertu antique et nouvelle, qui a su joindre la politesse du temps à la bonne foi de nos pères, en qui la fortune n'a fait que donner du crédit au mérite, qui a sanctifié l'honneur et la probité par les règles et les principes du christianisme, qui s'est élevé par une austère sagesse au-dessus des craintes et des complaisances humaines, et qui, toujours prêt à donner à la vertu les louanges qui lui sont dues, a fait craindre à l'iniquité le jugement et la censure; vaillant dans la guerre, savant dans la paix; respecté, parcequ'il étoit juste; aimé, parcequ'il étoit bienfaisant; et quelquefois craint, parcequ'il étoit sincère et irréprochable.

C'est vous, divine Providence, qui m'avez conduit en ces lieux pour recevoir les derniers gages de son amitié, et pour recueillir les derniers soupirs de sa pénitence. Vous vouliez qu'il me fût connu tout entier, et qu'après avoir vu sa modération dans les temps heureux de sa vie, je fusse aussi, dans ses jours de douleur et d'infirmité, le témoin de sa patience. Vous avez couronné sa piété, et vous m'avez destiné à honorer sa mémoire : faites servir à votre gloire les grands exemples qu'il a donnés; et comme vous formiez en lui, pour sa perfection, de saints desirs et de bonnes œuvres, inspirez-moi, pour l'édification de mes auditeurs, d'efficaces et justes louanges.

Ne craignez pas, messieurs, que l'amitié ou la reconnoissance me préviennent. Nous parlons devant Dieu en Jésus-Christ, dit l'apôtre[1]; et je puis dire comme lui : vous savez, mes frères, que la flatterie jusqu'ici n'a pas régné dans les discours que je vous ai faits : *Neque enim aliquandò fuimus in sermone adulationis, sicut scitis*[2]. Oserois-je dans celui-ci, où la franchise et la candeur font le sujet de nos éloges, employer la fiction et le mensonge? Ce tombeau s'ouvriroit, ces ossements se rejoindroient et se ranimeroient pour me dire : Pourquoi viens-tu mentir pour moi, qui ne mentis jamais pour personne? Ne me

---

[1] 2 Cor., 2. — [2] 1 Thess., 2.

rends pas un honneur que je n'ai pas mérité, à moi qui n'en voulus jamais rendre qu'au vrai mérite. Laisse-moi reposer dans le sein de la vérité, et ne viens pas troubler ma paix par la flatterie, que je hais. Ne dissimule pas mes défauts, et ne m'attribue pas mes vertus; loue seulement la miséricorde de Dieu, qui a voulu m'humilier par les uns et me sanctifier par les autres.

Je me renferme donc dans les paroles de mon texte, et me destine à vous faire voir l'amour de la vérité, le zèle de la justice, l'esprit de droiture, qui sont le caractère de ce grand homme que vous regrettez, et que vous louez avec moi. Si je n'observe pas dans ce discours tout l'ordre et toutes les règles de l'art, pensez qu'il y a je ne sais quoi de désordonné dans la tristesse, que les grands sujets sont à charge à ceux qui les traitent, et que c'est ici une effusion de mon cœur, plutôt qu'un ouvrage et une méditation de mon esprit.

PREMIÈRE PARTIE.

Quoiqu'il n'y ait rien de si naturel à l'homme que d'aimer et de connoître la vérité, il n'y a rien qu'il aime moins, et qu'il cherche moins à connoître. Il craint de se voir tel qu'il est, parcequ'il n'est pas tel qu'il devroit être; et, pour mettre à couvert ses défauts, il couvre et flatte ceux des autres. Le monde ne subsiste plus que par ses complaisances mutuelles. Il semble que l'esprit de mensonge, que Dieu menaçoit de répandre sur ses prophètes (¹), soit répandu sur tous les hommes. On n'a plus ni le courage de dire la vérité, ni la force de l'écouter. La sincérité passe pour incivilité et pour rudesse. Il n'y a presque plus d'amitié qui soit à l'épreuve de la franchise d'un ami. L'esprit fécond en déguisements s'étudie à défigurer, selon ses besoins ou ses intérêts, tantôt les vices, tantôt les vertus; et la parole, qui est l'image de la raison et comme le corps de la vérité, est devenue l'organe de la dissimulation et du mensonge.

Charles de Sainte-Maure se sauva par la miséricorde de Dieu de cette corruption commune. Il naquit avec ces inclinations libres et généreuses qui affranchissent l'ame de toute autre loi que de celle de ses devoirs. Le ciel

---

(¹) 3 Reg., 22.

versa dans son esprit et dans son cœur ces principes d'honneur et d'équité qui font qu'on produit, sans rougir, ses sentiments et ses pensées. La feinte ne pouvoit rien ajouter à sa gloire, et l'art en lui ne pouvoit mieux faire que la nature. Son illustre maison, dont l'origine s'est perdue dans les obscurités du temps, lui fournissoit depuis sept cents ans de grands exemples. Il y trouvoit une noblesse toujours pure par ses vertus, toujours utile par ses services, toujours glorieuse par son rang, par ses emplois, par ses alliances. Il voyoit dans l'histoire ses ancêtres, tantôt soutenant avec éclat les premières dignités du royaume; tantôt, dans l'assemblée des seigneurs de plusieurs provinces, s'intéressant pour les droits et pour les libertés des peuples; tantôt allant avec des troupes nombreuses, levées à leurs dépens, reprendre les terres que des seigneurs voisins leur avoient usurpées; plus touchés de l'honneur que de l'intérêt, aussi peu capables de souffrir une injustice que de la commettre.

Mais il racontoit avec plaisir les services que son aïeul avoit rendus à Henri IV, de glorieuse mémoire, et plus encore les conseils sages et libres qu'il lui donnoit, ajoutant à son récit: « Que ses pères avoient toujours « été fidèles serviteurs des rois leurs maîtres, « mais qu'ils n'avoient pas été leurs flatteurs; « que cette honnête liberté dont il faisoit pro- « fession étoit un droit acquis, et une posses- « sion de famille, et que la vérité étoit venue « à lui de père en fils, comme une portion de « son héritage. »

La mort lui enleva, dès les premières années de son enfance, un père, dont la perte auroit été irréparable s'il ne fût tombé sous la conduite d'une mère de l'ancienne maison de Châteaubriand, qui, renonçant d'abord à toute sorte de vanités et de plaisirs, pour vaquer dans une triste et laborieuse viduité aux affaires de sa famille, et contenant sous les lois d'une austère vertu et d'une exacte modestie une grande beauté et une florissante jeunesse, sacrifia toutes les douceurs et tout le repos de sa vie à la fortune et à l'éducation de ses enfants. Charles étoit encore en cet âge où l'on ne suit que les premiers instincts de la liberté. Un feu, que la raison n'avoit pas encore modéré, le révoltoit contre la discipline et la contrainte. Elle réprima, par une sage sévérité, les prémières vivacités de son esprit, et les saillies naturelles d'une fierté encore naissante. Elle le plia avec douceur sous le joug de l'autorité maternelle, l'accoutumant insensiblement à une vie simple et patiente; et comme elle n'eut pas pour lui ces complaisances foibles qui amollissent la raison et le courage des enfants, elle ne souffrit pas en lui ces délicatesses qui affoiblissent le tempérament et la vigueur du corps et de l'ame.

Mais, hélas! elle employa ses premiers soins à lui apprendre les principes d'une fausse religion (¹). Égaré dès qu'il entra dans les voies de Dieu; nourri depuis par les maîtres mêmes de l'erreur, et dans le sein, pour ainsi dire, de l'hérésie, il prit une profane nouveauté pour la vénérable antiquité de l'Église. Sensible à tous les malheurs du parti, attentif à tout ce qui flattoit ses préventions, se mêlant, tout enfant qu'il étoit, dans les conversations et les disputes, il suppléoit par son ardeur à ce qui manquoit à sa connoissance; et, dans un âge où l'on ne sait pas

---

(¹) A Sédan, sous le ministre Du Moulin.

encore sa religion, il défendoit déja la sienne.

O Dieu de vérité! vous n'avez pas fait cet esprit pour le mensonge; laissez couler sur lui, du sein de votre gloire, un de ces rayons pénétrants de votre grace lumineuse qui portent le vrai dans le fond des cœurs, et ne permettez pas que l'erreur et la vanité le possèdent: ou si vous laissez croître ses ténèbres, pour avoir plus de gloire à les dissiper, gardez-lui une miséricorde d'autant plus grande que son zèle ardent et ses intentions sincères le justifient à lui-même, et qu'il croit faire honneur à la vérité dans l'hommage même qu'il rend au mensonge.

Vous dirai-je le progrès qu'il fit dans la connoissance des lettres humaines, le goût qu'il eut pour la poésie et pour l'éloquence, dont il apprit non seulement toutes les beautés, mais encore toutes les règles; l'étude qu'il fit de cette noble et savante antiquité, qu'il regardoit comme la source de la raison et de la politesse de nos siècles? Un amour curieux des livres, une avidité de savoir, une assiduité, et, si je l'ose dire, une intempérance de lecture, ont été les passions de sa jeunesse.

Vous parlerai-je de ces campagnes où, la gloire allumant les premiers feux de son courage, il fit voir dans les sièges de Rosignan et de Casal, par les services qu'il rendit, ceux que le prince et la patrie en pouvoient attendre? Animé par les exploits éclatants d'un frère dont la réputation ne pouvoit égaler le mérite, il eut part aux louanges que lui donnèrent justement et ses ennemis et ses maîtres.

La bienséance et la coutume, et plus encore les devoirs de sa condition et de sa naissance, l'engagèrent à se mêler dans la foule des courtisans, pour révérer la grandeur et la majesté d'un roi [1] plein de religion et de justice, et pour gagner la faveur et l'estime d'un grand ministre [2] qui connoissoit la vertu, et qui distribuoit la fortune. On lui dit mille fois que la franchise n'étoit pas une vertu de la cour; que la vérité n'y faisoit que des ennemis; qu'il falloit, pour y réussir, savoir, selon les temps, ou déguiser ses passions, ou flatter celles des autres; qu'il y avoit un art innocent de séparer les pensées d'avec les paroles, et que la

---

[1] Louis XIII. — [2] Le cardinal de Richelieu.

probité pouvoit souffrir ces complaisances mutuelles qui, étant devenues volontaires, ne blessent presque plus la bonne foi, et maintiennent la paix et la politesse du monde.

Ces conseils lui parurent lâches. Il alloit porter son encens avec peine sur les autels de la fortune, et revenoit chargé du poids de ses pensées, qu'un silence contraint avoit retenues. Ce commerce continuel de mensonges ingénieux pour se tromper, injurieux pour se nuire, officieux pour se corrompre; cette hypocrisie universelle, par laquelle chacun travaille à cacher de véritables défauts ou à produire de fausses vertus; ces airs mystérieux qu'on se donne pour couvrir son ambition ou pour relever son crédit; tout cet esprit de dissimulation et d'imposture ne convint pas à sa vertu. Ne pouvant s'autoriser encore contre l'usage, il fit connoitre à ses amis qu'il alloit à l'armée faire sa cour par des services effectifs, non pas par des offices inutiles; qu'il lui coûtoit moins d'exposer sa vie que de dissimuler ses sentiments, et qu'il n'achèteroit jamais ni de faveur ni de fortune aux dépens de sa probité.

Il ne voulut apprendre d'autre langage que

celui de l'Évangile (¹), oui, oui, non, non : effectif dans ses résolutions, fidèle dans ses promesses, plus prêt à tenir sa parole qu'à la donner, tout vrai dans ses actions et dans sa conduite. Aussi n'eut-il besoin pour s'élever dans sa profession, ni de sollicitations, ni d'artifices. Sa prudence, son application, sa valeur, lui attirèrent l'estime et la confiance des deux plus renommés capitaines (²) de son temps, qui, dans les guerres d'Allemagne, s'étoient servis utilement de son secours et de ses conseils dans la suite de leurs victoires.

L'Alsace, qui avoit été le théâtre de ses travaux, en fut aussi la récompense. Quelle nouvelle matière de gloire pour lui! l'ennemi redoutable et voisin; un peuple qui n'étoit qu'à demi soumis, le peu de secours qu'il pouvoit attendre, une province qu'on lui donnoit plutôt à conquérir qu'à gouverner : tant de difficultés ne firent qu'animer sa constance; et, par des combats presque journaliers, ayant affermi son gouvernement, il le rendit, par sa modération, un des plus

---

(¹) Sit autem sermo vester, est, est, non, non. Matth., 5, 37.

(²) Le duc de Weimar, et le maréchal de Guébriant.

heureux et des plus tranquilles du royaume.

Il revint à la cour, et ne se prévalut ni des louanges, ni des espérances qu'on lui donna : il joignoit la retenue du jugement à la hardiesse du courage. Quoiqu'il aimât la gloire, il la cherchoit dans ses actions, non pas dans le témoignage des hommes. Il n'a voulu contribuer à sa réputation autre chose que son mérite. De toutes les vérités, il n'a caché que celles qui lui étoient avantageuses; et rien n'a jamais pu affoiblir sa sincérité, que sa modestie. Nous savons pourtant, messieurs, que jamais ame ne fut plus fière ni plus intrépide : on le vit, à la bataille de Cerné, charger trois fois les ennemis, couvert de sang et de poussière, et dresser aux pieds de son général, comme un honorable trophée, trois drapeaux qu'il leur enleva. Il parut avec deux cents hommes, durant le siége de Brisach, renversant sur les bords du Rhin deux mille Allemands à la vue de leur armée.

Mais viens-je faire ici l'histoire sanglante de ses combats; et mon sujet n'a-t-il rien de plus édifiant et de plus doux? Déja se formoient dans le ciel ces nœuds sacrés qui devoient unir éternellement son cœur à celui de l'incomparable Julie (¹). Déja s'allumoient dans son ame ces feux ardents et purs que la sagesse, la beauté, l'esprit, et un mérite universel, ont coutume de faire naître. L'admiration, l'estime, entretenoient cette sage et vertueuse passion, et plus encore une conformité de mœurs et d'inclination, qui fait les liaisons parfaites; même candeur dans leurs procédés, même élévation de génie et de courage, même penchant à la vertu, au préjudice de la fortune, même fidélité pour tous les devoirs de la vie, même goût pour la conversation et pour toute sorte de belles-lettres, même plaisir à faire du bien; mais, parmi tant de ressemblance, une religion différente.

Tombez, tombez, voiles importuns qui lui couvrez la vérité de nos mystères; et vous, prêtres de Jésus-Christ, qui depuis si long-temps offrez à Dieu, pour son salut, et vos vœux et vos sacrifices, prenez le glaive de la parole, et coupez sagement jusqu'aux racines de l'erreur que la naissance et l'éducation

---

(¹) Julie d'Angennes, depuis duchesse de Montausier.

avoient fait croître dans son ame. Mais par combien de liens étoit-il retenu? La chair et le sang, qui l'attachoient auprès d'une mère qu'il aimoit autant par reconnoissance et par raison que par tendresse de naturel; certaines vues d'honneur, qui lui faisoient craindre jusqu'aux moindres soupçons de changement et d'inconstance; le pouvoir que prenoit sur lui une première impression de vérité ou de justice; les réponses que les oracles du parti lui avoient rendues, et les soins qu'il avoit pris lui-même de s'aveugler par des lectures dangereuses, étoient autant d'engagements qui le lioient à sa communion.

Mais aussi, dans les recherches de sa foi, il lui étoit échappé quelque doute; la lecture des histoires de l'Église lui avoit fait entrevoir quelque nouveauté dans ces derniers temps; des contestations et des disputes qu'il avoit eues, il étoit sorti je ne sais quelles clartés passagères qui avoient laissé quelque trace de lumière dans son esprit. Il n'étoit pas de ces hommes tièdes à qui Dieu et le salut sont indifférents, qui demeurent sans mouvement où ils sont tombés, soit au midi, soit au septentrion, selon le langage de l'Écriture(¹); qui ignorent ce qu'ils croient, et n'ont une religion que par hasard, et non par lumière. Il savoit rendre raison de sa foi, comme l'apôtre le commande; et la connoissance que Dieu lui donna fut peut-être la récompense de son zèle.

Des lumières imperceptibles et successives dissipèrent une partie de ces nuages dont il étoit environné. Il demanda, et il reçut; il frappa, et on lui ouvrit : il reconnut dans l'Église de Jésus-Christ une puissance de décision qui nous fait croire ce qu'elle croit, pratiquer ce qu'elle ordonne, tolérer même avec soumission ce qu'elle tolère; et, se faisant de cette créance une nécessité pour toutes les autres, docile, humble, pénitent, surmontant le monde par sa foi, et la nature par la grace, il alla, sous la conduite d'un grand prélat(²), au pied des autels assujettir sa raison à l'autorité de l'Église, et faire un sacrifice de ses erreurs devant les ministres du Dieu de la vérité.

Quels ont été depuis les accroissements de sa foi! Avec quelle reconnoissance et quelle

---

(¹) Eccli., 11. — (²) M. Faur, évêque d'Amiens.

joie chantoit-il au Seigneur le cantique de sa délivrance! Avec quel zèle exhortoit-il quelques uns de ses domestiques à rentrer comme lui dans le bercail de Jésus-Christ, leur fournissant et les livres et les raisons les plus propres à les convaincre! Avec quelle douceur et quelle charité consoloit-il en ces derniers temps quelques uns de ses amis, dont il voyoit la conscience irrésolue et inquiète! Il les touchoit par ses conseils et par sa propre expérience; il leur racontoit ses combats, pour les exciter à gagner sur eux la même victoire; et, pour guérir leur opiniâtreté, il déploroit en leur présence la sienne propre.

Je ne vous dirai pas, messieurs, les commandements et les emplois de confiance qu'on lui destina; les solennités de son mariage, où toute la France s'intéressa; les gouvernements et les charges dont il fut pourvu dans des conjonctures où il étoit difficile de les soutenir. N'attendez pas que je vous le représente se dérobant aux premières tendresses d'un chaste mariage, pour aller chercher la gloire sous les ordres d'un prince (¹) toujours

---

(¹) M. le prince de Condé.

prêt à combattre, et toujours assuré de vaincre. Je ne viens pas non plus vous le faire voir conduisant le légat (¹) de sa sainteté, montrant des vertus de l'ancienne Rome aux prélats de la nouvelle, et faisant admirer à cette nation une judicieuse sincérité, qui valoit mieux que ses subtilités et ses adresses.

Il est temps de venir au point de sa réputation et de sa gloire. Dieu, dont la providence veille au bonheur de ce royaume, l'appela à l'instruction et à la conduite de monseigneur le dauphin; et cette même sagesse qui, selon l'Écriture (²), fait régner les rois, lui apprit l'art de former une ame royale.

Que lui manquoit-il pour un si glorieux, mais si difficile ministère? Du savoir? il avoit acquis par ses lectures continuelles des habitudes dans tous les pays et dans tous les siècles: il étoit devenu, pour ainsi dire, le spectateur et le témoin de la conduite de tous les princes: il avoit assisté à leurs conseils et à leurs combats: il connoissoit toutes les routes de la vertu et de la gloire ancienne et nouvelle. De la probité? rien n'étoit plus connu

(¹) Le cardinal Chigi, neveu d'Alexandre VII.
(²) Prov., 8, 15.

que son équité, son désintéressement, et la religion de sa parole : il pouvoit instruire, sans se rétracter et sans se condamner soi-même : ses exemples n'affoiblissoient pas ses préceptes, et il n'avoit point à justifier au prince ni aux courtisans la contrariété de ses mœurs et de ses règles. La piété ? il avoit connu Dieu, et l'avoit toujours glorifié : il avoit regardé le libertinage comme un monstre, et dans la cour et dans les armées. Il avoit appris dans la loi de Dieu ce qu'elle défend et ce qu'elle ordonne : censeur zélé des vices, sans aigreur, sans indiscrétion ; chrétien de bonne foi, sans superstition, sans hypocrisie.

Le roi, qui, dans ses choix, en faisant justice au mérite, a toujours fait honneur à sa sagesse, s'applaudit même de celui-ci. Avec quelle confiance le substitua-t-il en sa place, dans l'un de ses plus importants et plus indispensables devoirs ! Avec quelle bonté voulut-il remettre lui-même ce dépôt sacré en des mains si pures et si fidèles ! Ayant sur lui tout le gouvernement de son peuple, il lui donna toute la conduite de son fils ; il lui recommanda le soin de l'instruction, et se chargea des grands exemples : il voulut que le siècle présent jouît de la félicité de son règne, et laissa à la conscience et à l'habileté de ce prudent gouverneur les espérances du siècle à venir.

Aussi quelle reconnoissance fut la sienne! Il sacrifia ses plaisirs, ses intérêts, et sa liberté; il ne pensa plus qu'à ce jeune prince; il n'eut plus d'esprit, il n'eut plus de cœur, que pour lui. De peur de s'amollir par la tendresse, il emprunta l'autorité du roi: de peur de rebuter par l'austérité des préceptes, il prit les entrailles du père; et, par ce juste tempérament, il avançoit en lui les fruits de la raison, et corrigeoit les défauts de l'âge.

Sa principale application fut de l'accoutumer à connoître et à souffrir la vérité. Il savoit que les grands naissent avec certaines délicatesses qui retiennent dans un timide respect les courtisans qui les approchent; qu'on ne leur présente jamais des miroirs fidèles; qu'avant qu'ils sachent qu'ils sont hommes et qu'ils sont pécheurs, on leur apprend qu'ils ont des sujets, et qu'ils sont les maîtres du monde.

Plus le prince qu'il gouvernoit avoit de bonté et de docilité naturelle, plus il éloignoit tout ce qui pouvoit le corrompre. Combien de fois arrêta-t-il une flatterie, qui, comme un serpent tortueux, alloit se glisser dans son ame! Combien de fois éteignit-il l'encens dont la douce et maligne odeur auroit empoisonné une imagination encore tendre! Combien de fois lui fit-il faire la différence d'un ami d'avec un flatteur! Combien de fois leva-t-il d'une main sévère les premiers voiles qu'une cour artificieuse alloit mettre devant ses yeux pour lui cacher quelque vérité ou quelque devoir!

Permettez que je me le représente ici comme ce cavalier que vit saint Jean dans l'Apocalypse: il s'appeloit fidèle et véritable, *fidelis et verax* [1]; montrant à cet auguste enfant les sources du vrai et du faux, et lui formant dans le monde, que saint Augustin appelle la région des faussetés et des mensonges, une ame innocente et sincère. Il portoit plusieurs couronnes, lui expliquant pour son instruction la différence des bons et des mauvais règnes. Il tenoit en ses mains un glaive luisant, pour couper les filets de ses passions nais-

---

[1] Apoc., 19, 11.

santes, et les discours et les exemples qui pourroient les entretenir. Voilà quel étoit son amour pour la vérité: voyons quel étoit son zèle pour la justice.

SECONDE PARTIE.

Il est difficile, quand on aime la vérité, qu'on n'ait aussi du zèle pour la justice, tant par cette union qui lie toutes les vertus, que par certaines règles d'ordre et de proportion que l'esprit cherche dans les actions aussi bien que dans les paroles. Ces deux inclinations furent également fortes en M. de Montausier.

Il y avoit dans son cœur une loi d'équité sévère, qui le portoit à résister à toutes les passions désordonnées des hommes, et à rendre à chacun, ou le service, ou l'honneur, ou la protection, qu'il pouvoit espérer de lui. On le vit, dans la jeunesse, se faisant une espèce de crédit et d'autorité du fonds de ses bonnes intentions, pour s'opposer aux désordres, pour arrêter la fraude et la violence, et pour réduire tout à la discipline, supportant lui-même avec constance toutes les fatigues et toutes les contraintes que lui imposoient, dans les bornes de sa profession, la raison et l'ordre.

Cet esprit de justice n'a fait que croître avec son bonheur. Pour avoir sa protection, c'étoit assez d'être malheureux. Quelque inconnu qu'on fût, on n'avoit besoin d'autre recommandation auprès de lui que de celle que porte avec soi la vertu et l'innocence persécutée. Il n'avoit pas de ces froides indifférences, ni de ces foibles ménagements, qui font qu'on abandonne les affaires d'autrui pour ne s'en pas faire à soi-même. Par-tout où se pouvoit étendre son pouvoir, l'oppression et l'injustice n'étoient pas libres; et celui-là ne pouvoit s'assurer de son repos, qui troubloit le repos des autres. A-t-il craint d'irriter les puissants, quand il a pu secourir les foibles? A-t-il plié sous la grandeur, lorsqu'elle s'est trouvée injuste? A-t-il manqué de hardiesse, et lui a-t-il fallu d'autre droit que celui de la protection et de la charité commune, quand il a pu défendre les gens de bien?

N'a-t-il pas eu, dans la licence même de la guerre, une constante et scrupuleuse retenue, dans un temps où la confusion régnoit encore dans les armées, où l'on croyoit que le soldat devoit s'enrichir non seulement des dépouilles de l'ennemi, mais encore de celles des peuples, et où, par des condescendances nécessaires, on pardonnoit un peu d'avarice et de dureté, pour entretenir le courage et la bonne humeur des gens de guerre? Il ne s'en tint pas à ces coutumes, il se régla sur une prudente équité, non pas sur un barbare droit des armes; modeste, désintéressé, songeant à des acquisitions d'honneur et de gloire, non pas aux biens et aux commodités de la vie; généreux pour les autres, sévère et dur à lui-même, et partageant avec les moindres officiers ses biens par libéralité, et leurs fatigues par constance.

Il eut même des égards pour les ennemis, ne croyant pas que tout ce qui étoit permis fût expédient, et disant quelquefois: « Faisons-leur craindre notre valeur, non pas « notre cupidité. » Aussi ne laissa-t-il jamais après lui de traces funestes de ses passages, et, sa conscience lui rendant justice à son tour, il n'eut pas besoin de réparer sur ses vieux ans les torts qu'il avoit faits en sa jeunesse, ni de restituer aux enfants ce qu'il avoit autrefois injustement exigé des pères.

Quelle pensez-vous que fut son occupation dans ses gouvernements? La justice. Plein des maximes d'honneur et de probité, dont il savoit toutes les lois, il retenoit la noblesse dans l'ordre; il étouffoit les querelles dans leur naissance, gagnant les uns par persuasion, arrêtant les autres par autorité, compensant les satisfactions avec les injures, rendant à l'honneur et au droit de chacun ce que l'avarice ou la colère en avoit ôté; mettant les uns à couvert de l'insulte, et les autres hors d'état de nuire. Il coupoit ainsi, par une équité décisive, sans préoccupation et sans intérêt, les racines des haines et des procès, et portoit par-tout la modération et la paix, qui est le fruit de la justice.

Mais quel fut son zèle et sa vigilance dans les calamités publiques! Il jouissoit à la cour de la douceur du repos et de la gloire où le ciel venoit d'élever sa famille, lorsqu'un mal funeste et contagieux se répandit et s'échauffa dans les principales villes de Normandie, soit que l'intempérie des saisons eût laissé dans les airs quelque maligne impression, soit qu'un commerce fatal y eût apporté des pays éloignés, avec de fragiles richesses, des semences de maladie et de mort, soit que l'ange de Dieu eût étendu sa main pour frapper cette malheureuse province. Il y accourut. Dans cette affliction qui dérange tout, où d'ordinaire on est perdu, parcequ'on est abandonné, où chacun, occupé de ses propres craintes, oublie les malheurs d'autrui, et où l'horreur d'une mort prochaine semble justifier les infidélités que l'on se fait les uns aux autres, la raison fit en lui ce que ne fait ordinairement ni le sang ni la nature. Il répondit à ceux qui lui représentoient ses dangers : « qu'il devoit l'ordre et la protection à ce peu- « ple; qu'étant établi pour le gouverner, il « l'étoit aussi pour le secourir, et que sa vie « ne lui étoit pas plus précieuse que son de- « voir. » Il ranima les citoyens par sa présence, les excitant à s'entr'aider par des offices mutuels; et, par une exacte police qui coupoit les communications mortelles pour en ouvrir de salutaires, il sauva ce peuple qui avoit perdu toute espérance de santé, et toute mesure de prudence.

Mais à quoi m'arrêté-je, messieurs? n'ai-je pas de plus nobles idées à vous donner de sa vertu? Si la fidélité est une justice que chacun doit à son souverain, quel sujet en a jamais fourni de plus grands exemples? Que ne puis-je vous exprimer les sentiments d'admiration, de vénération, et, si je l'ose dire, de tendresse, qu'il eut pour le roi? Par combien de liens tenoit-il à lui! Tantôt il recueilloit tous ses bienfaits dans son esprit, pour multiplier sa reconnoissance. Tantôt il pensoit à ses expéditions militaires, pour faire le récit de ses travaux, et pour compter le nombre de ses victoires. Tantôt il le voyoit au milieu de sa magnificence et de sa splendeur, pour s'éblouir de sa majesté, et se réjouir de sa gloire, et quelquefois il se dépouilloit de toute idée de sa puissance et de sa grandeur, pour avoir le plaisir d'honorer gratuitement le mérite de sa personne. Que ne puis-je vous représenter la forte passion qu'il eut pour l'état, dont les intérêts lui furent plus chers et plus sensibles que les siens propres! Quelle étoit son indignation contre ceux à qui le bien public est indifférent, et qui ne se comptant et ne se regardant qu'eux-mêmes, sans honneur et sans charité, abandonnent au hasard le reste du monde!

Dans le cours de ces fatales années où la

discorde alluma dans le sein de la France le
feu de tant de passions, qui firent tant de malheureux et tant de coupables (ne craignez
pas, messieurs, je parle d'un homme sage
qui ne sortoit jamais de ses devoirs, qui n'a
besoin de grace ni d'apologie, et en qui il n'y
a point eu d'erreur à plaindre ni de faute à
justifier: sa fidélité fut inébranlable), retiré
dans la province de Saintonge, où se formoient déja des factions, il les arrêta par sa
vigilance et par son courage. Les sollicitations
d'un prince[1] qui l'honoroit de sa bienveillance, les mécontentements qu'il avoit reçus
du ministre[2], ne purent jamais le toucher.
Il surmonta ces deux tentations délicates, et
lui seul peut-être a la gloire d'avoir résisté tout
d'un coup, pour le service de son maître, à
la force de l'amitié, et au plaisir de la vengeance; il gagna la noblesse déja presque
demi-séduite; il fit des sièges, donna des combats, prit des villes, et prodigua son sang et sa
vie pour assurer au roi cette province, que sa
situation et les conjonctures du temps avoient
rendue très importante.

[1] Le prince de Condé. — [2] Mazarin.

Quelle justice lui rendit-on? On approuva ses services, et bientôt on les oublia. Dans ces jours de confusion et de trouble où les graces tomboient sur ceux qui savoient à propos se faire soupçonner ou se faire craindre, on le négligea comme un serviteur qu'on ne pouvoit perdre, et l'on ne songea pas à sa fortune, parcequ'on n'avoit rien à craindre de sa vertu. Mais sa constance le soutint, et la providence de Dieu réservoit au roi l'honneur de récompenser cette ame fidèle.

Descendons à l'équité de son cœur dans sa conduite particulière. Quels furent ses sentiments pour ses amis! Ici se réveille ma reconnoissance, mes entrailles s'émeuvent, et l'image d'un bonheur dont je jouissois me fait souvenir que je l'ai perdu. Sa bonté prévint pour cette fois son jugement: d'ailleurs son amitié ne se donnoit point au hasard, c'étoit le prix de son estime. Elle ne s'affoiblissoit jamais ni par le temps ni par l'absence, et rien ne dérangeoit dans son cœur ce que le mérite y avoit une fois placé. On ne craignoit point avec lui les inégalités ni les défiances; il ne savoit se démentir; et sa bonne foi sembloit lui répondre de celle des autres.

Quelque indulgence qu'il eût pour ceux qu'il aimoit, il ne s'aveugloit pas sur leurs défauts: également sincère et charitable, il avoit le courage de les reprendre, ou le plaisir de les excuser. Fidéle dans leurs disgraces, il osa les louer et les servir en des temps où les autres n'osoient presque pas les plaindre. Dans leurs prospérités, il estima leur modération, et se réserva le droit de les avertir de leur orgueil. Il leur laissoit, dans l'agréable commerce qu'il avoit avec eux, toute la liberté qu'il prenoit lui-même de soutenir leurs opinions, et ne leur interdisoit que la flatterie.

Avec quelle chaleur s'intéressoit-il à leurs satisfactions ou à leurs peines! Les a-t-il jamais amusés par des caresses, quand ils ont attendu de lui des offices effectifs? Qui est-ce qui a jamais porté plus de vœux et plus de prières au pied du trône? J'ai cet avantage dans ce discours, qu'il n'y a personne ici de ceux qui ont eu part à son amitié, qui ne reconnoisse et qui n'ait ressenti ce que je dis.

Vous le savez, nobles génies, qui cultivez votre esprit, et qui rendez à Dieu, le Seigneur des sciences, l'hommage de vos pensées. Vous avez été souvent surpris et de ses bontés et de ses lumières. Il pesoit les esprits, et donnoit à chacun le rang qu'il méritoit. Personne ne connut mieux l'excellence de leurs ouvrages, et personne ne sut mieux les estimer. Il les encourageoit, et tâchoit de les rendre utiles. Il leur procura souvent les graces du roi, et leur donna toujours ce qui étoit en ses mains, et ce qu'ils aiment quelquefois davantage, la louange et la gloire.

Combien étoit-il juste et charitable à l'égard de ses domestiques ! Chez lui les races se perpétuoient, les pères laissoient, comme un héritage à leurs enfants, la protection d'un si bon maître. Environné d'une foule de serviteurs, il cherchoit à chacun une fortune qui lui fût propre. Désintéressé pour lui, empressé pour eux, il ne sentoit jamais mieux son bonheur que lorsqu'il pouvoit faire le leur. Le nombre pouvoit être à charge à sa dépense, mais non pas à sa générosité. Il savoit bien qu'il n'avoit pas besoin de tout ce monde, mais il croyoit que tout ce monde avoit besoin de lui, et il le gardoit moins pour servir d'éclat à sa grandeur que pour servir de matière à sa bonté.

De ce même principe naissoit son amour

pour les pauvres. Aux termes de l'Écriture(¹), l'aumône est une justice. Ce que nous appelons un don, le Sage le nomme une dette(²), et la mesure de la miséricorde que nous attendons est la miséricorde que nous aurons faite. Pénétré de ces vérités, il répandoit abondamment sur toute sorte de misérables les secours de sa charité. Il n'attendit pas à la mort à consacrer à Jésus-Christ une partie de ses richesses; il savoit qu'une charité tardive, selon les pères de l'Église, avoit plus d'avarice que de piété; qu'il faut exécuter soi-même son testament et ses legs pieux, et faire un sacrifice de religion et une distribution volontaire de ses aumônes.

Que ne puis-je révéler les secrets de sa charité? Vous verriez ici l'éducation d'une fille à qui la pauvreté pouvoit donner de mauvais conseils; là les études d'un pupille, que Dieu, par le moyen de sa charité, a conduit aux fonctions de son sacerdoce: ici, une noblesse indigente poussée par ses charitables secours au service du prince et de la patrie; là, un mérite naissant, qu'auroit accablé le poids de

_____
(¹) Ps. 110. — (²) Eccli., 4.

sa mauvaise fortune, relevé par ses libéralités. Sortez de ces retraites où la misère et la honte vous cachent, familles infortunées, et dites-nous par quelles adresses il fit couler jusqu'à vous ses assistances imprévues. Et vous, asiles sacrés des disgraces de la nature ou de la fortune, monuments éternels de sa piété, hôpitaux dressés par ses soins et par ses bienfaits dans les villes de ses gouvernements, pour les mettre à couvert d'une importune mendicité, faites retentir jusqu'au ciel les vœux et les prières des pauvres que vous renfermez! Voilà sa justice, messieurs, il ne me reste plus qu'à vous montrer son esprit de droiture.

TROISIÈME PARTIE.

La droiture est une pureté de motif et d'intention qui donne la forme et la perfection à la vertu, et qui attache l'ame au bien pour le bien même. C'est à cette génération simple et droite que l'esprit de Dieu promet dans ses Écritures, tantôt les bénédictions qu'il verse sur ceux qui le craignent [1], tantôt les lu-

---

[1] Ps. III.

mières qu'il tire, quand il veut, du sein des ténèbres (¹), tantôt le plaisir des approbations et des louanges (²), tantôt la joie d'une tranquille conscience (³).

C'est ici la gloire de mon sujet. Quel homme est jamais moins entré dans les voies obliques des passions et des intérêts que celui que nous regrettons? La connoissance de ses devoirs lui servoit de raison pour les accomplir, et ses intentions étoient toujours aussi bonnes que ses actions. Quelles furent donc ses règles? L'ambition, selon lui, n'avoit rien de noble; elle conduisoit la vertu par des moyens et à des fins qui sont souvent indignes d'elle: il disoit quelquefois « que les ambitieux qu'on « loue tant étoient des glorieux qui font des « bassesses, ou des mercenaires qui veulent « être payés. » Aussi n'eut-il jamais en vue de bien faire pour être heureux; et ce qui le conduisit aux charges et aux dignités, il le fit pour les mériter, et non pas pour les obtenir.

L'intérêt et l'amour du bien ne purent jamais le tenter; et dans tout le cours de sa vie il n'eut ni le soin ni le desir d'en acquérir. La

---

(¹) Ps. 111. — (²) Ps. 63. — (³) Ps. 96.

succession d'une tante (¹), dame d'honneur d'une grande reine, sembloit devoir grossir le patrimoine de ses pères; mais rebuté des affaires et des procès, dont son esprit étoit incapable, il relâcha ce qu'on voulut, et crut que c'étoit un gain que de savoir perdre. Contraint de racheter sa liberté, après une longue prison durant les guerres d'Allemagne, il employa et son argent et son crédit pour ramener les officiers qu'abandonnoit à leur triste captivité l'indigence ou l'avarice de leurs familles.

Deux principes le firent agir, la probité, la religion : l'une lui donnoit le desir d'être utile, l'autre le portoit à travailler à son salut. Quels sincères enseignements a-t-il donnés à Monseigneur pour le bien public et pour sa gloire! Il n'y a rien de si difficile que d'élever un jeune prince qui est né pour la royauté. Il faut lui inspirer de la hardiesse sans présomption, lui faire sentir ce qu'il doit être, et lui faire connoître ce qu'il est. Il suffit de lui faire voir en éloignement le trône où il doit être assis, et de lui essayer, pour ainsi dire, la

---

(¹) Madame de Brissac.

couronne, afin qu'il sache la porter quand la providence de Dieu la fera tomber sur sa tête. Il est nécessaire de lui donner tout ensemble les vertus d'un roi et celles d'un particulier; lui montrer la gloire du commandement et le mérite de l'obéissance, et lui apprendre à dire, comme ce centenier de l'Évangile: *Homo sum sub potestate constitutus, habens sub me milites, et dico huic: vade, et vadit* (¹). Je vois des peuples sous ma puissance, mais j'ai une puissance au-dessus de moi: je commande des armées, mais j'exécute ce qu'on m'ordonne: j'ai des sujets, mais j'ai un maître.

C'étoient les enseignements que lui donnoit M. le duc de Montausier. Il lui inspiroit la modération, en lui élevant le courage; il lui formoit ce cœur docile que Salomon demandoit à Dieu pour la conduite de son peuple; il lui marquoit les justes mesures de sa grandeur, en l'instruisant de ce qu'un roi doit à ses sujets, et de ce qu'un fils doit à son père.

Combien de fois lui a-t-il dit, Que la fin principale et la première loi du gouverne-

---

(¹) Matth., 8, 9.

ment étoit le bonheur des peuples; que la vérité et la fidélité sont les vertus essentielles des princes, qui sont les images du vrai Dieu, et les arbitres de la foi publique; et que, les plus grands royaumes et les plus longs règnes n'étant devant Dieu qu'un point de grandeur et un moment de durée, les souverains devoient apprendre à être doux et modérés dans leur puissance, et soupirer après une gloire tout immortelle et toute divine? Que ne m'est-il permis d'exposer ici ces sages et saintes maximes que la fidélité lui fit écrire, que la modestie lui a fait cacher, et qui paroissent, selon ses desirs, avec plus d'éclat dans la vie du prince qui les pratique, soit qu'il aille lancer la foudre que le roi lui a mise en main, soit qu'il vienne jouir ici de la gloire qu'il s'est acquise? Rappelez en votre mémoire avec quelle tendre et sensible joie il recueillit ce qu'il avoit semé dans l'ame de ce jeune vainqueur, louant sa bonté, sa douceur, sa libéralité, sa religion, et sa justice, et le félicitant de ses vertus, tandis que les autres le félicitoient de ses victoires.

N'étoit-ce pas ce même esprit de probité qui le poussoit à donner tant de bons avis et de salutaires conseils? Il eût voulu corriger tous les abus, et réformer tous les défauts qu'il connoissoit sur les idées de perfection que sa sagesse lui avoit faites. Son âge, son crédit, ses dignités, et je ne sais quoi d'austère et de vénérable dans ses mœurs et dans sa personne, lui avoient acquis une espèce d'autorité universelle, contre laquelle le monde n'osoit réclamer.

Ceux mêmes qui pouvoient ne pas aimer son zèle étoient obligés de le louer, et trouvoient de la vertu dans ses défauts mêmes. On pouvoit jeter dans son ame quelques fausses impressions; mais il suivoit toujours du moins l'ombre de la vérité et de la justice; et, quelque ascendant qu'on eût sur lui, on pouvoit le prévenir, mais on ne pouvoit le corrompre. S'il disputoit avec ardeur, ce n'est pas qu'il voulût assujettir le monde à ses opinions, mais le réduire à la vérité qu'il connoissoit, ou que du moins il croyoit connoître. Attaché à ses sentiments par persuasion et non par caprice, souvent contraire aux avis des autres, parceque souvent ils étoient injustes ou déraisonnables, conservant toujours dans les chaleurs et dans les vivacités de son esprit la bonté et la tendresse même de son cœur.

Si sa droiture fut le motif de tant de vertus, sa religion fut le motif et la cause de sa droiture. Ne vous figurez pas une dévotion de spiritualités imaginaires, qui se nourrit de réflexions, et qui laisse les saintes pratiques: sa foi étoit comme son cœur, simple et solide. Ne pensez pas à cette vaine et fastueuse religion qui se répand toute au dehors, et qui n'a que le corps et la superficie des bonnes œuvres: tout étoit intérieur en lui. Loin d'ici cette piété d'imitation et de complaisance qui porte dans le sanctuaire des vœux intéressés et profanes, qui, sous un feint amour de Dieu couvrant les desirs et les espérances du siècle, fait servir les mystères et les sacrements de Jésus-Christ à l'ambition et à la fortune des pécheurs par une affectation sacrilége: qui de vous oseroit le soupçonner de respect humain ou d'hypocrisie?

Il cherchoit Dieu, selon le conseil de l'apôtre [1], dans la simplicité et la sincérité de son cœur. Y eut-il jamais une foi plus vive que la sienne? On eût dit qu'il voyoit à découvert

---

[1] 2 Cor., 1, 12.

les vérités du christianisme, tant il en étoit persuadé : il les croyoit et les aimoit. L'insensé ferma devant lui ses lèvres impies, et, retenant sous un silence forcé ses vaines et sacrilèges pensées, se contenta de dire en son cœur : Il n'y a point de Dieu. Il assistoit tous les jours au saint sacrifice ; et son attention et sa modestie imprimoient le respect aux ames les moins touchées de la révérence du lieu et de la sainteté du culte. Nous l'avons vu, frappé de ces murmures importuns qui interrompent les oraisons des fidèles, et troublent dans la maison de Dieu le vénérable silence des saints mystères, se lever avec indignation ; et, faisant l'office des anciens diacres de l'Église, ordonner qu'on fléchît les genoux, et qu'on se tût devant la majesté présente, qui, pour être cachée, n'en étoit pas moins redoutable.

Y eut-il jamais d'adoration plus spirituelle et plus véritable que celle qu'il rendoit à Dieu ? Il le reconnoissoit comme sa fin et son origine ; et quoiqu'il eût pour lui cet amour de préférence qui lui donnoit un empire absolu sur ses volontés, il se reprochoit de n'avoir pas pour lui toute la tendresse et toute la sensibilité qu'il ressentoit pour ses amis. Avec quelle effusion de cœur lui exprimoit-il ses nécessités spirituelles et celles de sa famille, dans ces prières pures et tendres qu'il avoit composées lui-même pour implorer ses miséricordes, ou pour lui offrir ses vœux et ses reconnoissances!

D'où puisoit-il toutes ses lumières? de la loi, qui en est la source éternelle. Il avoit lu cent treize fois le Nouveau-Testament de Jésus-Christ avec application et avec respect. Ministres de sa parole, destinés à la dispenser à ses peuples, l'avons-nous lue, l'avons-nous méditée, si souvent? Les premiers chrétiens faisoient autrefois enterrer avec eux les livres des évangiles, portant jusque dans le tombeau le trésor de leur foi et le gage de leur résurrection éternelle; et celui que nous louons aujourd'hui les tint jusqu'à sa mort entre ses mains, et voulut expirer, pour ainsi dire, dans le sein de la vérité et de la miséricorde de Jésus-Christ.

C'est ici, messieurs, l'endroit sensible de mon discours. Ne craignez pas pourtant que je me livre à ma douleur. J'ai vu cette grande miséricorde que Dieu lui avoit réservée, et j'ai pour moi toutes les consolations de la foi et de l'espérance des Écritures. Dans la gloire d'une réputation qu'une vertu consommée lui avoit acquise, et que l'envie n'osoit plus lui disputer; dans une vigueur d'esprit et de corps, que l'âge et les maladies sembloient avoir jusque-là respectée, il tombe tout-à-coup dans ces ennuyeuses douleurs où l'on souffre sans secours et sans intervalle. La respiration, qui nous fait vivre, le fait mourir à tous moments. Les nuits, plus tristes que les jours, lui ôtent la douceur de la compagnie, et ne lui donnent pas celle du repos. Il ne peut ni s'étendre sur sa croix, ni trouver de situation ni de remède qui le soulage. Quels furent ses sentiments de piété dans ce temps de langueur et de patience!

Quel mépris du monde et de ses vanités! Il comptoit ses prospérités temporelles, dont il avoit toujours senti et le néant et le danger, et s'écrioit en soupirant: « Seroit-il possible, « mon Dieu, que ce fût là ma récompense! » Quelle horreur, mais quel repentir, du péché! Il repassoit les années de sa vie dans l'amertume de son ame; et, se réveillant dans ses réflexions de pénitence: « Quatre-vingts

« ans, disoit-il, quatre-vingts ans, Seigneur,
« passés à vous offenser! » Quelquefois, se défiant de son propre cœur, et craignant qu'il ne fût pas assez profondément touché, il disoit: « Vous m'avez appris dans vos Écritures
« que le cœur de l'homme est impénétrable;
« le mien n'auroit-il de pli et de repli que pour
« vous? Vous tromperois-je, me tromperois-
« je, ô mon Dieu! » Une sainte frayeur des jugements divins le saisissoit. On voyoit sa foi dans ses yeux et dans ses paroles. La confiance chrétienne venant au secours : « J'ap-
« proche, ajoutoit-il, du trône de votre grace;
« je vous amène un pécheur qui ne mérite
« point de pardon; mais vous m'ordonnez de
« le demander : la miséricorde en vous est
« au-dessus du jugement; le sang de votre
« fils n'est-il pas répandu pour moi, et n'est-
« ce pas sa fonction d'effacer les péchés du
« monde? »

Dans cette ferveur de piété, les heures fatales s'avancent. Encore un coup, divine Providence, étois-je attendu, étois-je destiné à être le témoin et comme le ministre de son sacrifice? Je vis ce visage que la crainte de la mort ne fit point pâlir; ces yeux qui cherchèrent la croix de Jésus-Christ, et ces lèvres qui la baisèrent. Je vis un cœur brisé de douleur dans le tribunal de la pénitence, pénétré de reconnoissance et d'amour à la vue du saint viatique, touché des saintes onctions et des prières de l'Église; je vis un Isaac, levant avec peine ses mains paternelles pour bénir une fille que la nature et la piété ont attachée à tous ses devoirs, aussi estimable par la tendresse qu'elle eut pour lui que par l'attachement qu'il eut pour elle, et des enfants qui firent sa joie, et qui feront un jour sa gloire. Je vis enfin comment meurt un chrétien qui a bien vécu.

Que vous dirai-je, messieurs, dans une cérémonie aussi lugubre et aussi édifiante que celle-ci? Je vous avertirai que le monde est une figure trompeuse qui passe, et que vos richesses, vos plaisirs, vos honneurs, passent avec lui. Si la réputation et la vertu pouvoient dispenser d'une loi commune, l'illustre et vertueuse Julie vivroit encore avec son époux : ce peu de terre que nous voyons dans cette chapelle couvre ces grands noms et ces grands mérites. Quel tombeau renferma jamais de si précieuses dépouilles! La mort a rejoint ce qu'elle avoit séparé. L'époux et l'épouse ne sont plus qu'une même cendre; et tandis que leurs ames teintes du sang de Jésus-Christ reposent dans le sein de la paix, j'ose le présumer ainsi de son infinie miséricorde, leurs ossements humiliés dans la poussière du sépulcre, selon le langage de l'Écriture(¹), se réjouissent dans l'espérance de leur entière réunion et de leur résurrection éternelle.

Offrez pourtant pour eux, prêtres du Dieu vivant, vos vœux et vos sacrifices, et vous, chastes épouses de Jésus-Christ, gardez religieusement ce dépôt sacré; arrosez-le des larmes de votre pénitence; attirez sur lui quelques regards de l'agneau sans tache que vous suivez, quand il va s'immoler sur tous ces autels, afin qu'étant purifiés par cette divine oblation des restes des fragilités humaines, ils chantent dans le ciel avec vous les miséricordes éternelles.

(¹) Exultabunt ossa humiliata. Ps. 50.

FIN.

TABLE.

Notice. page	v
Oraison funèbre de Julie-Lucine d'Angennes, de Rambouillet, duchesse de Montausier.	1
Oraison funèbre de Marie de Wignerod, duchesse d'Aiguillon.	53
Oraison funèbre de Henri de La Tour-d'Auvergne, vicomte de Turenne.	93
Oraison funèbre de M. le premier président de Lamoignon.	145
Oraison funèbre de Marie-Thérèse d'Autriche, reine de France et de Navarre.	185
Oraison funèbre de Michel Le Tellier, chancelier de France.	229
Oraison funèbre de Marie-Anne-Christine de Bavière, dauphine de France.	264
Oraison funèbre de Charles de Sainte-Maure, duc de Montausier.	301

FIN DE LA TABLE.

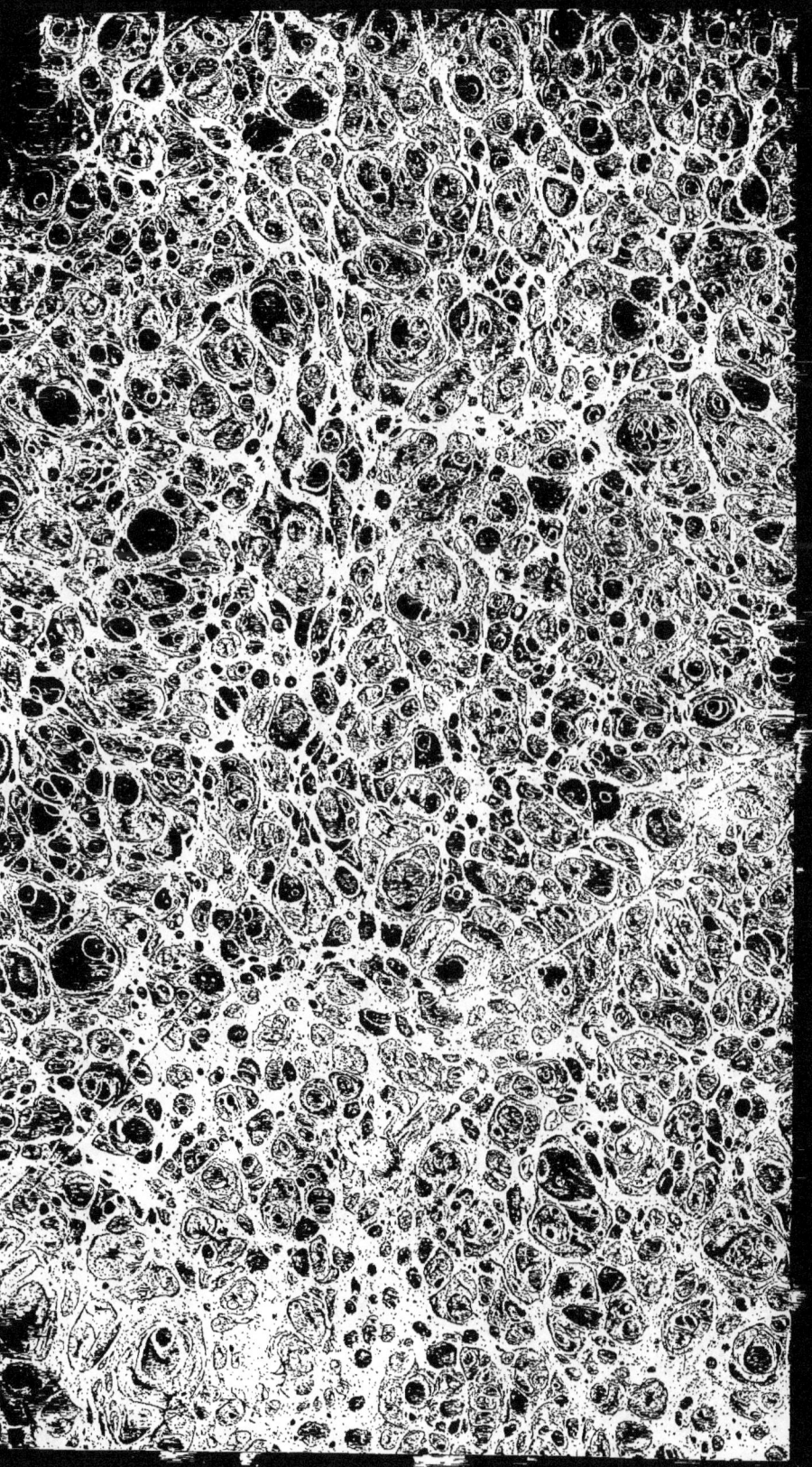

www.ingramcontent.com/pod-product-compliance
Lightning Source LLC
Chambersburg PA
CBHW050418170426
43201CB00008B/450